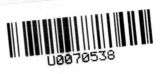

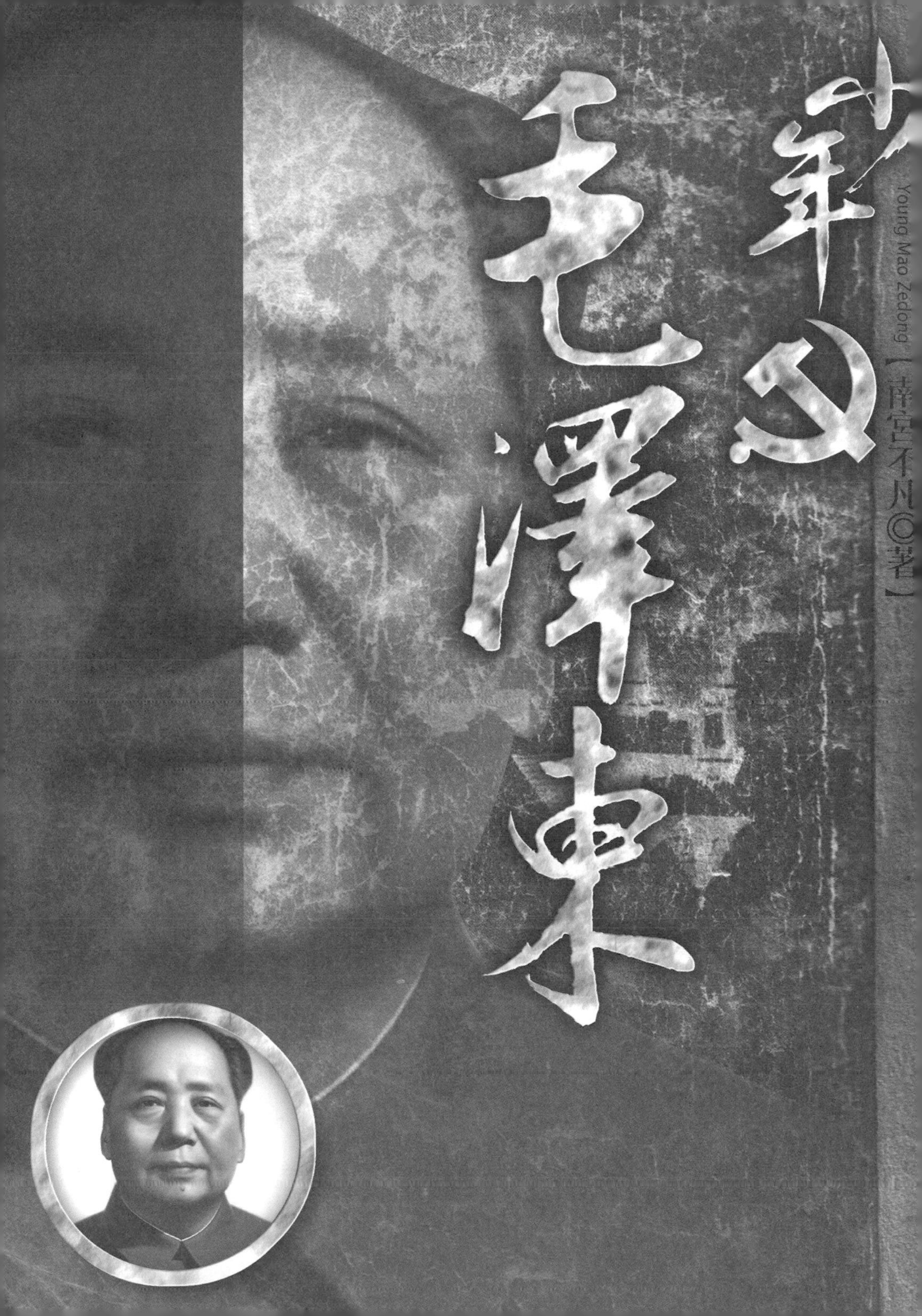
少年毛澤東
Young Mao Zedong
【薛宮不凡◎著】

關於作者

南宮不凡

自小學五年級暑假無意中看到《三國志》，開始對歷史產生莫名狂熱，國一時已經讀完柏楊版《白話資治通鑑》與《二十四史》。

白天是認真負責的科技公司小主管，晚上化身成為歷史名人研究專家，對於古今中外的名人有相當專精而獨到的看法。

對於中國帝王學尤其偏愛，耗時近十年，在繁浩的歷史典籍史料、民間流傳軼事中去蕪存菁，經過反覆的消化、整編，運用古典小說形式，完成秦始皇、漢文帝、漢武帝、唐太宗、宋太祖、成吉思汗、明太祖、康熙、雍正、乾隆、孫中山、毛澤東等十二位深具特色的領袖人物少年時代的風雲變幻。

書中每一位主宰歷史的偉大人物，都蘊藏著一部感人至深的故事。書中將這些領袖人物的親情、友情、愛情，以及自身對命運的努力和追求都融入到了扣人心弦的故事情節當中。

作者的生花妙筆讓書中主角彷如活生生的重現眼前，讓讀者深切感受他們的理想、信唸、胸懷、情操，對我們學習如何做人、做學問、做事業都有很大的益處。尤其對於青少年朋友來說，這些故事除了好看之外，更是瞭解歷史、啟迪人生的最佳朋友。

總序

「江山如此多嬌，引無數英雄競折腰。」五千年的歷史風煙，數百計的王朝興替，太多的帝王傳奇，讀來無不令人盪氣迴腸、掩卷低吟。中華帝王自秦統一六國起，秦皇漢武、唐宗宋祖、一代天驕成吉思汗……或以蓋世雄才稱霸天下、或以雄韜偉略彪炳史冊、或以勤政愛民流芳千古、或以絕妙文采震古鑠今，譜寫了一曲曲世世代代傳唱不衰的浩氣長歌。

當我們追溯這些歷史巨人的足跡，不難發現他們建立豐功偉業時大多數始於風華正茂、才思敏捷的青少年時期：秦始皇十三時歲即位，二十一歲時正式「親理朝政」，三十九歲終於完成了統一中國的歷史大業；唐太宗十六歲應募勤王，嶄露頭角，十八歲晉陽起兵反隋，並成為獨當一面的大將軍；康熙皇帝十四歲親政，十六歲智擒權臣鰲拜，二十歲剿撤三藩，三十歲南收台灣，三十二歲北拒沙俄；國父孫中山十三歲便遠離家鄉，由香港乘船赴夏威夷，去實現「有慕西學之心，窮天地之想」的志向……他們追求卓越的精神和把握機遇的能力，以及在一連串關乎國家前途命運的抉擇中所表現出來的少年睿智、堅毅果敢、沉著隱忍、顧全大局、百折不撓的性格特質，無不令人肅然起敬。這一切對今天的青少年朋友都具有極大的啟迪、教育和滲透力。正是基於這一點，我們編撰了《少年帝王》這套系列書籍。

本系列書籍選取了中國歷史上的十大著名帝王和近代孫中山、毛澤東兩位來做為陳述的主體，在史料記載和民間傳說的基礎上，運用中國古典小說形式，向讀者展示秦始皇、漢文帝、漢武帝、唐太宗、宋太祖、成吉思汗、明太祖、康熙、雍正、乾隆、孫中山、毛澤東這些九五之尊和開國領袖少年時代的風雲變幻和個人奮鬥歷程。

正所謂高山仰止，以上這些主角有的脫穎於帝王之家，有的揚名於行伍之中爍古有的雄起於部落之上、有的崛起於市井之鄉；或雄才、或豪邁、或隱忍、或倔強，文治武功各有偏長，運籌帷幄隨才器使。但無一例外的是，他們都憑藉著自身的努力，在風雲際會中抓住了歷史的機遇，走上了成功的頂峰。

這些主宰歷史的偉大人物，都蘊藏著一部感人至深的故事。作者將這些領袖人物的親情、友情、愛情，以及自身對命運的努力和拼勁都融入到了扣人心弦的故事情節當中，同時也彰顯了人性與慾望的較量，情感與倫理的衝突，智慧時時閃耀在字裡行間。

作者在尊重歷史的基礎上又不拘泥於歷史，用一種演義的手法，展示古今帝王領袖精彩的少年生涯，為我們深入人物的內心世界，拓展開一個嶄新的視角，提供一個詮釋人物命運的獨特方式。仔細閱讀這些書，猶如看到主角的少年生活在面前完整呈現，讓我們感受到他們的理想、信唸、胸懷、情操，對我們學習如何做人、做學問、做事業都有很大的益處。

尤其對於準備高飛人生的青少年朋友來說，這些故事除了好看之外，更是青少年擴大胸懷、啟迪人生的最佳朋友。

序文

1893年12月26日，毛澤東誕生於湖南湘潭韶山衝一戶普通的農民家庭。那一天，還沒有人會想到這個普通的小男孩將帶給中國怎樣的衝擊和改變，但毫無疑問的是，蛟龍總會顯露出它的鱗角，所有不平凡的人都不是在它們成名後才開始不凡，從他們年幼時的種種，我們總能驚奇的發現那與眾不同的品行和愛好。

而在這一點上，毛澤東顯然不是特例。這個牙牙學語時期就表現出對知識極端渴望的男孩，以自己無比的倔強和堅持爭得了在那個封閉頑固的社會和家庭中求學的權利；這個成長在一個富裕農民家庭，有著精明慳吝父親的少年，卻有著最博大寬容的胸襟和對窮苦百姓發自天然的關懷；這個最早接受了封建儒學教育，生活於僻靜閉塞小山村中的孩子，卻不怕做出一切越禮的行為，勇於反抗一切的不公，儘管那不公並非降臨到他身上。所以，當毛澤東趴在學堂門外聚精會神的聽著那朗朗讀書聲時，當他斬釘截鐵的指出先生的錯誤時，當他把自己僅有的飯菜讓給更貧寒的同學時，當他意氣風發的吟出「春來我不先開口，哪個蟲兒敢作聲」的時候，無需他日後的光輝業績來說明，我們就已經可以斷定，這是一個非凡的靈魂，這是一條必將一飛沖天的蛟龍。

中國人有句古話：「三歲看老」，一位諾貝爾得主在被詢問他在大學裡學到的什麼最重要時也曾經肯定地說：「在幼稚園學到的東西最重要。」把時間限定在幼稚園也許太苛刻了一點，但東西方的智慧顯然都肯定了一點，少年時期是一個人成長最關鍵的時期，它決定了一個人未來的道路，決定了你可以走多遠。所以，要瞭解一個人、學習一個人，就讓我們向歷史回溯，去看看他的少年時代有著怎樣的隱祕和不凡，讓我們清楚看到一棵小苗是如何成長為一株參天大樹，一隻毛毛蟲又是如何的破蛹成蝶，揮灑出屬於自己的壯美。我們只希望，當你清楚看到了毛澤東的成長，也許你自己的道路會清晰一點點，平坦一點點。

目錄

第三章　嚴父厲師　促發少兒叛逆心

第四章　放牛司令　智勇雙全名漸揚

導讀

八百里洞庭靈秀，韶山衝的一個小山村裡，走出了改變全中國命運的人物——毛澤東。這個出生於普通農民家庭的孩子，從書本上領略到了英雄的造反意識，從生活中體會到了社會的殘暴不公，產生了讓他為之奮鬥終生的理想，終於以他堅強、不屈，以及敏銳的頭腦，挽救了病入膏肓的中國。

毛澤東如願進入私塾讀書，但他不守規矩，自有主張，帶頭翹課，偷讀小說，先生會怎麼處罰他？毛父希望毛澤東回家務農，不讓他繼續求學，強壓之下，毛澤東還能實現他讀書的心願嗎？

毛澤東心地善良，他同情窮苦百姓的不幸，不慕權貴，情願與家裡的長工做朋友，又將食物分給飢餓的同學，可是毛父卻是個節儉吝嗇之人，父子志向不同，屢次發生爭執，毛澤東又該怎麼做呢？

貧民生存艱難，爆發了「吃大戶」運動，毛澤東卻走進祠堂，為窮苦人說話，他的「叛逆」行徑會為他帶來災禍嗎？

為了一生的志向，毛澤東出外求學，讀書期間他究竟經歷了哪些事？又是如何從一個普通學生成長為堅強的革命戰士的呢？

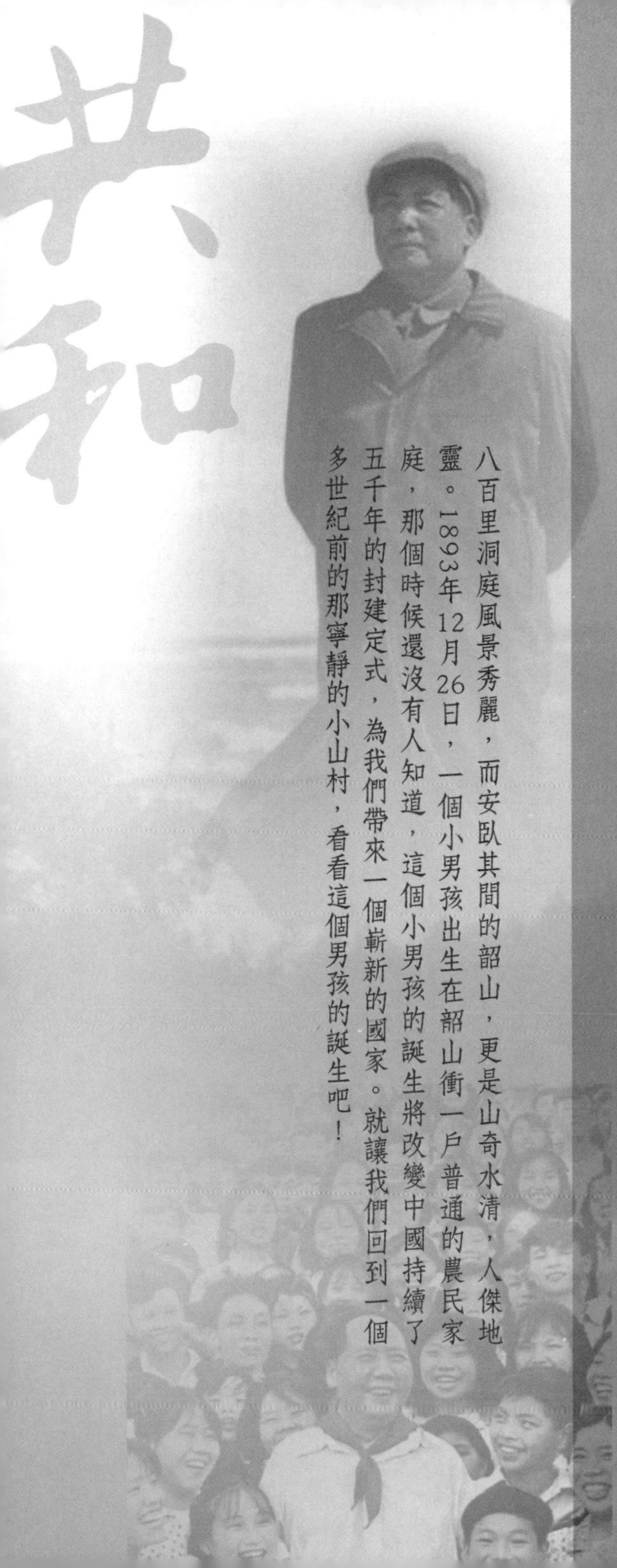

第一章

韶山神跡 一代偉人初生地

八百里洞庭風景秀麗，而安臥其間的韶山，更是山奇水清，人傑地靈。1893年12月26日，一個小男孩出生在韶山衝一戶普通的農民家庭，那個時候還沒有人知道，這個小男孩的誕生將改變中國持續了五千年的封建定式，為我們帶來一個嶄新的國家。就讓我們回到一個多世紀前的那寧靜的小山村，看看這個男孩的誕生吧！

第一節 韶山的由來

引鳳來儀

五千多年前，中華大地正處於古唐虞時代，有一年，舜帝率領群臣和娥皇、女英二妃南巡，他們由京城蒲阪（今山西芮城縣西北）出發，經過黃河，跨越長江，漫遊到八百里洞庭湖間，飽覽山河秀色，盡閱民風鄉情。

當舜帝來到湘江中山野之際，他看到一處遍地蒼松翠竹、奇峰怪石、清泉淙淙的地方，頓覺心曠神怡，十分愜意，於是便命令跟隨的侍臣演奏《韶樂》。《韶樂》是當時的宮廷樂舞，悠揚華貴，動聽悅耳，自然非比尋常。

侍臣不敢怠慢，立即演奏起《韶樂》歌舞來。只聽鐘磬咚咚，琴瑟錚錚，笛聲幽幽，莊嚴雄渾的旋律迴盪在千山萬壑之間，振人心懷，引人感慨。舜帝在樂聲中祭祀天地，向著藍天白雲處跪拜行禮，高呼上天之德，為普天之下的百姓祈禱豐收安寧。就在一片祥和肅穆的氣氛下，天空中飛來了鳥中之王——美麗的鳳凰。鳳凰抖動著華麗的羽毛，鳴叫歡唱，與《韶樂》之音相互呼應，陡然增添了天然完美之色，其情其景令所有人大感驚喜。不一會兒，百鳥在鳳凰的召喚聲中歡騰雀躍而至，有的高聲歡叫，有的低聲伴鳴，牠們環拱在鳳凰周圍，形成一道色彩斑斕的彩虹，亮麗無比，久久不肯離去。

此事過後，舜帝的後人們為了紀念這座引鳳來儀的山峰，特地為它命名韶山，那陡峭的山尖，就叫韶峰，山下那條清清的溪流，就叫韶河。而「韶」字，更是成為了人們心目中吉祥、美好的代名詞。

這就是韶山名稱的由來，幾千年來一直流傳在當地人的口中，也記錄在多種歷史典籍之中。清康熙《湘潭縣誌》裡就對此事做過詳盡的記載，《嘉慶一統誌》第三五四卷也有這樣的記載：「相傳舜帝南巡時，奏韶樂於此，故名。」自從舜帝在韶山奏韶樂之後，韶山一帶逐漸開始有人居住繁衍。其中韶山腳下有一塊狹長、平坦、土質肥沃的峪地，

舜帝奏樂處

人們在此耕作收穫，過著自給自足的日子。這塊土地東西長約五公里，南北寬約四公里，面積不大，位於湘潭、湘鄉、寧鄉三縣交界處，當地人稱之韶山衝，這裡群山環抱、蜿蜒起伏。幾千年以來，在韶山衝生活的人們何止成千上萬，他們日出而作，日落而息，勤懇地勞作在這片土地上。

而人們在瞭解韶山由來的基礎上，對於韶山美景也給予了不遺餘力地稱讚，昔人有「歌罷遠遊人不見，玉簫吹月過東臺」之句讚美韶山。清朝湘鄉籍文人周定寧在遊韶峰後，更是留下了膾炙人口的詩篇：

繞岫嵐光凝欲滴，長風輕娲雲煙側。
山涵五月六月寒，地擁千山萬水碧。
從來仙境稱韶峰，筆直削山插天空；
天下名山三百六，此是江南第一侖。

從這些詩句中，我們可以看到韶山的美麗風情，體會到人們對它的敬愛之意。

轉眼間到了元末明初年間，一戶姓毛的人家在此落戶，並很快形成當地人口最多的一個姓氏，那麼這戶人家來自何方，他們在此又將度過怎樣的歲月，他們與本書的主角——毛澤東又有何關係呢？

毛氏先祖

元朝末年，天下大亂，朱元璋率領的紅巾軍審時度勢，攻城拔地，勢捲華夏，驅逐了蒙古人，建立大明王朝，重新恢復了漢人統治。其後，他為了穩固統治，開始進一步進行靖邊戰爭。在這樣的背景下，有一支部隊奉命來到雲南平息西南戰亂，在這裡，一位從江西遷徙來的農民參軍入伍，成為大明王朝的一名普通士兵。他叫毛太華，原籍江西吉水人，為了躲避戰亂逃避至此。

毛太華入伍後，作戰勇敢，立下軍功，得到提拔，頂補洪武垛籍，成為了一名低級軍官。不久，戰爭結束，王朝鼎革，塵埃落定，但因歷經多年戰事，生靈塗炭，各地百姓死傷嚴重，人口急遽減少，朱元璋首先下令調集邊民、邊軍填補到各省，擴充人口，恢復生產。就這樣，在洪武十三年，毛太華所在地區的百姓和部隊奉命入湘，從雲南輾轉到湖南落戶。

毛太華在雲南早已娶妻，並生育四子，分別叫做毛清一、毛清二、毛清三、毛清四。這次奉命遷徙，他帶著長子、四子先到了湖南，落戶在湘鄉縣城北門外的緋紫橋居住，並分得田地幾十畝。數年之後，毛太華過世，毛清一和毛清四先後遷到湘潭七都七甲定居，也就是韶山衝了。從此，毛氏家族便在這個山清水秀的地方繁衍下來，辛勤勞作，以農為生。他們到來之前，這裡並沒有姓毛的人家，因此毛太華就成了韶山毛氏家族的第一代祖先。

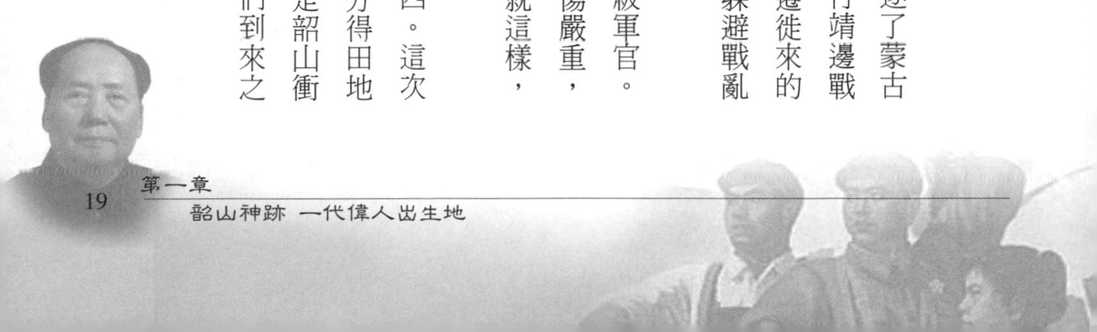

由於毛太華行伍出身，所以他對於子孫後代的教育中多帶有武人風氣，耿直尚武。受此影響，他的家族後人中不乏英武善戰之士，形成強悍好勝的家族特色。特別到了清朝晚期，曾國藩率領的湘軍異軍突起，在鎮壓太平軍運動中屢立奇功，成為一支勢力強大的地方隊伍。曾國藩的家鄉就在湘鄉，與韶山相鄰，他的隊伍興起時，毛氏子弟得風氣之先，踴躍入伍，跟隨曾國藩出生入死，轉戰南北，不少人立下戰功，獲得各種功名和獎勵。據毛氏族譜所載，當時獲得功名的毛氏子弟有提督三人，副將四人，參將二人，都司七人，守備五人，千總三人，把總六人，可謂功名累累。

毛氏祠堂

一下子出現這麼多有功名的人，在毛氏家族的歷史上實屬罕見，而這些人物的經歷和功名，更是直接感染了同鄉同族的少年子弟，他們為先輩們闖蕩天下、英武敢為的品格所激勵，產生嚮往追隨之意。因此，在當地，人們談兵論政、尚武好鬥的風氣十分濃烈，成為了他們勇敢追求的精神支柱，也成為人們積極改變社會現狀、生存狀況的重要途徑。此後，中日甲午戰爭中，又有不少毛氏子弟乘時而起，建立功勳，直到民國初年，仍有不少人在軍中效力，跟隨國父孫中山參加當時著名的護國戰爭和護法戰爭。

人才輩出，成為毛氏家族的驕傲。在當地，一是由於人口最多，二是由於有不少功成名就的人物，因此毛家成為當地最顯赫的家族。當然，在顯赫的背後，依舊有很多窮困潦倒的族人，他們像先人一樣過著農耕農織的日子，艱難度日。在韶山衝，曾經流傳著這樣一首民謠：「韶山衝，衝連衝，十戶人家九戶窮。有女莫嫁韶山衝，紅薯柴棍度一生。」道出了當地窮苦人生活的困苦之狀，也反映了他們急於走出韶山，到外面尋求發展的緣由。

歲月如梭，西元1893年12月26日，就在這樣一方土地上，誕生了一位普通的男嬰，他是毛氏後人，根據族譜取名毛澤東。這個孩子與其他剛出生的毛家子弟並無兩樣，哭聲嘹亮，活潑好動，眉宇間流露出英武之色，顯得十分健壯。他的父母像一般家長一樣，為他取名、添置衣物、置辦三日酒宴、祈福，忙得不亦樂乎。當然，他們誰也不會想到，這個孩子日後成就怎樣的一番千古偉業。而現在，他們關注的是這個孩子能否順利成長，祈求上蒼保佑他不會像他們先前的兩個孩子一樣夭折。

那麼，毛澤東出生時家庭是什麼樣子，他的父母為什麼會有這樣的擔心？而毛澤東是如何長大成人，其間經歷了哪些故事，他的少年時光對他一生的成就產生了哪些影響？我們將在下面的章節中為您做詳細、精彩的講述。

第二節 偉人初誕生

持家的父親

毛澤東出生於道道地地的農民之家。其祖父毛恩譜，字翼臣，依靠辛勤耕作養活家人，生育了一子二女，兒子毛順生，字貽昌。在他的同輩族人中，出過好幾個戰功赫赫的人物，像提督毛恩坎、都司毛恩兌等，職位都不低，在當地非常有名。然而，毛恩譜一生樸實，沒有參過軍，也沒有出過遠門，只知在自家的田地裡勞作，面朝黃土背朝天，勉強維持家人生活。儘管他十分賣力地勞作，卻沒有保住自己家的田產，在兒女相繼長大成人時，因為家境貧苦，他不得不典當了部分田產為兒子娶親。這樣一來，毛家的日子過得一日不如一日了。

幸虧毛恩譜的兒子毛順生為人能幹機靈，頗為精明，他出生於1870年，十五歲時奉父母之命迎娶了年長自己三歲的文氏，不久就效仿族裡有名的人物外出參軍，希望尋到出人頭地的機會。可惜，他參軍一年半，不但毫無立功表現，反而不堪忍受軍旅之苦，不久便放棄軍隊生活，回家鄉繼續務農為生。毛順生不像他的父親，他既能幹肯吃苦，又有些頭腦，回鄉後刻苦經營，打理農田，莊稼長得不錯，家裡收入轉好，之後他又學著從事一些小本生意，買賣進出，日子逐漸有所起色。

毛順生和妻子文氏就是毛澤東的父母。在毛順生辛苦料理一家人生計的過程中，文氏曾先後生下兩個兒子，不幸的是，這兩個孩子都相繼夭折了。轉眼到了1893年，文氏再度有孕，這次，他們夫婦特別小心在意，希望能夠平安生下麟兒。

農曆11月19，西曆12月26日，第三個孩子呱呱墜地。這是個男嬰，健康可愛，按照族譜，這個孩子排在澤字輩，父親為他取名澤東，字潤之。毛順生夫婦格外高興，十分隆重地請來親朋好友為孩子擺三日酒宴，闔家歡慶。毛澤東的祖父毛恩譜看著白白胖胖的孫子，滿臉笑開懷了，他特意到離家十幾里遠的寺廟上香拜佛，祈求孩子一生平安。毛順生平日並不信佛，可是孩子降臨的當天，他也在佛像前磕了幾個頭，似乎這樣才能讓自己心安理得。

與丈夫不同的是，文氏自幼信佛，嫁到毛家後，依舊秉信佛法，十分虔誠，不肯半點懈怠。在懷著毛澤東的日子裡，她多次上香拜佛，祈求神靈

毛順生

保佑自己順利生產，現在，孩子平安落地，她自然萬分喜悅，看著兒子紅撲撲的臉蛋默默唸著：「感謝大慈大悲的觀音菩薩，給我們一個健壯的好兒子。」

尚在襁褓之中的毛澤東蹬蹬小腿，似乎在回應母親的自言自語。

兒子降生之後，毛順生更加拼命地操勞經營。他知道，家裡添了人口，需要更多收入才可應付過活，稍有不慎，恐怕很難維持現在的家境狀況。何況，他心氣極高，又會經營，總想在村裡人前提高自己的身分、地位，因此，在毛澤東出生後的不長歲月裡，他們家先後添置了幾畝水田，共有田產十五畝，每年可收入六十擔穀子，全家人食用不過三十五擔，還能節餘二十餘擔。

毛澤東故居

除了經營田地外，毛順生花更多的時間來做生意，因此算是當地的能人。他主要從事穀米和生豬生意，從老百姓手裡購買粗米，加工成「上熟米」，而後運到離韶山衝二十餘里的銀田寺出售。銀田寺是個小集鎮，有一條河通湘潭，集散方便，「上熟米」往往能賣到好價錢。透過買賣差價，毛順生每年都能發一筆小財。至於生豬生意，毛順生做得也很順手，收入不薄，這樣算起來，他們家一年收入竟然達到兩、三千元，漸漸發展成為當地富有人家。

儘管如此，毛順生依舊十分節儉，秉持勤儉治家的策略，甚至到了刻薄的程度，不管對家人，還是對家裡的長工、短工，他一律嚴格要求，從不肯多花一分錢，多浪費一粒米。這也許是出身寒微、依靠打拼才有所收穫的人的共通特性，總之，毛順生的這個作風十分明顯地影響著家人，後來竟然導致了他和兒子毛澤東之間的衝突。但這暫且不提，讓我們先來看一下剛剛來到人世的毛澤東會有哪些經歷？

初到唐家托

毛澤東的出生，不但給毛家帶來無限喜悅，也同樣給他的外婆家——文家帶來極大寬慰。文家世居湘鄉唐家托（今韶山棠佳閣），與韶山衝隔著一座雲盤大山，相距二十里山路。文家是一個大家庭，毛澤東的外祖父名叫文錦蕙，兄弟三人年幼喪父，是母親賀氏含辛茹苦，一手把他們撫養成人。在賀氏老太太管教下，文錦蕙兄弟經過千辛萬苦創立了一番家業，到毛澤東出生時，他們已是有著上百畝田產、近二十人的大家庭了。單說文錦蕙，他就有三子三女，其

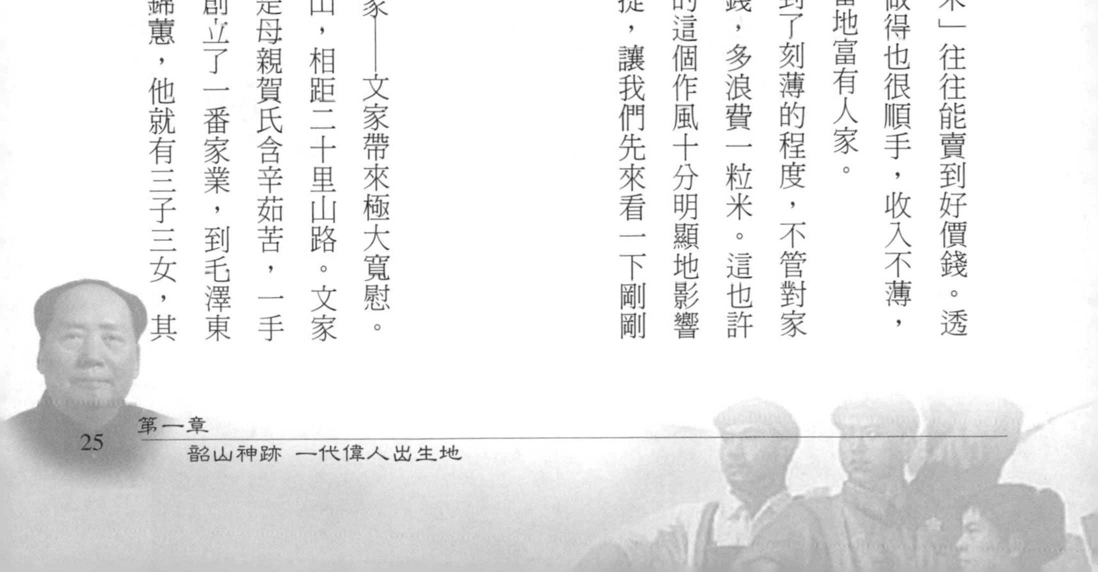

中一女嫁給了毛順生，其他兩個女兒也早已出嫁。而三個兒子分別叫做文玉瑞、玉欽、玉材，也都成家立業，各育子女。

說起文毛兩家聯姻，還頗有淵源。原來文家的祖墳葬在韶山衝龍眼塘（今韶山學校下面），他們每年都要到那裡掃墓，因此往來較為頻繁。文家為了方便掃墓，早就有意將女兒嫁到韶山衝。等文錦蕙兄弟三人的女兒長大後，他們經過考慮，就選中了在家族女兒中排行老七，人稱七妹的姑娘。七妹是文錦蕙最小的女兒，自幼聰慧懂事、能幹孝敬，是個難得的好姑娘。在媒人的撮合下，他們就將七妹嫁給了毛順生。她，就是毛澤東的母親。

文七妹嫁到毛家後，任勞任怨，成為家裡最勞累、最忙碌的人，她既要照料公婆、料理家務，還要幫忙丈夫耕種田地，一年到頭，沒有一日清閒。但文七妹不僅能幹，還富有同情心，工作之餘，她待人和善，經常接濟窮人，幫助鄰里，在鄉里頗具美名。這一點與毛順生的刻薄待人大不相同，為此夫妻倆常起爭執。

文七妹雖為女性，在家裡地位不高，但並不軟弱，她不肯向丈夫低頭認錯，依舊如故地救濟窮苦人。她這種作風深深地影響了自己的兒子毛澤東，成為毛澤東幼年時期重要的個性成因之一。在她去世時，毛澤東曾經做了一篇禱文紀念母親，文中說：「吾母高風，首推博愛。遐邇親疏，一皆覆載。愷惻慈祥，感動庶匯。愛力所致，原本真誠。不作狂言，不存欺心。整飭成性，一絲不詭。手澤所經，皆有條理；頭腦精密，劈理分情；事無遺算，物無遁形。潔淨之風，傳遍戚里。不染一塵，身心表裡。五德犖犖，乃其大端。合其人格，如在上焉。……」充分說明了文七妹的為人，以及毛澤東對於母親的敬愛之意，也間接地透露出他受到母親影響至深。

回到眼前，毛澤東出生的消息傳到唐家托，文家立即派人前來祝賀送禮。文七妹嫁到毛家已經八年，他們年年盼望外孫出生，可是前兩個先後夭折，他們深感不幸。在當時，人們深知女人以子為貴的道理，想到七妹承受了兩次打擊，自然很同情她。現在，七妹終於順利生產，母子平安，他們當然為她高興。

毛澤東出生不足滿月，她的外婆就派人將他們母子接到了唐家托。這是當時的風俗，女子生產後要回娘家住滿月。文七妹懷抱襁褓中的毛澤東，在寒風之中跟隨娘家人翻越雲盤大山趕到了唐家托。這是毛澤東第一次攀登雲盤山，只不過他尚在母親的懷裡，而且安然入睡，沒有感知山峰之高、北風之烈。等他漸漸長大之後，便會常常踩著這條山路來往外婆家與自家之間，其中還發生過好多有趣的故事。

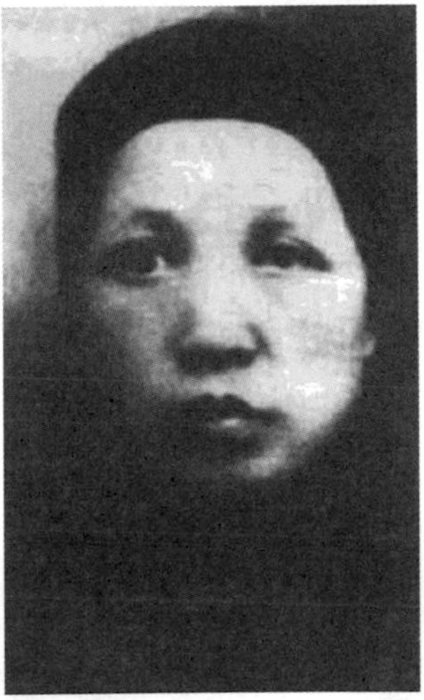
文七妹

文七妹母子到了唐家托，受到文家上上下下、老老少少的熱情歡迎和照顧。當地人們稱呼男娃為伢子，稱呼女娃為妹子。毛澤東的外婆看到女兒和小外孫身體健健康康，高興地說：「多好的伢子呀！瞧這塊頭，一定長高個子。」

文七妹共有三個兄弟，長兄文玉瑞，自幼讀書，有些學識，他看著濃眉大眼、活潑可愛的澤東，點著頭說：「這伢子眉目俊朗，十分靈氣，會有大出息。」

聽他這麼說，文七妹心裡一陣喜悅，撫摸著毛澤東的小臉蛋說：「要是能和七哥一樣讀書有知識，那就好了。」文七妹說的七哥，就是文玉瑞。在文家，子女們以整個家族中同輩人的數目來排行，比如文七妹在自己家姐妹中雖是老三，可是與伯伯叔叔家的姐妹們排在一起的話，她就排行老七，所以稱為七妹。文玉瑞在自己家雖是長子，可在眾多兄弟中排行第七，所以七妹稱呼他七哥，以後，毛澤東長大了就稱呼他「七舅」。

文玉瑞說：「我這點算不了什麼，等他長大了，肯定會讀更多書，做更大的事。」

文七妹素來敬重七哥，見他對孩子如此誇讚，接著說：「七哥，等他長大了，就讓他跟著你讀書，行嗎？」

文玉瑞說：「那有什麼不行的。」

兄妹倆說話間，文玉瑞的妻子已經備好了飯菜，走過來接過孩子說：「你們只顧說話，還不快去吃飯！」她說著低頭看看襁褓之中的毛澤東，滿臉喜色地說：「瞧瞧，這伢子長得真結實呢！我乾脆認他做乾兒子好了。」

文玉瑞制止她說：「妳是大舅母，怎麼又想起做乾娘來了？真是的。」

說者無心，聽者有意，文玉瑞妻子的一句話勾起了七妹的心事，她略一思索，對文玉瑞說：「七哥，七嫂這一說我還記起一件事呢！當初我懷著孩子的時候，有一次去廟裡上香，求菩薩保佑孩子平安，那裡的老和尚說，要想孩子長壽，就得為他拜乾娘。」

這時，七妹的母親走了進來，聽到七妹這幾句話，跟著說：「對了，七妹生了孩子後，我為她算了一卦，算命的先生也說要為孩子拜乾娘。」

文玉瑞沒說什麼，他心裡清楚，母親和妹妹之所以如此想，是因為七妹前兩次生的孩子都夭折了，害怕這次再出意外。

文玉瑞的妻子是個爽快人，她聽了婆婆和七妹的話，立即說：「那就認我做乾娘吧！我喜歡這伢子。」

七妹看看文玉瑞，不知道他能否同意妻子的意見認毛澤東做乾兒子？

第三節 認親石乾娘

石乾娘

文家商量為毛澤東認乾娘的事，文玉瑞的妻子快人快語，打算認澤東做乾兒子。可是，文玉瑞認為不妥，他說：「我們是孩子的舅舅、舅母，已是至親，怎麼好做乾爹乾娘？再說，孩子認乾娘為了長壽平安，應該謹慎選擇，不能這麼草率。」

文母聽罷，覺得有道理，安慰女兒和兒媳婦說：「先去吃飯吧！這件事不急。我早晚會為伢子尋個好乾娘。」一家人這才停下議論，擺下飯桌吃飯。

轉眼間，七妹母子來到唐家托已有三日，澤東出生也整整一個月了。這天早上，文七妹剛剛給孩子餵過奶，打算出去幫母親、嫂子們做飯，文玉瑞的妻子就急急忙忙地趕過來了，她邊走邊說：「七妹，母親又找來個算命的先生，說要為伢子算一算。」

七妹忙答應著，抱著小澤東迎出去。她們來到前面堂屋，果然看見一個瞎子先生，正坐在那裡搖頭晃腦地與文母說話。七妹把孩子遞給母親，文母又把孩子遞到瞎子先生面前說：「先生，您瞧瞧，這個伢子該拜什麼樣的乾娘才好呢？」

先生伸手在小澤東身上摸索一陣，然後抬頭唸唸有詞地嘟囔半天，最後轉動著一雙白眼陰陽怪氣地說：「這個伢子奇骨灌頂，相貌非凡，有一副了不起的骨相，不過他的命中多災，要為他拜個長壽的乾娘方可化解災星，確保一生平安。」

文母眉頭一皺，小聲嘀咕著：「長壽的乾娘？」

文七妹和七嫂也對視一眼，似乎在質問：「怎樣才算長壽的乾娘？」

算命先生猜測到她們的疑慮，伸伸手說：「妳們不要慌，只要有心尋，長壽的乾娘不難找。老太太，您年紀大了，見識多，您說是不是啊？」

文母是個明白人，她急忙從懷裡掏出一串銅錢，交到先生手裡說：「是啊是啊！先生說得對。您看我們都是婦道人家，也不懂道理，您就明白地告訴我們一聲，到哪裡去為伢子尋乾娘吧！」

錢財在握，算命先生心裡有底了，又是一番搖頭晃腦，而後指著東方說：「東為上，應該往東方去尋乾娘。」說完，他起身告辭，帶著銅錢跑了。

這件事傳到文玉瑞的耳中，他不無生氣地說：「什麼算命先生？簡直就是騙子！」

他妻子聽了，揶揄道：「我說給伢子做乾娘，你偏不聽，這下好了，讓算命的騙了。」

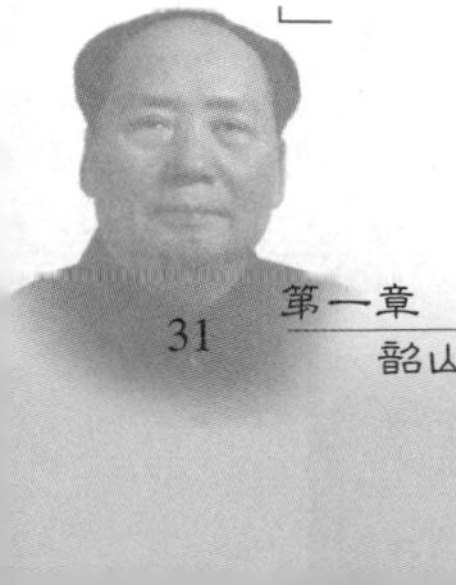
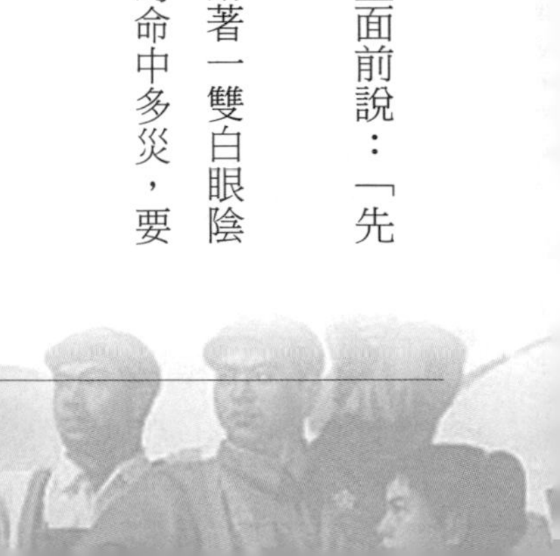

文母不服氣，阻止他們說：「你們別說了，怎麼能說騙呢？我們往東去給伢子尋乾娘就是了。」說完，她飯也不吃就出門去了。

說來也有意思，文母走出家門，一路往東，腳步匆匆，不知不覺來到龍潭托的石觀音廟前。這龍潭托距離唐家托約有兩里路程，其間有一股清泉流出，一年四季都不乾枯，在托口，一塊巨石拔地而起，高達九公尺，寬約七公尺，非常壯觀。石頭後面建有一座小廟，名為「石觀音」，遠近聞名，附近的善男信女常常來燒香禱告。文母信佛，自然也是常來上香的香客之一。今天，她在巨石前停下腳步，略略喘口氣的工夫，突然心裡一亮：算命的說要為小伢子拜個長壽的乾娘，這塊石頭立在這裡成百上千年了，不是最長壽的嗎？乾脆就拜它做乾娘吧！想到這裡，她立刻轉身回家，告訴大家這件事情，並準備前來為澤東拜乾娘。

石乾娘

文玉瑞和七妹聽說母親要為澤東拜石頭乾娘，一開始想不通，後來聽母親細說了緣由，想到這應了長壽之說，也就踴躍欣然。又過了一天，文母和七妹便帶著澤東年月日的生根和紙錢、香蠟、鞭炮、酒餚，一起來到大石頭前，點香許願，又是供香敬酒，又是作揖磕頭，為毛澤東拜石頭為乾娘。

今天，「石乾娘」至今依然屹立在韶山衝著名風景勝地滴水洞後山龍潭托，成為當地一道美麗的景致，為前來瞻仰偉人聖地的必去之地。

石三伢子

毛澤東拜了石頭乾娘，了卻了大夥的心願。這件事情讓文家的幾個孩子聽說了，他們頗感好奇，此刻，幾個人圍攏在文七妹母子身邊，指指點點，嘰嘰喳喳，議論石頭乾娘的奇事，文玉瑞的兒子文瀾泉說：「七姑，他為什麼要認石頭做乾娘？」一個叫文運昌的孩子不等七妹回答，搶著說：「我知道，他家姓石，所以拜石頭做乾娘。咱們家姓文，所以咱們從小就要讀文章。」這句話逗得七妹忍俊不禁，笑著說：「哪裡的話，他不姓石，他姓毛，他長大了也要讀文章。」

文瀾泉接著問：「那他叫什麼？他怎麼不拜我娘做乾娘，這樣他也可以姓文了，也可以和我們一起讀文章。」原來，文玉瑞開了私塾，家裡的孩子都跟著讀書。

聽了這句問話，七妹心裡一動，她想，孩子生下來後，整天只管喊他「伢子」，卻沒有正式的乳名，該叫他什麼好呢？

孩子們卻容不得她細想，一個勁地催問著：

「他叫什麼？他怎麼不說話？他什麼時候會走路？」

就在孩子們鬧哄哄地纏著七妹時，文玉瑞走了過來，他喊住孩子們問：「怎麼不去讀書？在這裡鬧什麼？」

七妹看見文玉瑞，像是見到了救星，抱著孩子走過來說：「七哥，伢子們問得也有道理，這個伢子都滿月了，還沒有乳名呢！你有知識，你就給他取個名字吧！」

文玉瑞說：「名字可不能隨便取，這得由他父親說了算。」

七妹說：「他父親為他取好族名了，你只給他取個乳名，平日裡也好喊叫。」

文玉瑞明白了七妹的意思，背著手來回走了幾步，點著頭說：「有了。說起來，這個伢子行三，又認了個石頭乾娘。我看就叫石三伢子，妳看如何？」

七妹高興地說：「石三伢子，好啊！名字好記，好聽。」

從此，小澤東就有了乳名，大家都喊他「石三伢子」，這也成為他少年時期最常用的名字。

毛澤東中年像

文七妹母子在唐家托一住就是半個月，這天，毛順生趕著毛驢來接他們回家。女婿上門，文家自然少不了一番招待，席間，毛順生聽說澤東拜了乾娘，取了乳名，高興地說：「好啊！石三伢子，這個名字好。這伢子一定能順順當當地長大成人。」當時，人們迷信一種說法，認為孩子的名字越簡單越低賤，越好養活，所以毛順生聽說「石三伢子」這幾個字，才說出這番話來。他說著端起酒杯敬了文玉瑞一杯酒，繼續說，「我沒讀過幾天書，沒文化，以後三伢子就跟著你讀書識字啦！」

文玉瑞的妻子聽了，在旁邊說：「妹夫，你不用那麼客氣了，石三伢子雖說拜了石頭乾娘，可是我也是他乾娘，你放心吧！我會把他當親兒子看待。」看來，她對於澤東喜愛備至，始終以乾娘身分自居。

毛順生更加高興了，端著酒杯一個個為文家人敬酒，表示感謝之意。

酒足飯飽，毛順生帶著妻兒告別文家上下，踏上回歸韶山衝的路程。一路上，文七妹幾次談起在娘家這些時日的經歷，談起石頭乾娘、談起澤東如何能吃能睡，結實健壯，頗有幾分得意。可是毛順生只顧悶頭趕路，似乎聽不進妻子的話。文七妹有些不滿，瞄瞄丈夫不再言語，她瞭解丈夫，知道他又在想賺錢的生意，不由得微微嘆口氣。

一路顛簸，趕回韶山衝時已近天黑，毛順生照顧著文七妹母子回屋休息，自己馬上轉身走出家門，不知道忙碌什麼去了。

第四節

回歸上屋場

小伢子勸父捐款

在文家，七妹母子得到無微不至的關照，回到韶山衝，走進上屋場，境況就大不一樣了。上屋場是毛澤東家的住處，這是一棟湖南農村常見的「凹」字形農舍，韶山一帶叫「一擔柴」式的房子。上屋場坐南朝北，土木結構，土磚牆、火青瓦，共有房屋十四間，佔地面積五百多平方公尺。這是毛澤東的曾祖父毛祖人購置的，與另一戶姓毛的人家同住，以堂屋正中為界，毛澤東家住在東邊，那一家住在西邊。放眼一望，就能看出兩家經濟勢力的不同，東邊房子是瓦屋，西邊房頂是茅草蓋的。堂屋前面是

個池塘，再遠處就是稻田，後面是長滿青松翠柏的小山包，至於東西兩邊，分別是菜地、曬穀坪和一些高高低低的小山包。

這樣看起來，上屋場儼然一處完整的農家莊園，自然、樸素，幽靜之中透露出濃濃的田園風光。確實，上屋場是不錯的農家樂園，毛家在這裡耕作生息，生活穩定安樂。毛澤東將要在這裡度過自己的童年和少年時光，在池塘游泳，到田地勞作，還會翻越山包玩耍，不過他更喜歡做的事情就是看書，不管在屋內，還是在曬穀坪，人們常常看到他手捧書本一副癡迷的神情，這也成為了他日後與父親衝突的焦點。

再說七妹，她略作休息，馬上起身去準備晚餐。她的婆婆已經去世，身為長子媳婦，伺候全家人吃飯是義不容辭的責任。七妹剛想把孩子送回屋，就見澤東的祖父走了過來，笑吟吟說道：「來，我抱抱孫子。半月不見，長大了嗎？」

七妹把孩子遞給他說：「長了不少呢！您看，都會笑了。」

毛恩譜接過孫子，滿臉喜色地說：「會笑了？好，快快長，等會跑了爺爺帶你玩。」說著，他抱著澤東走出去玩耍。七妹看著他們離去的身影，顧不得許多，急忙彎腰擔水劈柴，匆匆準備全家人的晚飯。她知道有了孩子，自己的生活將更加忙碌、辛苦了。

春去秋來，在辛勞和忙碌中大半年過去了，毛家今年的收成不錯，澤東又長得越發健壯，終日裡呀呀叫著，一副虎頭虎腦的樣子，全家都很開心。眼看著仲秋將至，毛順生說：「今年

中秋節，咱們好好祝賀一番。」

文七妹笑著打趣：「你捨得嗎？」

毛順生說：「這有什麼不捨得！我明天跟船去銀田寺，回來就帶幾件新衣裳給妳。」

「算了吧！」七妹說，「不用給我買，三伢子越來越大，吃得越來越多，你還是給他買點可口的東西吃吧！」

毛順生一年到頭忙碌，很少顧及澤東，聽妻子這麼說才想起什麼似的說：「三伢子幾個月了？會吃東西？」

七妹說：「都快十個月了，能不會吃東西嗎？」

夫妻倆正在說話，就聽門外有人喊：「順生哥，在家嗎？前面修橋的事你聽說了嗎？」

原來，村裡打算修一座橋，官府不給撥款，只好到各家各戶集資。毛順生家裡比較富裕，需要捐助的錢款也較多。他一聽，忙對妻子說：「這是來要錢的，妳出去就說我不在。」

七妹生氣了，正色說：「修橋是為大夥好，咱們有錢，為什麼不給？」

毛順生說：「他們要得太多，我不想給。再說，我這趟生意需要的錢多，都押進去了。妳讓他們走了，我回來再說。」

七妹知道丈夫的秉性，只好抱著澤東出門應付客人。來人是本家兄弟，他手裡拿著一本帳本，看見小澤東上前招呼道：「三伢子，乖，長這麼大了。」

澤東盯著那人手裡的帳本，似乎非常好奇，他看了一會兒，突然伸手抓過來，指著屋裡咿呀叫喚。七妹和來人都很奇怪，不明白他要幹什麼。卻見澤東揚著帳本，對著父親的屋子叫個不停。來人想了想，笑著說：「三伢子，是不是叫你爹捐款修橋啊？」

聽了這話，澤東不作聲了，好像同意他的說法。來人用手刮了一下他的鼻子，衝著屋裡喊：「順生哥，出來吧！你兒子替你答應捐款的事了。」

毛順生又氣又惱，又不好發作，邊往外走邊說：「聽見了聽見了，我明天一早出門，今天在家收拾一下。捐款的事好說，都是為大夥謀福利，我怎麼能落後呢？」

就這樣，毛順生極不情願交了一筆修橋款，事後，他衝著澤東嚷道：「不會說話就給我添麻煩，長大了肯定是個敗家子！」

七妹制止他說：「你說什麼呢！哪有人這樣敗壞自己孩子的？三伢子伶俐聰明，誰見了不誇他？我看他特別喜歡書本，長大了說不定是個讀書的料。」

毛順生顧不上和她理論，匆匆趕船去銀田寺了。

抓週

毛順生回到上屋場時，正是中秋節當日，他拿著一個包裹匆匆回到屋裡，在桌子前核算半

毛澤東與小八路在一起

天，才略帶憂愁神色走出來，對七妹說：「這一趟來回，還沒有賺夠修橋的錢呢！」

七妹剛想問他給孩子買了什麼東西，聽他這麼說也就不再言語。毛順生接著說：「還得勒緊腰帶過日子，一點也不可浪費大意啊！中秋節還和往年一樣過吧！」

澤東正在七妹的背上玩耍，聽到父親的話抬起了頭，流露出一股不滿和不服氣的神色，好像並不認識眼前的人似的，在他幼小而童稚的心裡，父親似乎離他非常遙遠。

不久，澤東的週歲到了，文七妹特意準備了很多物品，看看兒子抓週會抓什麼。毛順生並不信這些事情，他說：「小孩子懂什麼？抓一下怎麼會決定一生？我看，他們不過圖好玩罷了。」

儘管他不支持，可是他也不反對七妹的準備工作。生日這天，七妹帶著澤東在擺滿物件的桌子前轉來轉去，恰好毛順生回到家裡，他看到桌子上有個算盤，十分興奮地鼓勵兒子說：「抓，抓算盤，長大了好幫我算帳。」

可是毛澤東根本不理會父親，他蹣跚著走到桌子的另一邊，努力去抓幾本舊書。七妹高興地說：「三伢子愛讀書。」

「讀書有什麼用？能種田還是能打仗？」毛順生說著氣鼓鼓地走出家門，朝著東邊的菜園走去。他最近得了些新菜種，準備在那裡實驗耕種。

抓週過後不久，澤東的外婆來了，她打算帶女兒和外孫去唐家托過冬。冬天是農家最清閒的日子，田裡的莊稼收了，天氣又冷，大多數人都躲在家裡享清閒。毛順生卻是個閒不住的人，一來，他要盤算明年的耕作之事，二來，年前年後是做生豬生意的好時機，他當然不肯錯過。所以，他聽說妻兒要去唐家托，猶豫著說：「我還要做生意，七妹走了，家裡沒個人總是不行。」

文母瞭解女婿，知道他能幹會過，是持家過日子的好手，但她喜歡外孫，因此說：「七妹就留在家裡，我只帶三伢子去，你們放心嗎？」

毛順生忙說：「這當然好，那就給您添麻煩了。」

此時，毛澤東剛會走路，因此在大人們中間跑來跑去，忙個不停，他外婆一把抓住他，撫摸著他的腦袋說：「家裡人都想三伢子啦！他舅母還說一定把他帶回去呢！」

就這樣，毛澤東跟著外婆離開上屋場，穿過韶山衝，一路向著雲盤山路而去。冬日的山林間格外肅靜，樹木凋零，花草萎謝，蟲鳴鳥聲絕跡，行人過客稀少，一派肅殺之氣。毛澤東和

外婆騎著小毛驢，一路走來一路咿呀著說個不停，他看起來非常興奮，指指點點著山路兩旁，充滿了新奇和喜悅之情。外婆喜孜孜地為澤東唱著鄉間俚曲，什麼「小板凳，坐門墩——」呀！「小兒郎，去書房——」呀！抑揚頓挫的曲調迴盪在幽靜的山間曠野，平添幾份暖人氣息。

誰也沒有料到，澤東這一次到外婆家，竟然一住就是三、五載，期間雖幾次回到上屋場，但是時間短暫，因此他與父親的關係日漸生疏，而與外婆家的關係卻越發深厚，以致於對他童年、少年時期的生活產生很深影響，並對他個性的形成有著不可替代的作用。

那麼，毛澤東在文家究竟度過了一段什麼樣的時光？

第二章

旁聽試讀　小小年紀顯聰穎

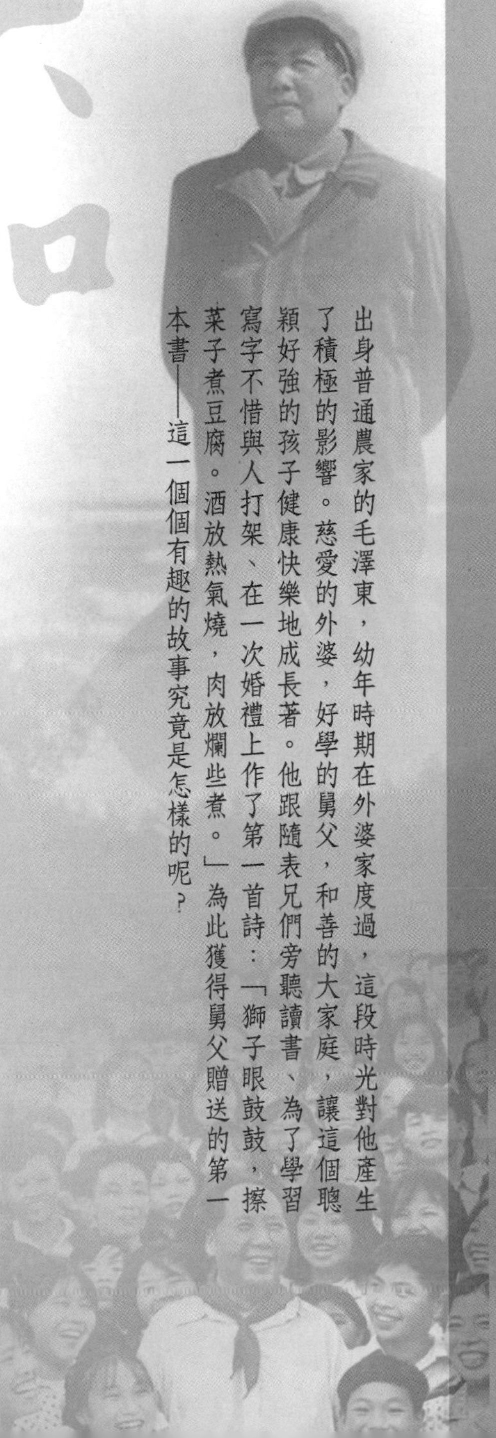

出身普通農家的毛澤東，幼年時期在外婆家度過，這段時光對他產生了積極的影響。慈愛的外婆，好學的舅父，和善的大家庭，讓這個聰穎好強的孩子健康快樂地成長著。他跟隨表兄們旁聽讀書、為了學習寫字不惜與人打架、在一次婚禮上作了第一首詩：「獅子眼鼓鼓，擦菜子煮豆腐。酒放熱氣燒，肉放爛些煮。」為此獲得舅父贈送的第一本書——這一個個有趣的故事究竟是怎樣的呢？

第一節

小小「旁聽生」

門外誦讀

文家雖世代務農，卻尚文愛讀，頗有書香氣息，文玉瑞弟兄幾人都讀過詩書，而且他們家還開了私塾，專門教導族內子弟學習。毛澤東在這樣的環境中成長，自然深受影響。轉眼間，他來到唐家托已有三年多，這三年期間，他很少回到韶山衝上屋場，簡直就像文家的子弟一般。有時候，村裡人看到他，都會情不自禁地說：「韶山衝來的石伢子還沒有回家啊？」

每到這時，小澤東都會辯白一句：「我不叫石伢子，我叫三伢子，我姓毛。」

大人們看他乖巧機靈，忍不住逗他說：「你姓毛，那你叫什麼？」

「毛澤東。」澤東鏗鏘有力地回答。

大人們聽了，呵呵笑著說：「這伢子，好大的氣勢。」

其實，幼小毛澤東的機靈好強不僅在此，在其他方面也有很多表現。這天，澤東吃完早餐，高高興興地跑到隔壁去找夥伴洪昌玩，可是他推開門喊了半天，也不見洪昌出來。他覺得奇怪，正要垂頭喪氣離開，卻見隔壁走出一個大人，喊住他說：「這不是韶山衝的石伢子嗎？你找我家伢子玩？他上學去了，就在你七舅的私塾，你去那裡找他吧！」

澤東眨著一雙大眼睛，腦海裡忽然出現了很多想法，外婆家的表兄都去私塾了，沒人跟自己玩，所以才來找洪昌，可是為什麼他也要去私塾呢？私塾是什麼地方？聽表兄們說在那裡可以讀書、寫字，是不是很好玩？

這樣想著，毛澤東不知不覺來到了文玉瑞的私塾前，他伸著腦袋左瞧瞧右看看，只聽院子裡傳來朗朗讀書聲。小澤東沒有冒昧闖進去，而是找塊石頭踮腳，打算趴在低矮的牆頭上觀望。可是他個頭太小了，墊了兩塊石頭都沒有看到裡面，反而不小心摔了個四腳朝天。儘管摔得生疼，他卻咬著牙不作聲，默默地坐在石頭上開始聽裡面的誦讀聲。

私塾裡的孩子們正在誦讀詩歌，他們抑揚頓挫地唸著：「鵝，鵝，鵝，曲項向天歌。白毛浮綠水，紅掌撥清波。」小澤東在門外聽著，覺得有意思極了，不由得跟著默默讀起來，只有幾遍他就記住了，腦海裡還浮現出一群大白鵝在碧綠的水波中蕩漾的情景，心裡一陣陣喜悅。他正忘乎所以地跟著誦讀，卻聽裡面的誦讀聲又變了，傳出來「人之初，性本善，性相近，習相遠；苟不教，性乃遷，教之道，貴以專……」的誦讀聲。澤東從小跟著外婆學會了不少有趣的童謠，覺得他們讀的這些內容同樣朗朗上口，十分有趣，因此繼續跟著默讀。不知不覺，他

坐在門口已有大半個時辰，然而由於專心默讀，他竟然一動未動。當時毛澤東只是不足五歲頑童，竟有如此定力，他對於詩書的喜好程度，可見一斑。

天近晌午，私塾內的誦讀聲停下了，隨著老師文玉瑞一聲「散學」的號令發出，大大小小的孩子像脫韁的野馬，一個個爭先恐後地竄出學堂，朝門外跑去。文玉瑞在後面看到孩子們撒野，大吼一聲：「站住！」說著，他步出學堂，走到跑在最前面的孩子面前，呵斥道：「你們來這裡是幹什麼的？不就是為了讀書識禮嗎？瞧瞧你們，站沒站相，坐沒坐相，一個個瘋瘋癲癲，不成體統！這哪是學子模樣，簡直像群野馬！記住，不管什麼時候，都要穩重得體，不可魯莽。走路要四平八穩，做人才能堂堂正正。」

在訓斥聲中，孩子們一個個縮著腦袋，誰也不敢言語，默默站在當院。此時正是初秋時節，烈日當空，炙烤大地，站在院子裡不一會兒，孩子們就熱得臉上冒汗，腳底發軟，有些支持不住了。

毛澤東坐在門外，聽到七舅文玉瑞的聲音，以為他一會兒就會出來，可是等了半天，裡面沒有動靜，他十分好奇，站在那裡張望了一會兒，舉起手來拍打門板喊：「七舅，我是三伢子。」

文玉瑞聽到澤東的聲音，忙走過去開門。打開大門，他看到小澤東滿臉通紅、汗水涔涔地站在那裡，一雙大眼睛忽閃著，似乎能夠看穿人的心思一般，立即心疼地說：「三伢子，你怎麼來了？快回家去，這裡熱。」

澤東歪著腦袋說：「不熱，我在這裡讀了好長時間書呢！」

「讀書？」文玉瑞奇怪地看看四周，「哪裡有書？你還不識字怎麼會讀書？」

澤東並不接話，而是聲音響亮地背誦起《詠鵝》和《三字經》前幾段來，竟然一字不差。

文玉瑞驚喜地聽他背誦，激動地說：「三伢子，你可真是小神童，怎麼突然學會這麼多東西？誰教你的？」

澤東天真地說：「我剛才坐在門口學會的，以後我還要天天來，天天讀書。」

文玉瑞拍著毛澤東的肩膀說：「好，沒想到這麼多孩子就屬你最愛讀書。走，咱們回家吃飯，你熱壞了吧！」說完，他回頭對學生們說：「都走吧！記住了，以後不可造次，行為舉止要大方得體。」

學生們連忙謝過老師，規規矩矩地朝門外走去。其中一人

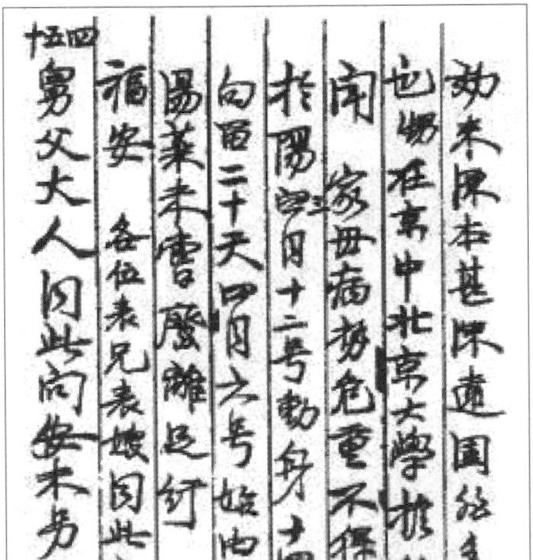
[illegible]未深本甚深遠[illegible]經多日不能安[illegible]
也甥在京中北京大學擔任職員一席
聞家母病勢危重不得不趕回服侍
於陽曆三月十二號動身十四號到上海因事
勾留二十天四月六號始由滬到省親侍
湯藥未嘗稍離足紓 廑念肅頌
福安 各位表兄表嫂同此問候
十五四 舅父大人同此問安未另 愚甥毛澤東 四月廿八

毛澤東至文玉瑞之信

看到澤東，頓時瞪大了驚喜的雙眼，不顧訓斥地跑過來，他是誰呢？

旁聽生涯

過來的正是文玉瑞的兒子文瀾泉，他看見澤東，走過來說：「三伢子，你不在家玩到這裡幹什麼？走，我帶你去河裡抓魚，那裡涼快。」

文玉瑞盯視著兒子，沉悶地說：「你就知道玩，你知道三伢子剛才做什麼了嗎？他坐在門口跟著你們誦讀，現在都能記住《詠鵝》了，還會讀《三字經》。」

文瀾泉大瞪著雙眼，驚奇地叫道：「真的？三伢子，你這麼厲害！快背背我聽。」

澤東得意地又背誦一遍，他的誦讀聲引來好幾個學生，大家聽他背得熟練，不由得流露出羨慕和佩服神色。他的夥伴洪昌高興地上前說：「石三伢子，你會讀書了。」洪昌比小澤東大三歲，今天第一天入學，因此他整個上午只是隨著大夥咿咿呀呀地誦讀，根本沒有記住一句話。

在大家的喝采聲中，澤東顯得格外神氣，他覺得讀書真是太有意思了，還有這麼多夥伴在一起，自己也要來讀書。文玉瑞看在眼裡，心中有了打算，這個伢子如此聰明，定當好好管教，必定有所出息。

等他們回到家中，文玉瑞把澤東不顧炎熱，在私塾門外誦讀詩書的事情一說，外婆和七舅母立即圍攏過來，驚喜地拉著他的手問長問短。澤東並不在意大人們的誇獎，而是走到文玉瑞面前說：「七舅，我不要在門外讀書了，我也要到私塾裡面去讀。」

文玉瑞知道他會提出這個請求，不過還是問道：「為什麼呢？」

「裡面有夥伴，還有書本。」澤東回答。

「可是入了私塾，管教就很嚴格，你今天看見了嗎？那些學生不聽管教，都被罰站了呢！你不怕嗎？」文玉瑞繼續說。

「我不怕，」澤東認真地說，「我在門外站了很長時間都不怕。」

這句話把大夥逗樂了，文玉瑞的妻子對丈夫說：「我看三伢子人小志大，懂事聰明，不像那些調皮搗蛋的伢子，入學一定不輸人！」

澤東的外婆心疼外孫，拉著他的手說：「伢子還小，過兩年再入學不遲、不遲。」

澤東倔強地說：「不，我一定要去私塾讀書！」

這可如何是好呢？文玉瑞沉思起來，當時大多數孩子八、九歲才入學，小澤東只有四歲多，今日偶爾所為，恐怕只是一時興起，真要讓他從早到晚坐在學堂裡讀書，他能坐得住嗎？

看他不言語，文瀾泉便說：「三伢子可聰明了，不管什麼歌謠一學就會，比起那個洪昌強多了。」

聽了這話，外婆倒是笑了：「對，我教這些伢子們唱曲，就屬三伢子學得快，三、兩遍就會了，一點都不錯。來，三伢子，給大夥唱唱。」

澤東張嘴為大家唸唱一段童謠，活潑有趣，十分可愛。文玉瑞的妻子高興地攬過他說：「我這個乾兒子可不得了。」

文玉瑞也伸手撫摸著小澤東的腦袋，微笑著說：「我看這樣吧！我帶三伢子在學堂裡讀幾天書試試。要是讀得好，就繼續讀，要是讀煩了，就不去了。」

大家聽了，都覺得有道理。澤東很開心，衝出七舅母的懷抱，拉著文瀾泉的手說：「走，咱們去讀書吧！」

文玉瑞依舊微微笑著：「三伢子，雖然七舅答應你去私塾，可是你得記住了，一定要遵守學堂的規矩，不能亂說話，不能亂動，不能……」

「三伢子才幾歲？你就管得他這麼嚴！不是說去試試嗎？瞧你認真勁！」不等他說完，他

毛澤東練字像

的妻子就打斷他的話。外婆點著頭附和著說：「對，不能那麼嚴，三伢子還小。」

文玉瑞說：「不能因為他小就影響別人讀書吧？要是他亂跑亂鬧，我要怎麼教學！」

聽到大人們的爭論，澤東眨著大眼睛說：「我不亂跑，也不亂鬧，我只讀書。」

「這樣就好，」文玉瑞說，「從明天開始，你就跟著瀾泉一塊兒去學堂。」

於是，毛澤東開始了旁聽試讀的歲月。他很勤奮，每天早上不用大人喊叫就起床了，吃過早餐便趕往私塾，從不遲到。在學堂裡，他安安穩穩地坐在一邊，隨著大家高聲誦讀，極其認真，進步也很快。

時光匆匆，轉眼間一年過去了，澤東已經快六歲了。又是夏季午後，文玉瑞給大家講解白居易的《草》，當讀到「野火燒不盡，春風吹又生」時，澤東站起來問：「去年冬天，我和表兄在野外點火，明明草都燒沒了，怎麼會燒不盡呢？春風怎麼會吹綠青草？」

文玉瑞說：「你今年春天又去野外看了嗎？那裡是不是又長出青草來了？你可以去看看，看看那裡青草生長的情況，自然明白『燒不盡』和『吹又生』的意思。」他教導學生並不死板，總是鼓勵他們去實踐、去探索，這次，他希望毛澤東自己去看看。

澤東非常好奇，拉著文瀾泉去他們點火的地方觀察，果真看到青草一片，不由得感嘆道：「詩人真厲害，我也要當詩人。」

此後，不管讀書還是對句，澤東做得更認真了。他不但能坐得住，從不搗亂，而且還成為

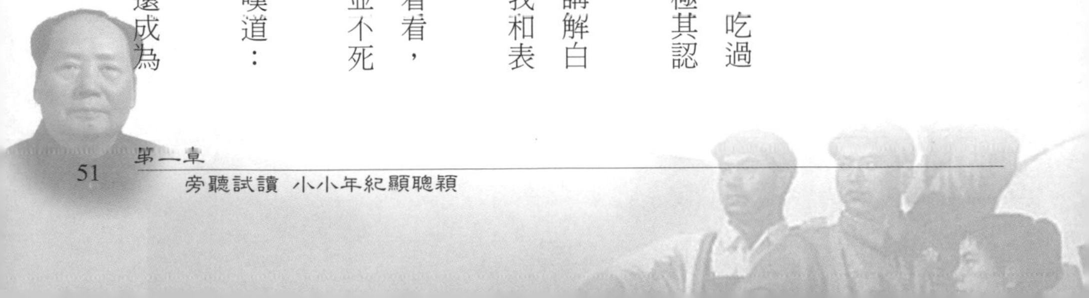

小學堂裡最優秀的學生之一，每日早來晚走，遵守紀律，頗有小大人氣概。文玉瑞看到他的點滴表現，非常滿意，覺得這個伢子穩重大方，很有氣度，比過去教過的學生都要強。

旁聽了一段時間後，澤東開始向文玉瑞索取要書本，他說：「大家都有書，只有我沒有書，我也要看著書本讀，我也要學寫書上的字。」在這此前，他只是隨著大家誦讀詩文，並沒有學習寫字，也沒有書本。文玉瑞會不會滿足毛澤東的要求呢？

第二節 「畫」字起風波

初學「畫」字

澤東索取書本，文玉瑞並不答應，而是告訴他，只管好好讀書，總有一天會有自己的書本的。文玉瑞為何不滿足澤東的請求呢？原來，澤東的外婆心疼外孫，看他天天勤奮誦讀已經十分不忍，因此幾次對文玉瑞說：「三伢子還小，隨便讀讀詩文也就算了，你可不要逼著他像瀾泉那樣寫字、讀書。」文玉瑞對兒子要求嚴格，每天放學後，都要督促他寫幾篇大字，讀幾篇詩文，為此，文瀾泉常在祖母面前告狀。文母看到孩子們學習辛苦，自然十分心疼，也就常常勸兒子放鬆管教。

澤東沒有書本，並不就此罷休，他偷偷借來表兄們的書，一個一個認識上面的字，在地下比著畫來畫去。這成為了他十分喜歡的一項「遊戲」。每天放學後，大多數孩子都跑著追著四處玩，有的上樹掏鳥，有的下河摸魚，還有的打架玩耍，唯獨澤東既不跟隨他們掏鳥、摸魚，

少年毛澤東

也很少與他們打鬥玩樂，只是悄悄走到屋外牆角，蹲在地上「畫」字。他畫得那麼專心，那麼投入，似乎忘卻了周圍一切，不知道飢寒酷暑一般。

這天是中秋節，私塾放假了。對孩子們來說，假期是最快樂的時光，文瀾泉約著夥伴們去龍潭托玩，他們嫌澤東年齡小，因此不肯帶他前往。澤東說：「我才不去呢！我要在家裡寫字。」

果真，吃過早餐，澤東就拿著書本來到屋外一塊空地，隨便找了根樹枝在地上寫起來，很快，眼前的地上寫滿了，他就轉過身在背後的地上繼續寫。寫了一會兒，他發現自己被一個一個的字包在中間，非常好玩。小澤東滿意地想，我要寫滿整個唐家托，讓所有的人都能看到我寫的字。他可是個敢想敢做的孩子，真的就這樣寫下去了。

有幾個村人一早起來去趕集，他們從早上就看見澤東在外婆家門口的地上亂畫，到中午回來時看他又在村頭上埋頭畫著，頗覺好奇，不由得上前觀看。他們這才注意到，澤東從外婆家寫字，一直寫到了村頭，接近半個村子的路上都是他歪歪扭扭寫的字。村人喊住澤東說：「韶山衝來的石伢子，你可真厲害啊！把我們唐家托全寫滿字了。」

「還沒寫滿呢！」澤東頭也不抬地說著，依舊埋頭寫字不止。

村人都笑起來，有的說：「這個伢子，真是有意思。」有的說：「看他認真的樣子，倒真是像玉瑞兄弟，長大了也是個讀書的好手。」還有的忍不住打趣澤東：「伢子，你寫這麼多字幹什麼？是不是要我們學習呀？」

澤東抬起頭看著大夥，認真地說：「我要寫滿唐家托，讓所有人都能看到我寫的字。」

村人對他的所作所為更加驚奇了，嘖嘖讚道：「這小伢子還真有志氣呢！」

他們說笑著走了。澤東依舊不停地寫著、畫著，日頭偏西，已是午後了，可是他似乎並不覺得飢餓，而是精神十足，一副不達成心願絕不罷休的姿態。就在這時，遠遠傳來七舅母呼喚的聲音：「三伢子，三伢子，回家吃飯了。」

原來，外婆一家從早沒有見到澤東，以為他跟著表兄們出去玩了，直到趕集的村人回來說看到小澤東在村頭寫字，他們才慌忙出來尋找。七舅母沿著澤東寫字的痕跡一路尋來，果然見到他在寫字，上前喊道：「三伢子，你寫這麼多字幹什麼？快跟我回家吃飯。」

澤東並不理會七舅母的喊叫，只顧跪在地上低頭寫字，認真投入的神情令人感佩。七舅母過去拉起他，拍打著他身上的塵土說：「走了走了，回家照樣可以寫。」

澤東不情願地站起來，看著七舅母說：「我吃完飯再來寫，我要寫滿唐家托。」

七舅母知道他做事認真，脾氣有些倔，也就隨口哄他說：「好，吃完飯再來。也不知道瀾泉他們幹什麼去了？到現在也不見人影。」她邊嘟囔邊拉著澤東轉回家去。

澤東一路走來，看著地上全是自己寫的字，面對「輝煌」的成績，他不禁洋洋得意，快步趕回家裡準備吃完飯繼續寫。

為字起爭端

讓澤東大感氣憤的是，等他吃完飯走出家門，發現自己寫的字都被人抹平了，一夥少年站在那裡衝他呵呵直笑。這夥人不是別人，正是文瀾泉和他的幾個朋友。澤東著急地問：「我的字呢？怎麼都不見了？」

文瀾泉說：「三伢子，你寫的都是什麼？字不像字，畫不像畫，太難看了，我們幫你擦掉了，免得讓人笑話。」

澤東一聽，急得哇呀哭出聲來，上前抓住文瀾泉的胳膊喊：「你還我字，還我字，我要寫滿唐家托，你為什麼都給我擦掉?!」

文瀾泉本想著做了件好事，哪裡想到澤東還有這樣的心願和打算，有些不耐煩地推開他說：「還寫滿唐家托呢！就你寫的那也叫字！快別鬧了，回家我教你好好寫。」

其他少年聽了，跟著起鬨叫道：「石三伢子不會寫字，不會寫字。」

澤東更加氣惱，一把擦掉眼淚爭辯道：「我會寫，我會寫！」

少年們只管取樂逗笑，哪管他著急上火，喊叫著「石三伢子不會寫字」，圍著他又跳又笑。這下子澤東受不了了，他怒目圓睜，揮舞著小胳膊向眾少年衝去。可是他太小了，哪裡鬥得過那些少年，衝跑一陣就累得氣喘吁吁，而少年們更加起勁地喊著：「石三伢子打人啦！石三伢子打人啦！」在他四周蹦跳逗樂。

澤東被困中間，孤立無援，但他不肯認輸投降，而是勇敢地與人爭鬥。只見他跑到一邊撿起樹枝，揮動著一陣亂舞，直取一個少年而去。一開始，那個少年還邊跑邊喊，可是慢慢被澤東追急了，躲到文瀾泉身後說：「你表弟怎麼光打我不打別人？」文瀾泉也好生奇怪，攔住澤東說：「別打了，別打了。」

其他少年見此，停下喊叫，注視著他們的舉動。澤東舉著樹枝說：「他罵人，我就要打他。」

那個少年喊道：「又不是我自己罵了，你怎麼不打別人？」

澤東說：「我要一個一個地打。」

眾少年聽了，無不流露出詫然神色。就在他們打鬧之際，走過來另一個少年，他不過十歲光景，舉止神色頗顯文雅，他過來後對眾少年說：「你們怎麼欺負一個小伢子？他是來找親戚的，你們欺負了他怎麼向他家交代？」

澤東聽到有人為自己說話，頓覺底氣大增，指著眾少年說：「你們道歉，你們道歉。」

文瀾泉向後來的少年解釋說：「運昌，我們不是欺負他，我們跟他逗著玩。我們又沒罵他也沒打他，對不對？」

那個叫運昌的少年也是文家子弟，他的爺爺與澤東的外祖父是親兄弟，因此也是小澤東的近親表兄。文運昌生性聰慧，愛好讀書，才思敏捷，是同輩子弟中的佼佼者，文瀾泉等人對他都畏懼三分。平日裡，這群少年常在一起玩耍，他們最愛玩的遊戲就是「攻城門」。十幾個小夥伴手牽手圍成一個圓圈，一人帶頭高喊：

「城門城門幾多高——」

眾人和道：「萬丈高！」

「麼事馬——」

眾人答：「白馬！」

「麼事刀——」

眾人答：「關刀！」

「麼事柄——」

眾人，「栗樹柄！」

「打開城門將軍進！」

帶頭者就和另一人用手臂架起一道「城門」，其他小夥伴就一個個從「城門」裡進入圓圈，又開始新的一輪遊戲。一般情況下，帶頭者都由文運昌擔任，可見他在夥伴中的地位。

現在，文運昌看著文瀾泉繼續說：「你們沒欺負人，三伢子為什麼這麼生氣？」

澤東插嘴說：「他們擦了我寫的字，他們就是欺負人。」

文運昌盯著文瀾泉：「還說沒欺負人！」然後，一把拉過澤東說：「三伢子，走，我們去讀書、寫字。」

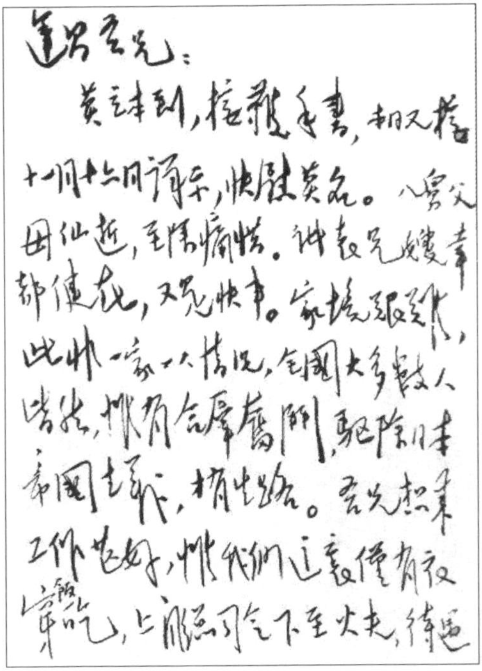

運昌吾兄：

前言未到，接獲手書，旋又接十一月十六日詳示，快慰莫名。八舅父母仙逝，至深痛惜。仲衰兄及慶賡部隊在外，又是快事。家境艱難，此非一家一人情況，全國大多數人皆然，惟有合群奮鬥，驅除日本帝國主義，才有出路。吾兄想來工作甚好，惟我們這裡僅有飯吃，上自總司令下至伙夫，待遇

毛澤東至文運昌信

澤東卻很倔，對著文瀾泉等少年喊：「你們要道歉，你們要道歉。」

文瀾泉氣悶地嘟囔一句，帶著夥伴們一哄而散。澤東衝著他們的背影喊：「做了壞事不道歉，你們都是大壞蛋。」

文運昌勸他說：「他們也不是有意的，三伢子，字被擦了可以重新寫。七叔不是說了嗎？做人應該厚

道，要懂得原諒別人。」

澤東默默聽著，似有不服，卻也不再言語。這件事就這樣過去了，文玉瑞得知後，笑著說：「三伢子人小鬼大，很不一般啊！」澤東依然不忘自己的願望，纏著他說：「七舅，我什麼時候才能有自己的第一本書呢？」

文玉瑞驚訝道：「三伢子，還沒忘了自己的心事呢？好吧！我可以考慮給你一本書，不過，你得通過考試。」

「考試？」澤東激動地問，「什麼叫考試？」

文玉瑞剛想回答澤東的問話，就見門外匆匆來了一人，衝著文玉瑞喊道：「七哥，張家的婚事等你去主持，你趕快走吧！別耽誤了時辰。」

文玉瑞在唐家托算是有學問、有地位的人，不管哪家哪戶有個紅白事，都喜歡請他去主持場面。今天，村東張家的大兒子娶親，自然也是邀請他去主持。文玉瑞聽了來人喊話，來不及回答澤東的問題，慌忙走出家門朝村東趕去。

文玉瑞主持婚禮，私塾無人管理，孩子們也就放假了。在農村，孩子們特別喜歡去婚禮現場玩，因為那裡人多熱鬧，他們可以自由地跑來跑去，玩耍逗鬧。而且，大人們還會分給他們喜果子、喜餅之類的東西吃，當然令他們格外嚮往。現在，聽說張家娶親，他們拔開腿一溜煙跑到張家門口，等候新娘子過門。

澤東跟著表兄們也來到張家門外，他們在人群裡擠來擠去，又是打鬧又是說笑，好不快活。突然，一聲嗩吶響起，迎娶新娘的樂班開始吹奏婚禮樂曲，伴隨著喜慶的、歡愉的樂音，整個場面更加熱鬧，孩子們玩得也更加開心。這時，有人指著村頭說：「快看，新娘子進村了。」表兄文瀾泉連忙對他說：「等一會兒新娘子過門，張家就會分喜果子。你可要跟緊我，要不你搶不到喜果子。」孩子們擁擠著朝向村頭奔去，澤東人小力單，被擠到了路邊，於是他乾脆站立著不動了。

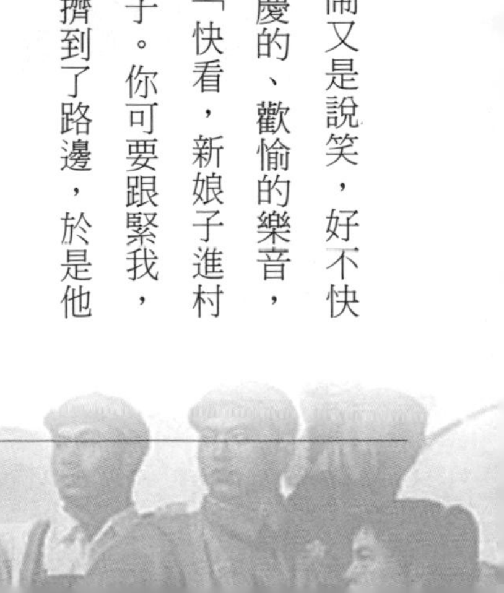

第三節　作詩喜得書

迎親詩

被擠到路邊的毛澤東，孤伶伶一人站在那裡，他張望半天，也無人理睬自己，表兄早已跑遠了。但澤東反而高興了，他素來喜歡安靜，善於思索，不像一般孩子那樣終日裡瘋跑瞎玩，因此他站在路邊，沒有去追趕夥伴。

此時正是深秋季節，天氣涼爽舒適。張家在門外架起灶火，請廚師們燒水做飯，煮肉燒酒，招待客人。澤東看到忙碌的廚師和幫手，不由自主地挪動腳步走過去，看著蒸騰的熱氣出神。一個廚師看他的樣子，笑著跟他打趣說：「怎麼？饞了？想吃肉還是喝酒？」

澤東搖搖頭說：「不吃，這麼多熱氣真好玩。」

「熱氣有什麼好玩的，」廚師笑著說，「快躲開，小心被燙著。」

這時，迎親的隊伍走過來了，在孩子們的嬉鬧聲中，一隊舞獅子的走在最前面。只見一對獅子張著大嘴，瞪著銅鈴般的眼睛，好不威武。它們渾身金黃，閃著光彩，上下翻舞，熱鬧引人。人群中不時發出陣陣喝采之聲，一些孩子甚至爬上大樹，衝著下面高聲叫嚷：「好，舞得好，舞得妙。」澤東也被引過去，他擠在人縫裡，看著那對大眼獅子舞得歡愉雀躍，心情十分激動。這時，文玉瑞走了出來，看著獅子大聲說：「獅子舞得好，人人都誇耀，東家賞銀錢，獅子舞更妙。」

這是婚禮風俗，做為娶親一方，要給樂班的人和舞獅子的賞錢，這樣他們才會更加賣力地吹奏和表演，場面才會更加活躍喜慶。張家聽到文玉瑞的喊話，立即跑出一人將紅包遞過去。獅子表演繼續進行著，那對獅子施展出拿手絕技，一會兒翻滾跳躍，在地上連滾幾圈，突然騰空而起；一會兒騰挪伸展，左衝右撞，步伐靈活，粗壯的身軀輕盈地跳來跳去。有人扔過一個彩球，一對獅子爭先恐後前來爭奪，場面達到最熱烈的程度，觀看的人群摒息靜氣，靜靜觀看哪個獅子會搶到彩球。它們互不相讓，你爭我奪，一個獅子叼住了彩球，另一個獅子立即衝過去奪回來。熱烈的爭奪讓大家大飽眼福，澤東站在人群中，心裡一陣陣激動，他一會兒盼著這個獅子奪得彩球，一會兒又盼著那個獅子勝利，真有點左右為難。

不一會兒，鞭炮聲響，新娘的花轎落地，獅子隊閃到一邊，正式的婚禮場面開始了。澤東慢慢退到最後面，倚在一堆柴草上靜靜地看著，再也沒有擠上前去。等到婚禮結束，文瀾泉找到他說：「三伢子，你愣在這裡幹什麼？給你！我好不容易搶到的喜果子，拿去吃吧！」

澤東搖頭說：「我不吃，我還想看舞獅子。」

文瀾泉說：「婚禮都結束了，哪還有舞獅子的？走，回家。」

他們一前一後趕回家中，路上，文玉瑞微微醉意地趕上來，喊住他們問：「你倆玩得開心嗎？回去別忘了讀書。」

澤東扯住他的胳膊說：「七舅，我喜歡看舞獅子，他們舞得真棒，你還作詩誇獎他們了呢！」

「作詩？」文玉瑞一愣，立即笑了，「那是順口溜，提醒東家賞錢。我跟你們說，舞獅子的圖個吉利，都喜歡大家誇他們，逢年過節來了舞獅子的，不管舞到誰面前，誰都要說幾句吉利話。我今天就考考你們，要是舞獅子的舞到你們面前，你們會說什麼？」

文瀾泉首先說：「就說獅子舞得好，人人都誇耀；獅子舞得妙，人人更誇耀。怎麼樣？」

文玉瑞擺擺手說：「勉強，勉強。」

澤東歪著腦袋想了想，朗朗說道：「獅子眼鼓鼓，擦菜子煮豆腐。酒放熱氣燒，肉放爛些煮。」澤東這首活潑有趣的順口溜，生動地描寫了獅子的可愛形象和燒酒煮肉、喜慶熱鬧的農村婚禮氣氛。「擦菜子」是當地自製的一種醃菜，「擦菜子煮豆腐」是湖南人十分喜歡、通俗的菜餚。在這首順口溜中，樸素的語言散發著濃厚的鄉土氣息，表達出一個兒童的天真浪漫情懷。

文玉瑞聽聞這首順口溜，吃了一驚，讚道：「好！好！三伢子作得妙！」

透過這首順口溜，也可以看出澤東非凡的詩詞天賦。他不僅想像力豐富，富有詩人氣質，而且善於觀察思索，從生活中挖掘藝術的真諦。在以後的讀書學習歲月中，他的詩詞天賦將會得到進一步的發揮，讓人們看到他身為一個詩人的成長之路。

再說文玉瑞，誇獎了澤東後接著說：「上午我說要考你，我看這幾句詩詞就算考試過關了，回去我就給你一本書。你說，想要什麼書？」

愛書模範

澤東聽文玉瑞說要給自己書，立即高興地說：「我要《千家詩》，不要《三字經》。」

「為什麼？」文玉瑞問，「《千家詩》有點難，《三字經》對你來說正合適。」

「他想當詩人呀！」不等澤東回答，文瀾泉撇

毛澤東與百姓在一起

著嘴先行說道。

「是嗎？」文玉瑞說，「這倒是個好主意。三伢子，你要是成了詩人，那可是你們毛家和我們文家的驕傲。說說看，你想成為什麼樣的詩人？」

澤東認真地說：「我想成為李白那樣的詩人，寫很多很多詩，讓大家都來讀。我還想做白居易那樣的詩人，為老百姓寫詩。」他稚嫩的話語和思想中，已經可以看到他浪漫多情的一面，也可以看到他為百姓、為人民奮鬥的精神。所謂「從小看老」，同樣體現在偉人身上。

文玉瑞不負所言，果真送給澤東一本《千家詩》，這是線裝古本書籍，看起來已有些年頭，紙色泛黃，有些書頁出現破損，不過印刷倒還精緻。小澤東十分珍愛這本書，白天小心地拿著翻閱，晚上放在床頭枕下，半刻也不離身。看他如此喜愛書本，外婆特意為他縫製一個書包，讓他把書放在裡面。

這天，澤東又跟著文瀾泉去私塾，放學的路上飄起小雨，大多數孩子連忙舉起書包擋在頭頂，害怕雨水淋溼了身體。唯獨澤東將書包緊緊藏到懷裡，不肯讓書包溼了。回到家時，他的頭頂、肩膀溼漉漉的，外婆忙拿過毛巾一面為他擦一面問：「你怎麼弄得這麼溼？瀾泉頭上就很乾燥，你們不是一路回來的？」

文瀾泉指著澤東的懷裡說：「他不把書包頂在頭上，當然淋溼了。我頂著書包當然淋不溼。」說著，他將溼漉漉的書包打開，攤開一本本書放在窗臺晾曬。

外婆看著澤東叨唸道：「三伢子，你怎麼不像表兄一樣也頂著書包呢？書包溼了可以曬，人淋溼了容易生病。」

澤東揚著小臉說：「可是人生病還能好，書淋壞就不能看了。」

聽他這麼辯解，外婆和文瀾泉一時啞然。這時，文玉瑞和二弟文玉欽一起走進來，看到文瀾泉正在晾曬書本，問道：「怎麼回事，書怎麼溼了？」他們兄弟自幼愛讀，也愛惜書本，看到書溼了不免有些心疼。

文瀾泉就把放學遇雨的事說了。文玉瑞兄弟搖搖頭，似有無限惋惜之意，他們議論著：「看來得搬學堂了，那裡離村子太遠，孩子們來回不方便。」說著，他們轉臉看到澤東拿著的書本很乾爽，不由得奇怪地問：「三伢子的書怎麼沒有溼？」

澤東說：「我怕書淋溼，就把書包藏到懷裡了。」

文玉瑞兄弟聽了，無不流露出詫異神色，對小澤東如此愛書的行為頗感驚奇。

這件事過後不久，文玉瑞不知何故不再擔任私塾的老師，而是聘請了一位新老師。他在不教孩子們之前，決定將私塾搬回村子，擴大為村塾。私塾與村塾不同，一般來說，私塾是個人開辦的，學生少，大多為家族塾院。村塾則是整個村子乃至幾個村子聯合開辦的，多為地方上有錢有勢的人家出資，規模較大，老師和學生也較多，是當時的一種普及教育。

這天放學時，他帶著新老師走進學堂，對學生們說：「從明天開始搬遷學堂，所以就給你

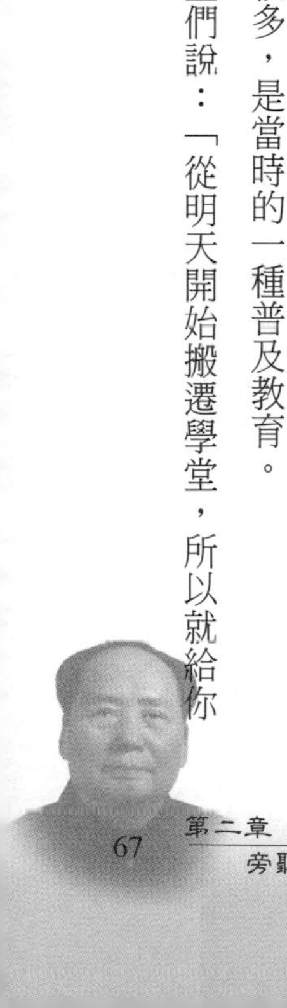

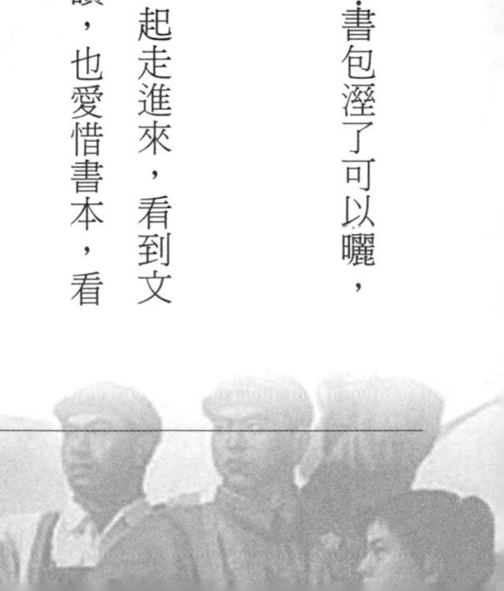

們放假了。」大多數孩子一聽，高興地扔起書包，歡欣鼓舞，暗地裡思忖著到哪裡去玩，玩什麼遊戲等等。可是澤東卻很安靜，認認真真地將唯一的一本書弄得平平整整，裝進書包，這才背起書包筆直地坐著，等候老師繼續訓話。新老師環視學堂，對前排最小的澤東頗感興趣，悄聲問文玉瑞：「這個伢子不大，倒是蠻有樣子的，你看他多認真。他就是你外甥石三伢子嗎？」

「是啊！」文玉瑞不無驕傲地說，「別看他人小，聰明得很啊！」

「我看他很愛書籍，在這群學生中算是優秀的，真像個愛書模範。」新老師笑著說。

文玉瑞沒說什麼，命令學生們打開書包，取出書本，然後說：「你們把自己的書都擺在桌子上，讓新老師看看你們的書，認識認識你們。」

這下子學生們慌了，有人低下頭翻找書本，有人慌張地整理著捲邊缺角的書，還有人著急地從書包裡拔拉著，試圖找出一、兩本乾淨、保存完好的書，可惜他們從來不愛護書籍，很少整理書籍，所有的書都翻捲著邊角，一副破爛不堪的樣子。當新老師來回走了一圈，把所有孩子的書都看完後，叫起澤東來說：「透過這次檢查書籍，我發現咱們學堂裡石三伢子的書最乾淨，保存得最完整。他年齡最小，卻比你們都愛書，你們說以後是不是也要向他一樣愛護書籍？」

不少孩子都羞紅了臉，這時文運昌站起來說：「老師，三伢子愛書、做得對，以後我們再也不亂毀壞書籍了。」

新老師點著頭說：「好，你坐下吧！書本來之不易，大家都要珍惜愛護，這才是一個好學子應該具備的素質。」

澤東聽著老師誇獎自己，流露出得意神色，在他幼小的心裡，不免滋生起驕傲情緒，對其他學生表現出不屑一顧的神情。文玉瑞看在眼裡，心想，三伢子是不是驕傲了？他還能跟著新老師繼續讀書嗎？

毛澤東在北戴河邊

第四節 返回韶山衝

一次教訓

經過一番忙碌改造，村子裡最大的村塾開學了，村塾聯合了好幾個私塾，規模大，人員多，座落在村子正中，門口一株高大的槐樹，參天入雲，十分醒目引人。

已是初冬時節，是農家最清閒的時日，孩子們在家裡無事可幹，大人有心讓孩子讀點書識點字，也好有個出息，所以村塾裡新進很多小學生。澤東是舊學堂的旁聽生，年齡偏小，不過因他聰明好學，新老師特意讓他跟著其他學生轉到了村塾，繼續做一名旁聽生。新來的學生中有個叫趙富貴的，只比小澤東大一歲，家住唐家托西邊，他聰慧伶俐，在學堂裡很快嶄露頭角，與澤東成為好朋友。

澤東已經學會了不少詩文，還會寫字，因此有些沾沾自喜，總是對趙富貴頤指氣使，指點他這樣那樣。趙富貴倒也樂意聽從他的安排，不多日竟然背誦了好幾篇詩文，還會寫一些簡單的字。新老師見他進步很快，就在課堂上誇獎他：「趙富貴是學堂裡進步最大的學生。」

一開始，澤東覺得朋友進步了很開心，可是慢慢地，他發現老師只表揚趙富貴而不關注自己，有些悶悶不樂。而且，趙富貴很快超越他，學會了更多的東西，這讓澤東措手不及，有種不知如何是好的感覺。這天，他慢吞吞地吃著早餐，文瀾泉喊他幾次他都不肯背起書包上學。文玉瑞奇怪地想，三伢子最愛去學堂了，今天怎麼啦？

在村塾裡，澤東的表現一日不如一日，他不再像從前那樣認真聽課，很多詩文根本學不會，回到家就開始跟表兄們跑著玩。一天，新老師遇到文玉瑞，對他說：「石三伢子太小了，還是讓他過一、兩年再入學吧！」

文玉瑞大吃一驚：「三伢子不愛讀書了？這怎麼可能！」

當天晚上，他追問澤東讀書退步的原因，澤東嘟著嘴說：「老師只表揚趙富貴，不表揚我。」

原來如此，文玉瑞開導他說：「三伢子，老師為什麼表揚趙富貴？為什麼不表揚你？」

文瀾泉站在一邊聽到了，隨口說：「還用問嗎？趙富貴進步大，把三伢子比下去了，他心裡不痛快，就不用心了。」

聽了他們的言語，文玉瑞明白了大體緣由，他想了想搬出一本李白、杜甫的詩歌集，招呼他們說：「來，你們看看這是誰的詩歌集？」

澤東翻開書本，發現裡面全是自己以前沒有讀過的詩，不由得驚喜地說：「世上有這麼多詩啊！我可以好好地學啦！」

「你知道嗎？」文玉瑞語重心長地說，「這些詩是李白和杜甫兩個人寫的，他們倆都是唐朝偉大的詩人，一生詩作豐富，身為同一時代的兩個偉人，成就不相上下，你說他們相處好嗎？是好朋友嗎？」

「當然是了，」澤東不假思索地說，「他們都是詩人，自然是好朋友。」

文瀾泉卻說：「不一定吧！兩人會不會爭奪誰是第一、誰是第二？」

文玉瑞看著他們，意味深長地說：「李白和杜甫雖然年齡懸殊較大，但他們感情深厚，交往密切，彼此甚為佩服，流傳下不少感人的故事。像他們這樣偉大的人物都能彼此敬重、互相促進，你們是同窗，整日在一起讀書、寫字，也應該學習偉人，和睦相處，共同進步，不能斤斤計較，自甘墮落，對不對？」

澤東這才明白文玉瑞的意思，臉色一紅，低垂著頭半天不語。

文瀾泉用手肘推推澤東說：「三伢子太好強，你以後改改這脾氣。」

經過這次教訓，澤東變化很大，他又開始認真讀書，與趙富貴的關係也日漸深厚。兩個最小的學生經常一起出入學堂，背詩答文，其樂融融。

眼看著年關將近，澤東準備著過完年正式入學，可是這時，傳來一個令他很感不快的消息，也打斷了他在唐家托繼續讀書的夢想。

拜別石乾娘

消息來自韶山衝。澤東在外婆家的這幾年中，他的父母兩次添子，一次生育的是女兒，一次生育的是男孩，不幸的是女兒降生不久就夭折了，只有男孩存活下來，取名毛澤銘（後改名毛澤民，他就是毛澤東的二弟）。由於連續生養，家裡又缺少人手，所以他們一直沒有把澤東接回去。今年年關將近，毛順生盤算著小澤東快七歲了，應該能幫著家裡勞動工作，再不然也能看看孩子，因此對妻子說：「把三伢子接回來吧！讓他學著工作，幫妳看看孩子。」

文七妹早就思念兒子了，這幾年雖然多有來往，但是母子不能時常相聚，讓她備感牽掛。聽到丈夫這句提議，她忙答應：「快過年了，咱們一起去把三伢子接回來。」

幾天後，夫妻倆備好禮物，趕著毛驢踏上雲盤山路。一路無話，到唐家托時剛好正午，文七妹來不及問候家人，慌忙尋找著澤東的身影。可是她找遍整個屋子卻不見小澤東，不由得著急地問：「三伢子呢？他去哪了？」

文玉瑞的妻子笑著說：「瞧妳想兒子想的。別急，母親聽說你們要接回三伢子，吃過早餐就帶著他去龍潭托了。」

「去龍潭托幹什麼？」毛順生一臉迷茫地問。

文七妹忙制止他說：「你怎麼忘了？三伢子的石乾娘不是在哪嗎？母親一定是帶他去拜別。」

「對啊！」文玉瑞的妻子說，「妹夫你可真是貴人多忘事，這幾年光忙著發跡致富，都成韶山衝有名的富戶了，連兒子的大事都忘了。」

聽她取笑自己，毛順生嘿嘿笑著，不再言語。

再說澤東，他早上跟著外婆去龍潭托，以為像從前一樣去拜佛燒香，一路上蹦蹦跳跳，好不快活自在。兩里路程很快就趕完了，來到石觀音廟下的巨石前，外婆停下腳步說：「三伢子，快跪下磕頭！」澤東奇怪地左顧右盼，然後不解地問：「還沒有進廟呢！怎麼就跪下磕頭？給誰磕頭？」以往他總是跟著外婆進廟，跪在一座神像前磕頭，今天叫他在廟外磕頭，讓他有些意外。外婆指著巨石說：「這是你的石乾娘，不磕頭怎麼行？」「石乾娘？」澤東吃驚地張

著嘴巴，望著巨石說，「我的乾娘不是七舅母嗎？怎麼會是塊大石頭？」這幾年，文玉瑞夫婦一直把他當作乾兒子看待，尤其文玉瑞的妻子，總是乾兒子長乾兒子短地叫著，所以他一直認為自己的乾娘是七舅母。

外婆眯著眼睛，回憶起幾年前為澤東拜認石乾娘的事，心潮有些起伏，眼眶潮溼地說：「這件事說來話長了，你生下來時我請人算了一卦，說你要拜個長壽的乾娘才能多福多壽。這塊大石頭在這裡不知道幾百年了，你說它長壽不長壽？」

澤東上前摸摸大石頭，回頭看看外婆，笑著說：「長壽，比外婆還長壽。」

外婆也笑了：「對呀！你拜它做乾娘，不就應了算命先生的話了？肯定能多福多壽！這樣，你娘也就可以舒舒心心過日子啦！」

澤東聽著外婆的話，心裡有些恍然，一時沒有言語。

再看外婆，從包裹裡取出香火、酒菜，還有一串鞭炮，整齊地擺放在巨石前，自己先行恭敬地站到面前，而後對澤東說：「跪下磕頭。」

澤東抿著嘴唇，依然不肯下跪，在他的腦子裡接受的是正統的儒家教育，奉行「跪天跪地跪父母」的哲學，如今給一塊大石頭下跪，他覺得非常彆扭。外婆見他遲疑，催促道：「趕緊跪下，給乾娘叩過頭就該回家了。」

澤東不情願地跪下了，朝著巨石磕了幾個頭，連忙站起來跳到一邊。外婆依舊站在那裡，

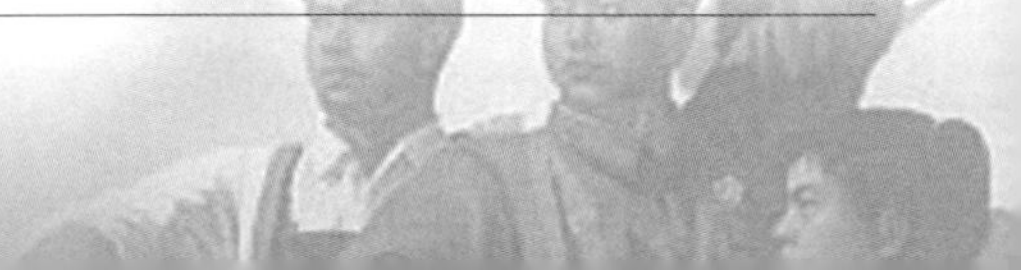

捧著雙手向巨石唸唸有詞：「托您的福，三伢子長得可結實了。今後您還要保佑他健壯地長大。今天他娘來把他接回韶山衝，他以後來得就少了，不過，我會年年來給您上香的。」

外婆說話的聲音雖小，卻也被澤東聽到了，他睜大眼睛問道：「我娘來接我回韶山衝？這是真的？」

外婆說：「是啊！你爹說你也不小了，該回去幫著家裡工作勞動。你娘為你添了個弟弟，你回去幫著照顧，讓你娘省點心。」說著，她拿起地上的火石點起鞭炮，劈哩啪啦的聲音立刻響成一片，嚇得澤東往後跳了好幾步，捂著耳朵不敢吱聲。他從小害怕鞭炮聲，所以逢年過節從來不像一般孩子那樣玩煙火、點炮仗，為此，大家都說他膽子小。

毛澤東與村民在一起

鞭炮聲響過，外婆收拾地上的碗筷、祭品，帶著澤東轉回唐家托。一路上澤東撅著嘴，似有不快，外婆看在眼裡，心裡十分清楚，澤東這是不肯回韶山衝。幾年中，每次家裡來人接他回去都費很大勁，而每次回到唐家托，他都非常開心，這可真是有意思。

回到唐家托家中時，文七妹早早地等在門口迎接兒子，看他一臉不快的神情馬上明白怎麼回事了，勸說道：「三伢子，你長大了，不能總是住在外婆家。咱們今天回去，過完年春天你就幫著家裡打草放牛，也可以幫著照顧弟弟——」

「我不要，」沒等文七妹說完，澤東就叫起來，「我要讀書，我不回去。」

吵嚷聲驚動了屋裡的毛順生，他一步跨出來，訓斥小澤東：「必須回去。過完年都七、八歲了，不知道工作怎麼行？」

澤東用陌生的眼神看看父親，頂撞道：「我要讀書，我不工作！」

毛順生指著他的鼻子說：「你才多大就這麼懶，長大了還得了！必須回去工作，家裡忙得團團轉，叫你放牛打草你不想幹，那你想幹什麼！」

看他們父子吵得厲害，文七妹忙勸解：「好啦！別吵了。三伢子，你回去也可以讀書，過完年就去村塾，放學後再幫家裡工作，這總可以了吧！」

毛順生還想說什麼，猛然想起這是在唐家托文家，便閉上嘴巴不再言語。澤東呢？被外婆拉著回屋收拾東西。這對父子見面之爭就此結束，不過，這也埋下了他們日後不可調和的矛盾和衝突。毛順生依靠種田發跡，兼做農業生意，對田地和經營懷有極深的感情，加上受他們家族尚武風氣的影響，他為人精明好強，務實能幹，擅長追求利益，而對於讀書和學問之道頗感陌生，存有不認同之理也就在所難免。澤東雖然繼承了父親的一些性格特徵，但同樣繼承了母親家族中很多特色，從他那雙黑亮的大眼睛、寬寬的額頭、以及飽滿的臉龐，一眼就能看出，他與母親有更多相似處，具有浪漫的詩人氣質，喜歡詩書文章，與父親的務實、擅長經濟大有不同。

性格的差異決定了人生命運的不同，這一點在毛順生父子身上得到淋漓盡致地體現。那麼，這對父子回歸韶山衝，生活在同一個屋簷下之後，究竟會怎樣相處？澤東少年時光將受到父親哪些影響？

第三章

嚴父厲師　促發少兒叛逆心

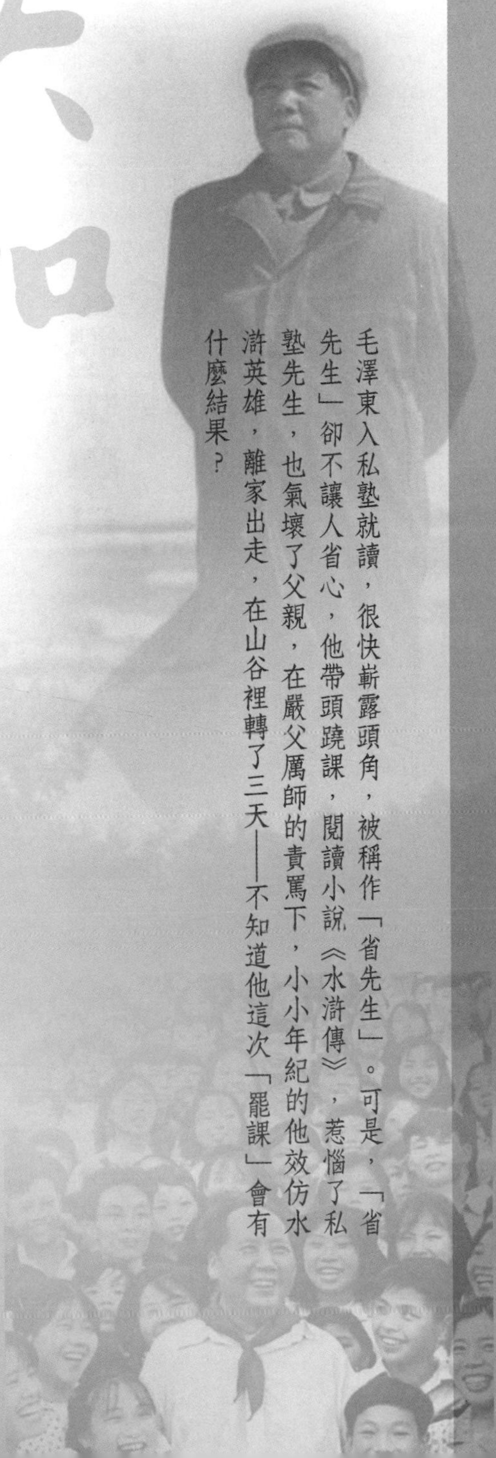

毛澤東入私塾就讀，很快嶄露頭角，被稱作「省先生」。可是，「省先生」卻不讓人省心，他帶頭蹺課，閱讀小說《水滸傳》，惹惱了私塾先生，也氣壞了父親，在嚴父厲師的責罵下，小小年紀的他效仿水滸英雄，離家出走，在山谷裡轉了三天——不知道他這次「罷課」會有什麼結果？

第一節

私塾求學日

父子衝突

如果毛澤東沒有跟隨父母回到韶山衝，而是一直生活在唐家托外婆家，也許他就只能成為一位優秀詩人，而無法成長為傑出的政治家和軍事家，無法領導中國人民進行驚天動地的革命事業，進而使中國發生翻天覆地的變化。那麼，毛澤東回到韶山衝上屋場之後，究竟經歷了哪些事情，對他一生竟然產生如此重大的影響呢？

影響首先來自他的父親毛順生。毛順生是個講求實際的人，他脾氣比較急躁，做事幹練，十分節儉。可是，澤東在生活比較寬裕的外婆家住慣了，回到家後不能一下子適應艱苦的生活，覺得家裡的飯菜難以下嚥，因此每次吃飯都愁眉苦臉。這讓毛順生十分不悅，好幾次訓斥小澤東：「有飯、有辣椒，你不好好吃，還想吃什麼？」

澤東撇著嘴沒有說話，他抬頭望望屋頂上一串串鮮紅的辣椒，那是湖南人最愛的食物，家家戶戶門柱房頂都掛得滿滿的，像是一團團燃燒的火焰，照亮整個院落，照亮人們的心窩。是啊！在當地，沒有辣椒人們就無法生活，離開辣椒就無法吃飯。眼前澤東家的飯桌上就擺著滿滿一大碗辣椒，通紅鮮亮，惹人垂涎。澤東將目光從屋頂移到桌子上，用筷子慢慢夾起辣椒，拌到飯碗裡吸吸溜溜地喝著。幾口辣椒下肚，他臉頰變得更紅了，眼睛裡辣出幾滴淚水。不過，他感覺十分爽快，這讓他暫時忘卻了父親的斥罵，而是一心投入到吃飯這項大事之中。

澤東的身邊坐著他的二弟毛澤民，小澤民三歲，像所有小孩子一樣，他也喜歡模仿大孩子的言行，於是學著澤東也去夾辣椒吃。他好不容易將辣椒填到嘴裡，卻被辣得哇哇大哭。文七妹忙放下碗筷攬過澤民說：「你少吃點，吃那麼多幹嘛？」

毛順生瞄瞄小澤東，低聲說了一句：「還不是跟三伢子學的?!」

澤東平白無故受了冤枉，內心升起一股不滿，他辯解道：「為什麼怨我？又不是我叫他吃的！」在他幼小的心靈深處，一直接受的都是溫和、充滿親情、正直的教育，突然受到父親粗暴、嚴厲的管束，他十分不爽，難以忍受。

毛順生啪的放下筷子，指著澤東說：「不許頂嘴！」

澤東脾氣倔強，也是個不服輸的個性，哪肯就此認輸服軟，因此憤憤地扔下碗筷轉身進屋去了。毛順生氣得指著他的背影高聲斥罵：「你摔打什麼？不吃飯拉倒，餓死你活該！」

毛順生不瞭解自己的兒子，也不打算去瞭解他，他按照傳統的習慣去管教他，希望他能聽

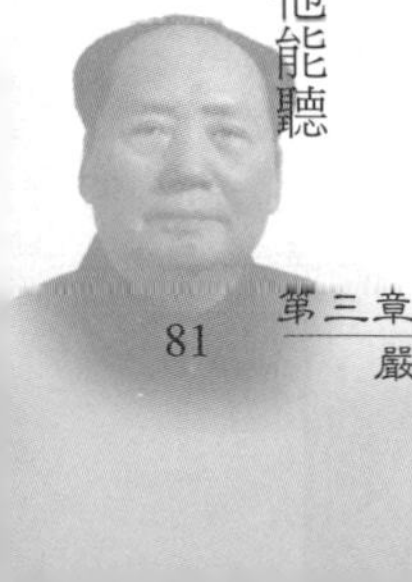

從自己的安排，按照自己的意思成長。可是，他哪會知道這個兒子的個性和心思，是管東越多，他的叛逆情緒就越重，越發朝著他要求的方向快速長大。從中我們也可以看到，澤東個性中除了繼承母親寬厚、善良的本性外，與父親那種倔強、好強、善鬥的脾氣何其相似。可惜當時的環境下，他們無法做到平等溝通，也就無法互相瞭解，只好悶著頭硬對硬地這麼僵持著。

不久，春暖花開，萬物復甦，韶山衝燕語鶯歌，百草發芽，遠處青山蔥鬱，近處溪流歡唱，到處一派欣欣向榮景象。家家戶戶耕地犁田，開始了一年的春種時光。毛順生雇了一名長工，早早地犁完田，整完地，在韶山衝第一個播種撒苗。家裡人也跟著忙得不亦樂乎，小澤東從早到晚在田裡拔草，還要為父親牽牛，回到家也要餵牛餵豬，忙得腳不沾地。

這天，家裡所有的田都耕種完畢，毛順生很高興，臉色和悅地對澤東說：「三伢子，春天了，以後你就天天到東邊山谷去放牛。那邊的草長得可好了，牛在那裡吃一天，回來就不用餵了。」

毛澤東故居遠景

澤東一聽，皺著眉頭說：「放牛？可是我想讀書，你們不是答應讓我讀書嗎？」

毛順生眉毛一擰，繼而恍然大悟地說：「讀書？也好，有了知識幫我記帳。你看咱們家的地越來越多，生意也做得比較大，委託外人又不放心……」

澤東沒有聽他說完，就高興地跳著說：「行，我幫你記帳。」

文七妹一直擔心丈夫不讓兒子讀書，現在聽說他同意了，心裡萬分喜悅，捧著手唸了好幾句「阿彌陀佛」。

毛順生做事爽快，立即帶著澤東來到離家最近的南岸私塾，為他辦理入學手續。其實，這是一所規模不大的私塾，只有一個老師，名叫鄒春培，是當地人。所謂入學手續也就極其簡單，交上錢，彼此認識一下也就完事。從此，澤東成為一名正式的私塾學生，開始了背讀儒家經典的學習歲月。不知道他的正式私塾生涯會怎麼樣呢？

私塾高材生

不管學堂大小，能夠入學讀書是毛澤東最大的心願，他背上外婆為他縫製的書包，裡面裝著他唯一的一本書──《千家詩》，高高興興地朝南岸私塾奔去。

南岸私塾座落在上屋場南面不遠處，這是一棟祠堂式的青磚瓦建築，屋角上有高高的風火

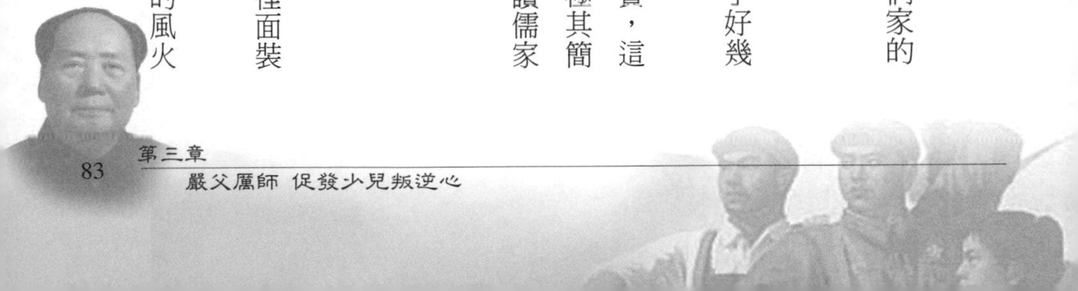

垛子，看起來氣派莊嚴。正面兩進廳屋，中間有個長方形的天井，右邊有一個廂房，牆邊吊著一排飯籃子，裡面放著學生們帶來的飯菜。廂房上樓就是書房，東牆上用大紅紙寫著「大成至聖文宣王先師孔子之位」一排大字，每天，老師學生都要在此前鞠躬敬禮。

南岸私塾

澤東進入私塾後，好奇地打量著一切，這裡比起七舅文玉瑞的私塾顯然大一些，而比起唐家托的村塾則小多了。鄒春培是個嚴肅謹慎、不苟言笑的老師，與文玉瑞的溫和、循循善誘形成明顯對比。他板著臉孔給澤東指定了一個座位，又對他說了一番要尊重先生、聽從安排的話。這些話語在澤東的耳中是那樣熟悉，彷彿又一個父親出現在他面前一般，心裡不由得一緊，有些厭煩情緒。好在他一心求讀，也就不去理會老師，而是坐下來一心讀書。澤東沒有想到，老師鄒春培將對他產生很大影響，是對他少兒時期叛逆個性促成的第二個人物。

入學之初，聰慧多智的澤東成為南岸私塾的佼佼者，他背書快，學字快，這讓鄒春培對他刮目相看，每天都要叫他走到前面背書，給其他學生做榜樣。他當然不知道，他教授的《三字經》、《百家姓》，澤東在唐家托時早就背熟了。

這天早上，鄒春培帶領著學生們繼續唸唱《三字經》，入學已近一個月，每天都是這樣反覆地唸唱，澤東心裡十分反感。他閉著嘴不肯跟隨眾人讀書，而是翻出《千家詩》，聚精會神地閱讀。

鄒春培坐在前面，看到澤東不張嘴唸書，十分不快，走過來看到他在讀《千家詩》，生氣地呵斥：「石三伢子，你怎麼不跟先生讀書？」鄒春培是小澤東的爺爺同輩，因此他雖是老師，澤東卻沒有改口，依舊稱呼他「阿公」；鄒春培把澤東看做小輩，也不稱呼他的學名，而是呼他「石三伢子」。

澤東嚇了一跳，抬頭看到鄒春培站在眼前，這才放心地說：「阿公，我已經背熟《三字經》了，我想學《千家詩》。」在他看來，已經學會的東西就不用浪費時間了，不如學習新東西。他正式入學不足一月，對於鄒春培的管教還不熟悉。

在鄒春培眼裡，澤東坐著回答自己的問題已是目無尊長，而且還不肯跟隨自己讀書，真是太傲慢無禮了。他氣得鬍子撅得老高，瞪著眼睛對小澤東嚷道：「站起來回答先生的問話！還有，你說你背熟了《三字經》，好，到前面背書！」

鄒春培管教極其嚴格，每個學生必須恭恭敬敬地站到他面前，對著他認真地背誦，這才達到基本要求。澤東默默地隨著鄒春培走到前面，看著鄒春培轉身坐下，示意自己可以背書了，這才張嘴背誦。

此時的澤東還不敢跟老師對抗，他順從地一口氣背完《三字經》，然後垂手侍立，等候老師發落。鄒春培瞇著眼睛聽他背完書，沉思一陣子才緩緩說道：「嗯，背得不錯。看見了吧！你們一起入學，三伢子背得這麼熟練，你們怎麼背不過？一定是讀得少，今天每人必須誦讀一百遍，不然不准吃飯！」

學生們聽了，坐在下面偷偷地齜牙咧嘴，表示不服，可是誰也不敢說話。鄒春培轉過頭看著澤東說：「三伢子，你背得雖熟練，可是寫得還不熟，他們背書，你就寫字吧！」他對於澤東還是十分欣賞，希望他能夠更上一層，更加突出。

毛澤東展開筆墨，龍飛鳳舞地書寫著，很快就寫滿了一張大紙。鄒春培拿著這張紙，端詳了多時才說：「寫雖然都寫對了，可是太不規範了，很多筆劃都出了格。以後還要細心，知道嗎？」

澤東默默聽著，沒有做出任何表示。

不過，這件事過後，澤東在南岸私塾可是名氣大振，同班的、比他高出一個班的學生都知道，他入學不足一月就背熟了整篇《三字經》，還會讀《千家詩》，字也寫得不錯。不僅如此，接下來發生的幾件事讓大家對澤東更加敬佩，就連鄒春培也不得不暗暗驚訝他的表現和才思。

第二節 得名省先生

「省先生」的由來

轉眼間，澤東在南岸私塾讀書已有大半年，這段期間，他讀完了《三字經》、《百家姓》等蒙學基礎書籍，開始誦讀《論語》、《孟子》等儒學經典。如果說《三字經》和《百家姓》是他以前就學過的，所以才那麼熟練快速地掌握，那麼，《論語》、《孟子》等新課程的學習更加顯示出澤東的天賦來。鄒春培教授的內容，澤東總是第一個學會，第一個背熟，有些時候甚至還能提前學習很多東西。

這天，鄒春培打算教授學生們誦讀《論語．為政》篇，他先照著書本讀了一遍，還沒有讓學生跟著誦讀，就見澤東站起來說：「阿公，我背熟了。」

鄒春培皺著眉頭聲色低沉地說：「到前面背。」

澤東一步步走到老師面前，背起雙手，朗朗誦道：「子曰：『學而不思則罔，思而不學則

殆……』」他一字不差背完，而後眨閃著黑亮的大眼睛望著老師，也許期望得到誇獎。

鄒春培微微點著頭說：「不錯，不錯。」說完了，他抬起眼睛看著底下的學生，以一種略顯無奈的語氣說：「這麼多學生，就屬三伢子最省先生的心。」

這件事過後不久的一天，鄒春培家裡有事，不能前來上課，他交代完讀書和寫字的作業就匆匆走了。這下子學生們可高興了，有的吵有得鬧，有的說有的笑，真是玩得天翻地覆，不亦樂乎。

當鄒春培趕回私塾時，天色近晚，他素來嚴厲，看到學堂內的情形已明白大概，於是聲色俱厲地說：「拿出寫的字我看看。」

結果，大多數學生都沒有寫字，有些人只寫了一部分，唯獨澤東全部完成任務，而且寫得也很認真、工整。

鄒春培接著說：「一個個上前背書，背不過不許回家！」

可想而知，大多數學生根本沒有背誦，更遑論背出來。輪到澤東了，他穩步走到前面，一字不差地背出了鄒春培交代的內容。

同學們驚訝地望著他，他們不明白澤東明明也和大家一起玩鬧，怎麼會背得如此熟練？又是什麼時候寫完字的呢？

鄒春培一手拿著澤東寫的字，一手指著學生們，再次嘆道：「這麼多學生，就屬三伢子最省心！」

這天，澤東第一個走出私塾，踏上回家的路。而其他學生，只好留下來寫字、背書。這件事在學生中引起很大迴響，他們想起鄒春培幾次誇獎小澤東的話，不約而同為小澤東取了個外號——「省先生」。

「省先生」的外號一經叫響，澤東在南岸私塾更加引人注目了。這天，鄒春培心情不錯，他帶領著學生讀了幾遍書就提前放學了。正值秋日午後，豔陽高照，學生們興高采烈地步出學堂，一個個吆三喝四地打算到附近河裡游泳。一個學生說：「找三伢子吧！他游泳游得可快了。」另一個說：「對呀！三伢子哪去了？」他們左右找尋，不見澤東的身影，奇怪地議論著：「也許他早走了。」「不會，三伢子每次都走得最晚。」「那怎麼不見他？莫非他還在學堂裡？」

這樣議論著，他們折回學堂，衝著裡面高聲喊叫：「三伢子，三伢子，你還在嗎？」

喊叫聲中，只見澤東不慌不忙走出學堂，手裡捧著一本書不解地問：「喊我幹嘛？我在這呢？」

同學們見他果然還在學堂裡，七嘴八舌地說：「放學了，你怎麼還不走？」「快走吧！我們去游泳。」「快點快點，別磨蹭。」

澤東搖搖頭說：「我要讀完這段再走，你們先去吧！」

同學們大惑不解，衝著他一頓嚷嚷。突然，叫嚷聲停下了，大家摒息靜氣地慢慢朝後退去，退到門口一溜煙逃走了。澤東奇怪地看著他們走了，剛想回屋讀書，猛一轉身，卻嚇了一跳。原來身後站著鄒春培。鄒春培以少有的和藹語氣說：「三伢子，難怪大家都喊你『省先生』，你這麼用功，能不讓我省心嗎？」

澤東忙把書本藏到身後，訕笑著說：「阿公，您過獎了。」

鄒春培捋著鬍鬚說：「沒有沒有，像你這般聰明好學，將來一定會大有出息。你爺爺和你父親有福氣啊！」他說著，給澤東讓開路，讓他進屋讀書。

澤東卻顯得很不自在，他忙躲進屋裡不再出來。既然鄒春培對他大肆誇讚，澤東為什麼還如此擔心害怕呢？

「省先生」不省心

事情出乎鄒春培意料，他以為澤東刻苦用功，一定是在誦讀自己教授的經典文章，哪裡知道，澤東根本不是在讀那些早已熟記爛背的經典，而是翻閱一本宋詞。這本書是一位同學借給他的，澤東被其中優美的語言、美好的意境深深吸引，覺得比經典文章有趣多了。但他從上次讀《千家詩》的事情中得到教訓，唯恐老師再次制止，於是只好偷偷閱讀。所以，他見了鄒春培，一副擔心受怕的樣子。好在鄒春培沒有深究，事情也就就此過去。

看來，「省先生」毛澤東沒有鄒春培想像的那樣省心，在接下來的歲月裡，他惹出了一系列麻煩，最終導致了師生關係的惡化。

這天，澤東第一個上前背書，他背誦的是《論語‧顏淵》，其中說道：「季康子問政於孔子。孔子對曰：『政者，正也。子帥以正，孰敢不正。』」背完後他沒有像往常一樣回到座位上，而是遲疑了一下，問道：「阿公，這幾句話是什麼意思？我們整天背書，卻不知道文章的意思。」

鄒春培剛剛舒展的眉毛擰緊了，他略顯不滿地對澤東說：「你先下去，等我慢慢講給你們聽。」

澤東只好回到座位，坐下來靜靜細聽。

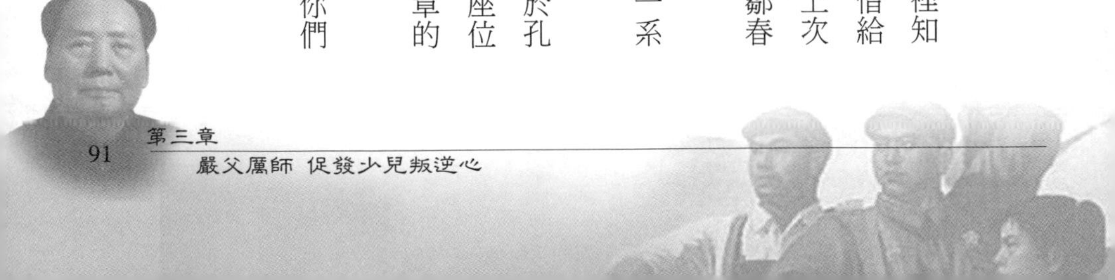

然而，鄒春培沒有講解文章的意思，而是讓學生們繼續一個個上去背書。澤東坐在下面，漸漸心生焦躁。學生們有很多背不熟練的，被罰站在孔子像前苦背硬記。直到天黑散學，鄒春培也沒有講解之意。澤東坐不住了，他站起來說：「阿公，你什麼時候為我們講解？」

鄒春培沒好氣地回答：「什麼時候背熟了什麼時候講！」

澤東說：「阿公，我覺得你應該先講，大家都明白了意思，才容易記住。」他的提議得到同學們一致贊同，不由得一致將目光盯在鄒春培臉上，希望他能同意。可是他們沒有想到，這句話觸怒了鄒春培，他認為這是毛澤東對他的教育不滿，是在向他挑戰，他當即拍打著戒尺說：「先生講課，哪有你們插話的份？記住了，只許聽，不許問！」

學生們嚇得噤若寒蟬，無人敢言。澤東不知哪裡來的勇氣，頂撞道：「學而不思則罔，思而不學則殆，如果只聽不問，與只學不思有什麼兩樣？」

毛澤東在天安門城樓上

鄒春培被他狂悖的話語震怒，二話不說，拿起戒尺朝他打去。戒尺是當時老師們管教學生的工具，大多是半米來長、一寸來寬的木板或竹條，打在手心、身上，十分疼痛。澤東入學以來，多次看到老師打人，因他聰明好學，還從沒有挨過打。今日惹怒老師，招致一頓板子，著實委屈。從此，他心裡與老師的距離漸漸拉遠了。

秋去春來，澤東入學已有一年多，一個晚春的午後，鄒春培帶領著學生們誦讀，抑揚頓挫的讀書聲像是催眠的曲子，在暖洋洋的春日裡越發使人精神不振。有幾個學生不知不覺搖頭晃腦地睡著了，書本掉到地上。鄒春培大怒，停下唸唱，拿起戒尺，喊過那些睡覺的學生就打。幾個學生被老師打得齜牙咧嘴，不敢出聲。

澤東看在眼裡，想起老師多次痛打學生的情景，心裡產生一股厭惡情緒，怒而起身說：「阿公，他們睡覺不對，可是你這麼打他們也不對！」

鄒春培吃驚地望著澤東說：「怎麼不對？先生打學生還有錯嗎？」

澤東說：「子曰：『過而不改，是謂過矣。』他們做錯了，您應該先提醒他們，只要改正就行了，為什麼不問青紅皂白就是一頓痛打？」

這幾句話如同晴天霹靂在鄒春培腦門炸響，他目瞪口呆愣在當場，好久沒有反應過來。他教書一生，遇到過調皮搗蛋的學生，遇到過不負管教的學生，也遇到過與自己頂撞的學生，卻從來沒有遇到像毛澤東這樣竟然敢指責說教自己的學生，真是大膽妄為之舉！他呆了一會兒後

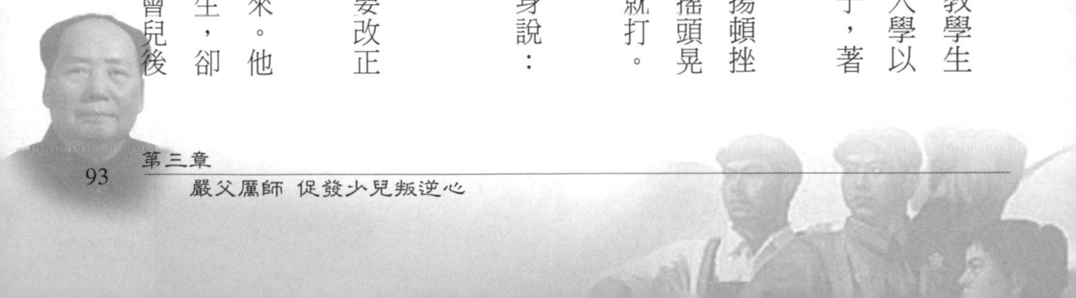

回過神來，氣得鬍子、眉毛亂動，怒不可遏地指著澤東：「你──你，你給我站出去，等我教訓完這幾個再教訓你！」

毛澤東似乎沒有想到鄒春培會如此震怒，他略微遲疑一下，接著頭也不回地走出屋子，站到了天井裡。他知道，凡是被趕出教室的學生都少不了一頓打，但是，他覺得今天要是挨打特別值得，他有一種從沒有過的暢快感，這是對沉悶管教的一種掙脫，對壓迫的一種抗爭。在他幼小的心裡，叛逆的情緒越來越明顯，彰顯個性的要求也越發強烈。

果不其然，澤東遭到先生一頓打罵，被警告：「只許好好讀書，不許與先生對抗！」然而，澤東對鄒春培嚴厲管教的做法已經認識清楚了，他怎麼可能服氣呢？而且，他勇於為同學求情說理的做法也贏得同學一致好評，大家對他更加欽佩。

第三節 智對先生

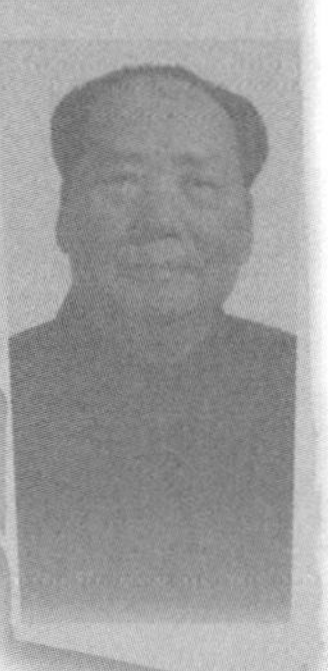

帶頭蹺課

毛澤東為同學說理遭到先生打罵，促發了他的叛逆心，使他與先生之間的隔閡越來越深，加上誦讀的儒學典籍十分單調，顯得枯燥乏味，讓他對當時的學習逐漸產生厭惡心理。所以他後來曾經說過這樣一句話：「我八歲就厭惡儒學。」其實，厭惡只是一時心理反應，在他整個學習和人生過程中，他對於儒學的理解和應用是非常深刻的，應該說，他是一名優秀的儒學生，所以1951年9月，身為國家主席的毛澤東在接見鄒春培的兒子鄒普勳時，他曾這樣說：「鄒先生是個嚴師，我那時讀書頑皮，不懂得嚴是愛、寬是害，還造過他的反哩！」那麼，毛澤東究竟做了什麼事來造先生的反呢？

1903年夏天，毛澤東入南岸私塾已是第三個年頭，他已是十歲的小小少年，個頭高出同年齡人半個頭，一雙大眼睛黑中透亮，格外有神，充滿了智慧和浪漫的氣息。兩年多來，他學

習了各種詩書典籍，還寫得一手漂亮的毛筆字，已然是南岸私塾最出色的學生，頗有書生氣概了。

農曆六月的一天，太陽炙烤著大地，蟬鳴聲不絕於耳，坐在屋子裡的學生們熱得汗水直淌，一個個搖著巴掌搧風。舊時學堂有規定，夏天不管多熱，學生們都不能搖扇子取涼。鄒春培穿戴整齊地走進來，皺著眉頭瞄瞄學生，頓時，他們都停下搖手，俯首讀書，參差不齊的讀書聲伴隨著蟬鳴，似乎加重了室內的溫度。鄒春培坐在前面停了一會兒，咳嗽兩聲說：「我外出有事，你們在學堂裡好好讀書。」說完，他為學生交代了作業，背著手就往外走。走到門口了，他突然調回頭語氣重重地又說了一句：「端坐堂中讀書，不准外出！」

等到鄒春培走下木樓，步至天井時，就聽教室裡的學生們好似比賽一樣，讀書聲一個高過一個，好不熱鬧。他們這是有意讀給先生聽，讓他放心離去。鄒春培聽到學生的誦讀聲，臉上閃過一絲不易察覺的神情，他快步走出私塾，朝東走去。今天李家娶親，他這是要去喝喜酒呢！可是，鄒春培離開私塾不足一刻鐘，學堂內立刻亂成一團糟，學生們有的拿著書本搧風，有的跳到門口張望，還有的打鬧說笑，與先生前幾次不在時一模一樣。毛澤東卻與眾不同，他靜靜地坐在那裡讀書、寫字，似乎感覺不到炎熱一般。有位胖同學看在眼裡，眉頭一擰，走過去問：「三伢子，你不熱嗎？先生都走了，怎麼還讀書？」

毛澤東抬起頭，看著大夥說：「阿公幾次外出，每次回來都要檢查作業，可是你們總是沒完成，老挨打受罰，你們為什麼不完成了再去玩呢？」

聽到這話，有些同學不好意思垂下頭，回到座位上讀書，可是有些同學不滿地抱怨：「天這麼熱，坐在這裡真是無聊！」

毛澤東拉起自己溼透的汗衫說：「我也熱，可是我專心讀書就不熱了。我們讀完了書就去河裡游泳，到時候準會很涼快。」

聽到這句提議，大多數同學齊聲叫好，只有一些膽小的同學說：「先生說過不許外出，我們出去了會受到更嚴厲的懲罰！」

「不會的，」毛澤東胸有成竹地說，「只要我們完成了作業，背熟了文章，在阿公回來之前趕回來，他就不會發現我們外出的事。」

在此提議鼓動下，學生們學習興趣大增，一個個專心誦讀、書寫，不到半個時辰就記牢、寫完了老師交代的作業。毛澤東像個班長一樣，安排大家互相檢查了一下，而後滿意地說：「走，咱們到西山澗去游泳，那裡的水最涼快。」

西山澗是從西邊山谷裡流出的泉水匯集成的一個池塘，夏日裡韶山衝的孩子們最愛在這裡游泳取樂。同學們聽了，高興地歡叫著朝西山澗奔去，他們連蹦帶跳，像一群脫韁的野馬，瘋了似的狂奔。到了池塘邊，大家爭先恐後脫衣服下水，卻見毛澤東制止他們說：「慢著，聽我說，咱們在這裡玩，要是先生回來了怎麼辦？我看，咱們應該派人輪流在岸邊偵察，一旦發現情況，咱們好及早準備。」

同學們紛紛點頭應允，可是誰在岸邊偵察呢？毛澤東想了想說：「按照高矮個頭，誰最高誰先站岡，依此類推，最矮的最後站岡，怎麼樣？」「好！」大家齊聲叫道，「三伢子真有辦法。」

於是，毛澤東第一個爬到岸邊樹上，他折斷一根枝條握在手裡，一會兒朝遠處望望，一會兒回頭看看游泳的同學，雖然汗水順著臉頰流淌，可是他臉上流露出喜悅神色，他覺得自己做了一件「大事」。不一會兒，有同學來「接班」了，毛澤東迅速扔下手裡的枝條，三兩下脫掉衣服，猛地跳到河裡，立刻不見了身影。同學們急了，叫嚷著衝過來，對著河水叫道：「三伢子，三伢子。」過了幾分鐘，他又突然露出頭來，和同學們嬉鬧成一團。

不知不覺已過中午，日頭偏西，依然炙烈如火，孩子們玩得興起，哪裡顧得上午前、午後。突然，站岡的同學喊起來：「不好了，先生回來了。」他蹲在樹上看得遠，看見鄒春培正一搖一晃走上關公橋。聽到喊聲，孩子們馬上跳出池塘，以最快的速度穿好衣服，然後悄無聲息地溜回學堂。等到鄒春培回到學堂時，大家已經正襟危坐地坐在木樓上誦讀經書了。

鄒春培中午赴宴喝了幾口酒，已略顯醉意，他兩眼發紅，腳步有些踉蹌，當他看到學生們安然在座時，不由得暗自一驚，心想，這群搗蛋鬼今天怎麼啦？這麼聽話。可是再一細看，不好，怎麼一個個頭髮溼漉漉的，穿戴也不整齊，臉色通紅，像是剛剛出去過。看到這裡，他一拍戒尺，怒聲問道：「說！你們幹什麼去了？是不是偷偷游泳了？」

膽小的學生嚇得把頭藏到書本裡，大氣都不敢出，心裡直跳：老師怎麼知道我們去游泳了？還有些學生不由自住將頭轉向毛澤東，意在要他出主意。毛澤東本來以為自己考慮得甚為周全，沒想到還是忽略了關鍵問題，不過他並不膽怯，站起來回答：「阿公，我們完成您交代的作業，覺得實在太熱了，就出去游了一會兒泳……」

「果然不出我所料，」鄒春培冷冷地打斷他說，「敢跟我玩花樣，看我今天怎麼教訓你們！」學生們怯怯地望著他手裡的戒尺，真不知道會受到什麼樣嚴厲的懲罰？

對對贏先生

鄒春培大發雷霆，打算嚴厲懲罰學生，他衝著毛澤東說：「既然你說完成了我交代的任務，上前背書！」

這難不倒毛澤東，他走到老師面前，朗朗誦道：「七月流火，九月授衣……」一口氣背完了。可是，接下來卻出了問題。毛澤東背完後，鄒春培一個個點著同學上前背書，同學們大都膽小，在老師一頓訓斥之下，原先背熟的

毛澤東游泳像

毛澤東與小孩子在一起

內容嚇得飛出腦殼，不知道躲到哪去了，腦子裡殘留的段落哪裡能應付老師。結果，他們背得結結巴巴，與外出游泳前背誦的情況大相徑庭。毛澤東暗暗著急，卻幫不上忙，急得滿腦門大汗。鄒春培卻不放過任何一個學生，他舉著戒尺，只要背不熟的同學就打，而且打得比平時還重。

毛澤東已經兩次挨打，他深知其中滋味，對這種野蠻的行為特別反感。他著急地思索著，突然有了主意。他呼地再次站起，大聲說：「阿公，我有個問題不明白，孔夫子難道不准游泳嗎？」

鄒春培一愣，平日裡他最信奉孔聖人，凡是孔夫子講過的，他認為半點也不能更改；凡是孔夫子沒有講過的，他一律不允許。他正是憑藉這條來約束學生，要求學生的，聽了毛澤東這句話，他一時摸不著頭緒，想不起來孔夫子對游泳有何訓示。毛澤東卻不慌不忙地說：「阿公，我記得孔夫子是贊成到河裡游泳的。《論語》裡就說過『暮春者，春服既成，冠者五六人，童子六七人，浴乎沂，風乎舞雩，詠而歸。』他不但到沂河游泳，還在附近的山堆上唱歌、跳舞，玩耍嬉鬧，與我們今日所為何其相似！」

鄒春培聽罷，臉色一變，他有些惱羞地想，自己一時氣惱竟把這句話忘了，這個三伢子，精靈古怪，敢拿經典來對付我，真是越大越不好管教了！不行，不能由他這麼信馬由韁地鬧下去。想到這裡，他哼了一聲，揚著戒尺厲聲說：「三伢子，不要以為會幾句經典就了不得了。我告訴你，學問博大精深，你學點皮毛不算什麼！我今天就考考你，你來對對子，要是答不上來，看我怎麼教訓你！」

毛澤東擰著眉毛，一副正義凜然的氣勢，等著鄒春培出題。鄒春培垂著頭踱著方步來回走了幾圈，猛一回身說：「濯足。」

鄒春培話音一落，毛澤東不假思索地回答：「修身。」「濯」對「修」，「足」對「身」，十分貼切生動。

鄒春培有些吃驚，他看了一眼毛澤東，繼續說了幾個對子，結果毛澤東對答如流，毫不含糊。學生們靜靜地聽著他們來回對答，對毛澤東機智靈活的反應和廣博的學問深感佩服。

幾輪對答，竟然無法難住毛澤東，眼看著天色漸晚，早就過了散學的時間，鄒春培擦擦腦門的汗珠，說：「時間不早了，三伢子，今天就到這裡，我給你留一個題目，你回去好好做，想好了明天告訴我。記住了，明天要是答不上來，還少不了挨打。」

毛澤東回答了多個對子，顯然活躍了思維，他沒有膽怯，反而有些興奮地說：「請阿公出題。」

「牛─皮─菜。」鄒春培一字一頓地說，這是他多年來十分得意的一個對子，曾經多次提問學生，無一不被難住。說完他放下戒尺，準備散學回家。

毛澤東聽了題目，略一思索，有了答案，他喊住鄒春培說：「阿公，我現在就回答行嗎？」

鄒春培大吃一驚，瞪著毛澤東說：「行，你說。」

「馬─齒─莧。」毛澤東也是一字一頓地說。「牛」對「馬」，「皮」對「齒」，「菜」對「莧」，工整對仗，貼切自然。

鄒春培驚訝之餘，不得不讚嘆毛澤東的機智聰慧，他點著頭說：「馬對牛，不錯，不錯。好吧！放學。」

一聲令下，學生們收拾書包，很快離開學堂快步趕往家中。一路上同學們圍在毛澤東身旁，他們又是歡笑，又是蹦跳，為這次智鬥先生而大感自豪。毛澤東心裡也是一陣陣豪氣，他覺得自己長大了，有力量了，能夠和壓迫自己的勢力對抗了，然而，他畢竟太年幼，沒有意識到即將面臨的問題。

第四節 憤而離家

再次挨打

毛澤東和同學們歡天喜地回家，走在路上遇到了父親毛順生。毛順生手裡牽著一頭牛正從山坡往家趕，他遠遠地看見毛澤東就喊：「怎麼現在才回來？是不是又跑去玩了？每天放學不回家工作，就知道偷懶。」毛澤東入學後，每天一早一晚都要幫著家裡工作，早上割草，傍晚放牛，出力不少，卻聽到父親罵自己懶惰，他非常反感。

同學毛澤明大聲說：「大伯，三伢子沒有出去玩，剛才在學堂裡他與先生對對子了。他對得可好了，先生出的題目他全對上了。」

毛順生臉上閃過一絲喜色，旋即又消失了，他衝著毛澤東喊：「趕緊過來牽牛，別磨磨蹭蹭的，一看就不像工作的料。」

毛澤東十分不高興地垂著頭朝著父親走去，兩、三年來，他每天工作不少，卻還是要挨

罵，心裡當然很不痛快。今天，父親當著同學的面又訓斥自己，他覺得很沒面子。可是毛順生哪管得了這麼多，他性子急，心裡只掛念著田裡的工作，一直把長子毛澤東看做自己的幫手，所以對他要求很嚴格。

就在這時，塾師鄒春培邁著方步從私塾走出來，他看見毛順生父子，想了想過去對毛順生講了毛澤東帶頭蹺課的事。毛順生一聽，立即瞪大眼睛吼道：「我說今天放學這麼晚，原來你又帶頭鬧事，看我不打斷你的腿！」說著，他揚起巴掌劈頭打下來。

毛澤東挨了打，又羞又惱，面紅耳赤地爭辯道：「游泳有什麼錯？我們背完書才去游泳的。」

毛順生看他不服，舉著巴掌還想打，鄒春培忙攔住說：「順生，不要再打了，警告警告他以後不再蹺課就行了。」

「哼！」毛順生氣惱地將牛韁繩扔給毛澤東，說：「牽牛回家。記住，以後再敢蹺課，小心我再打你。」

毛澤東滿腹委屈地撿起韁繩，牽著牛往家趕去。身後，毛順生還和鄒春培繼續閒聊，鄒春培說：「三伢子真是難得的聰明，剛才我出了好幾個對子，他全部對上了。我教了這麼多年學，他是最有才華的一個學生，比我強，好好讀書，將來一定能有大出息。我看，我這個小私塾快要容不下他了。」

毛順生聽了很高興，他笑著說：「這都是您栽培得好，三伢子倒是愛讀書，可是我家裡工作多，他長大了還要回來幫我不是？讀兩年書也就得了唄。」

鄒春培搖著手說：「不不不，三伢子是讀書的料，不是工作的料，你可不能耽誤他讀書的事。」看來，鄒春培嚴厲歸嚴厲，對毛澤東的資質和前途還是非常關心的。

兩人邊說邊走，不知不覺來到上屋場，鄒春培告辭回家，毛順生進院子料理事務。此時，毛澤東已經把牛牽到圈裡拴好，母親文七妹看他進來時眼眶紅紅的，就問道：「怎麼啦？三伢子，跟人打架啦？」

毛澤東悶悶地說：「沒有。」然後，他準備進屋讀書。

就在這時，毛順生一步踏進來，看見毛澤東就喊：「又不工作了？去，到東邊菜園摘些青菜。還有，別忘了捎幾把青草餵牛。」

毛澤東滿臉不悅地調轉身子，拿起菜籃子向東走去。文七妹看在眼裡，勸丈夫說：「三伢子剛放學，你也不讓他歇歇，就知道叫他工作。」

毛順生說：「他上學會有多累嗎？他今天帶頭蹺課游泳，剛才鄒春培在路上告訴我了。我看幾天不打他就不知道幹什麼好？讀書讀書，還不是白白浪費時間！」

文七妹明白了，她嘆口氣想，怪不得剛剛三伢子淚眼模糊的，準是又挨打了。唉，這個伢子愛讀書，卻偏偏遇上個這樣的父親。

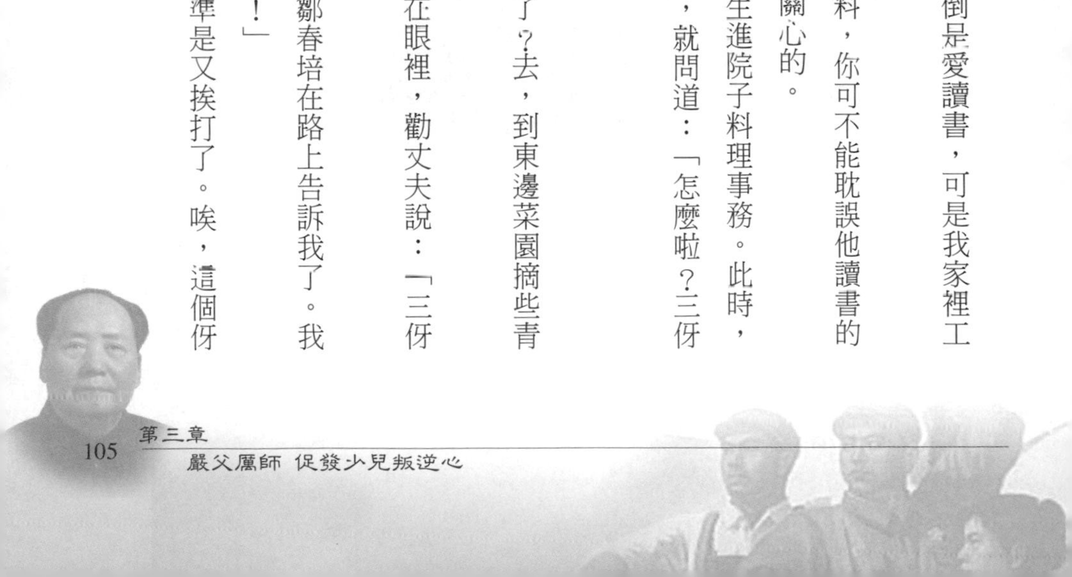

嚴厲的老師和父親給毛澤東帶來的雙重壓迫，就像給一根彈簧加壓，加的力越大，反彈也就越大。毛澤東那顆漸漸長大的心在強烈地反抗著，終於有一天爆發了。

偷讀水滸

隨著年齡漸長，讀得書越來越多，毛澤東不再滿足於讀經背典，而是對一些課外讀物產生了興趣。當時的課外讀物很少，除了一些詩詞文章之外，最吸引人的就是古典小說，像《三國演義》、《水滸傳》、《西遊記》等。而毛澤東和他的同學們，正是被《水滸傳》深深地吸引了。他們非常喜愛其中俠義豪爽的人物、精彩動人的故事，一致認為它比經典文章有趣多了。先生鄒春培發現後，卻禁止他們閱讀，他說：「這是本鼓動人們造反的書，讀了沒有好處，也沒有用處，誰也不許讀！」

儘管如此，學生們還是難以割捨對《水滸傳》的迷戀，常有人偷偷閱讀。毛澤東從一開始接觸《水滸傳》就非常著迷，他覺得替天行道、愛打抱不平的梁山好漢真是太了不起了，是值得崇拜的英雄，因此對此書愛不釋手。可是他沒有書，只好向同學借，借來的書就要趕緊讀完好還回去。於是毛澤東就天天背著《水滸傳》上學，在先生帶領著同學們誦讀的時候，他把經典書本舉得高高的，擋在眼前，裝做讀書的樣子，實際上，他正在聚精會神地閱讀底下的《水滸傳》。

用這種方法，毛澤東一遍一遍地讀著心愛的《水滸傳》，放開心思暢想著那群行俠仗義、創就一番驚天動地事業的英雄好漢，心情激昂澎湃，不可收拾。由於他讀得太入迷，這件事情很快就被鄒春培發現了。這天，鄒春培像往常一樣帶領著學生誦讀，毛澤東也一如既往地偷讀水滸。鄒春培讀完喊起毛澤東回答問題，毛澤東正讀得入迷，哪聽得見先生的提問，坐著沒動。鄒春培連喊幾次，毛澤東都沒有反應，手裡的經典書本依然舉得老高。鄒春培很納悶，腳步輕輕地走過去一看，不由得勃然大怒：「毛潤之，你好大膽子！」

毛澤東與延安文藝座談會人員合影

毛澤東嚇了一跳，手裡的書啪嗒掉到地上，桌子上翻開的《水滸傳》赫然而現。鄒春培上前抓起《水滸傳》厲聲說：「上課偷看閒書，真是膽大包天，給我滾出去！」

聽著先生辱罵，毛澤東心裡火起，他咬著嘴唇，頓頓地說：「出去就出去！」說著，他頭也不回走出木樓，站到院子之中。這是毛澤東入學以來第二次罰站，他的眼前浮現出勇於造反的梁山好漢形象，聯想自己目前的處境，竟然頗有一點英雄氣概。

英雄歸英雄，當前的他還是避免不了一頓打罵。先生拿著《水滸傳》找到毛順生，告訴他毛澤東的所作所為。毛順生怒不可遏，抓住毛澤東一頓打罵。許久以來，毛澤東早就厭倦了父親的打罵，對他的管教從內心產生反感，他不知哪裡來的膽量，面對父親和老師的打罵採取了一項激烈的反抗行為：憤然離家出走。

毛澤東離開上屋場，離開南岸塾堂，像心目中的梁山好漢一樣，孤身一人走進了茫茫山谷之中。一個強烈的、巨大的力量在召喚著他，使他無所顧忌，不肯回頭。他走呀走，走呀走，既不覺得累，也不覺得飢渴，就這樣走了一天一夜，卻始終沒有走出山谷，身邊依然綠樹層層，山谷重重，一眼望不到邊。他有些困惑了，只好停下來尋找出路，可是四野碧碧，青天白日，只有他走過的一條道路在眼前。怎麼辦呢？毛澤東完全可以順著這條路走回去，回到上屋場和南岸塾堂，可是他太好強了，怎麼肯這樣低頭服輸?!怎麼肯這樣向壓迫自己的勢力投降?!倔強的他選擇了繼續往前走，繼續向著山谷深處走去……

多年以後，毛澤東在回憶這段往事時說：「我十歲的時候曾經逃過學。但我又不敢回家，怕挨打，便朝縣城的方向走去，以為縣城就在一個山谷裡。亂跑了三天之後，終於被我家裡的人找到了。我這才知道我只是來回兜了幾個圈子，走了那麼久，離家才八里路。」

這次離家出走彰顯了毛澤東的個性，使得他獲得了暫時勝利，用他自己的話說就是：「我回到家裡以後，想不到情形有點改善。我父親比以前稍微體諒一些了，老師態度也比較溫和一些了。我的抗議行動的效果，給了我深刻的印象。這次『罷課』勝利了。」

這次勝利也許是毛澤東一生無數次反抗爭鬥中最初、最小的一次勝利，但卻給毛澤東帶來深遠的影響，讓他瞭解到了反抗的力量，認識到了抗爭的重要。至此，他性格當中的叛逆情緒已經發芽，開始迅速膨脹，並一次次將他帶入與父親和各種壓迫勢力的對抗之中，使他的少年時期充滿了豐富多彩的故事，體現了他不屈不撓的抗爭精神。

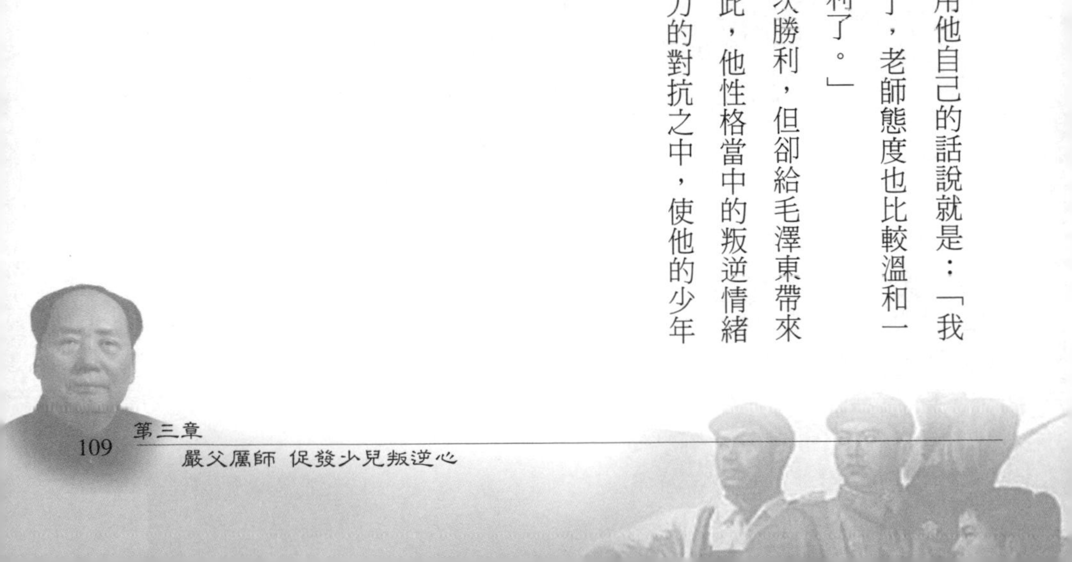

第四章

放牛司令 智勇雙全名漸揚

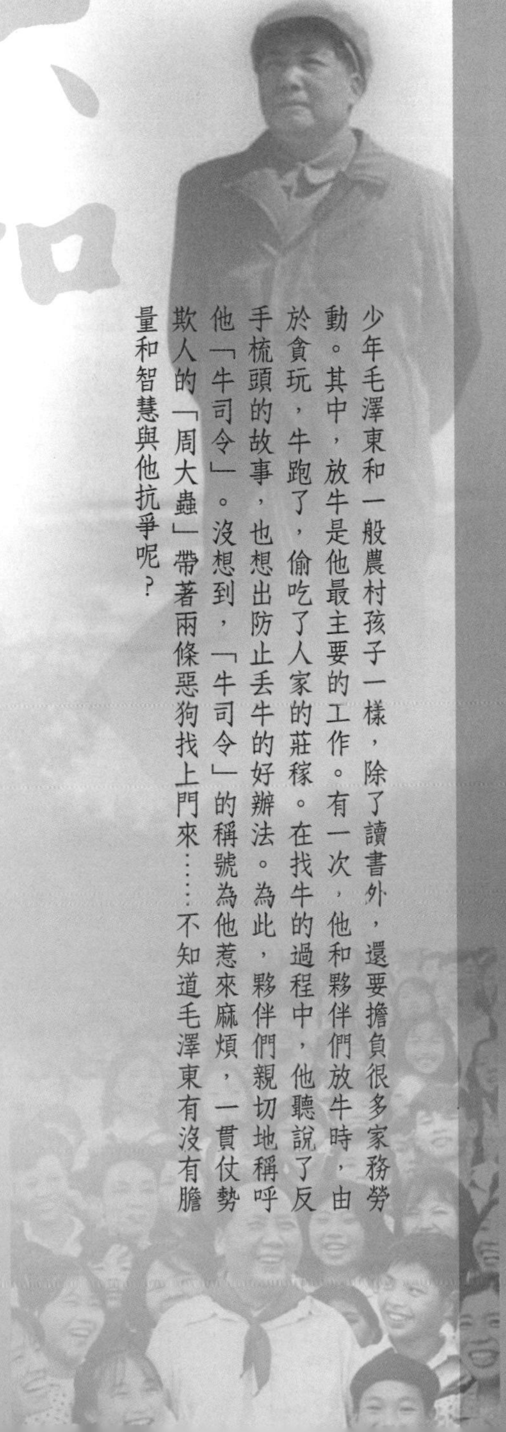

少年毛澤東和一般農村孩子一樣，除了讀書外，還要擔負很多家務勞動。其中，放牛是他最主要的工作。有一次，他和夥伴們放牛時，由於貪玩，牛跑了，偷吃了人家的莊稼。在找牛的過程中，他聽說了反手梳頭的故事，也想出防止丟牛的好辦法。為此，夥伴們親切地稱呼他「牛司令」。沒想到，「牛司令」的稱號為他惹來麻煩，一貫仗勢欺人的「周大蟲」帶著兩條惡狗找上門來……不知道毛澤東有沒有膽量和智慧與他抗爭呢？

第一節 放牛與傳說

丟牛事件

「離家」事件之後，毛家很快恢復了以往的生活，白天照舊入學讀書，傍晚回家幫著勞動。這時，父親毛順生又為他安排了一項新「工作」——記帳。前面說過，毛順生之所以支持毛澤東讀書，就是為了有一天他能管理家裡的帳目，成為自己的助手。毛澤東接受父親的安排，開始在夜裡記帳，學習珠算。這件事情給毛澤東帶來不小困難，原來他雖然十分喜歡讀書和寫字，卻對珠算和記帳不感興趣，甚至很反感。無奈父親堅持讓他做，他也就硬著頭皮做下去。多年後，他回憶起這件事時曾說過：「我剛識了幾個字，父親就讓我開始給家裡記帳。他要我學珠算。既然我父親堅持，我就在晚上記起帳來。他是一個嚴格的監工，看不得我閒著；如果沒有帳要記，就叫我去田裡工作。」

除了記帳外，毛澤東還要參與家裡的其他勞動，其中比較重要的一項任務就是放牛。在農家，耕牛是重要的勞動工具，春耕秋收都少不了牠，因此很受重視。毛澤東家田地頗多，出地工作很吃重，而人手少，耕牛對他們尤其重要，放牛、養牛也就成為了一件重要的大事。身為家裡的長子，毛澤東自然是最主要的放牛人選，每天放學後，他都要趕著牛到東邊山谷放牧。東邊山谷水草豐美，是塊放牧的好去處，一天到晚，這裡牛羊不斷，很多放牧的孩子穿梭往來，十分熱鬧。毛澤東很快與放牧的夥伴們打成一片，他們嬉耍玩樂，打鬧遊戲，好不自在悠然。草地是地毯，藍天是帳篷，這群天真無邪的少年就在其中盡情施展手腳，簡直如同神仙一般逍遙。

不過，時間一長，毛澤東就有些煩躁了，每天看著老牛慢吞吞地啃草，行動遲緩，真是浪費時間；而與夥伴們的玩耍也漸漸失去新意，怎麼樣讓放牛時光更加有意義呢？他不費力氣就有了主張——講故事。於是，每天放牛時，夥伴們將牛群趕到水草豐美的山谷後，就聚攏到一起聽毛澤東講述各種有趣的故事。

毛澤東的故事大多來自書本，像《水滸傳》中的故事他就講得十分精彩。這天，夥伴們迫不及待地將牛群趕到山谷，而後迅速跑到毛澤東身邊，七嘴八舌地嚷嚷著：「三伢子，今天講武松打虎嗎？」「你昨天不是講到武松上了景陽岡嗎？他到底遇到老虎了嗎？」「他怎麼打死老虎的？」

毛澤東笑著說：「大家別著急，坐下來慢慢聽。」於是，他像位小老師一樣，一本正經

為大家講述起來。說也奇怪，很多夥伴讀過《水滸傳》，可是他們更願意聽毛澤東講，似乎他講得比說書的還要有趣，比村裡老年人知道的還要多。

眼看著日頭西沉，毛澤東富有感染力的講述吸引著每個孩子，他們伸長脖子，瞪大著雙眼，聚精會神地傾聽著，好像進入到那個俠義沖天、豪氣無比的英雄世界之中，忘記了身邊周圍的一切。此時，整個山谷金燦燦的，遠處的樹，近處的草，還有孩子們的頭顱，都塗上一層金色，顯得神祕又莊嚴。毛澤東面向落日，不疾不徐地張合著嘴，整個臉部也塗上一層金色，一個夥伴盯著他，猛然喊起來：「三伢子，你的臉變成金子了！」

這句話分散了大家的注意力，毛澤東摸摸臉頰說：「哪裡？不還是這張臉嗎？」其他孩子舒展腿腳，議論聲聲，場面頓時活躍起來。這時，一個孩子突然叫道：「牛呢？這麼半天了，不知道牛跑到哪裡

毛澤東與農民交談

去了？」

此話一出，眾人皆驚，大家一股腦兒朝著山谷中牛群的方向奔去，遠遠地，有人就大聲喊叫起來：「不好了，牛不見了！牛不見了！」

毛澤東走在最後面，他聽說牛不見了，心裡著實一急，加快腳步朝前跑去。當他看到山谷空空，一頭牛的蹤影也不見時，嚇了一跳。再看夥伴們，有人已經急得哭起來，還斷斷續續地抱怨著：「都怨三伢子，誰讓他講故事了？」毛澤明聽了，憤憤地說：「人家講人家的，誰讓你聽了？真是的，白聽了故事還抱怨！」「就是呀！不能怨三伢子。」其他人伸張著正義。

聽到大家吵嚷，毛澤東反而鎮靜下來，他說：「我們現在不能吵，應該先去找牛。這樣吧！這條山谷就兩條岔路，我們分成三部分，一些人向南找，一些人順著山谷向東找，其餘的人留在這裡等候，肯定能找到跑丟的牛。」

「為什麼還要有人留下來？大家都去找不更好。」毛澤明不解地問。

「萬一牛群自己回來了，我們又都不在，那怎麼辦？所以要有人留下來。」毛澤東回答。

「對，對。就這麼辦。」夥伴們答應著，分頭去尋找失牛。

毛澤東與毛澤明幾人順著山谷向東而去，希望能快點找到丟失的牛。

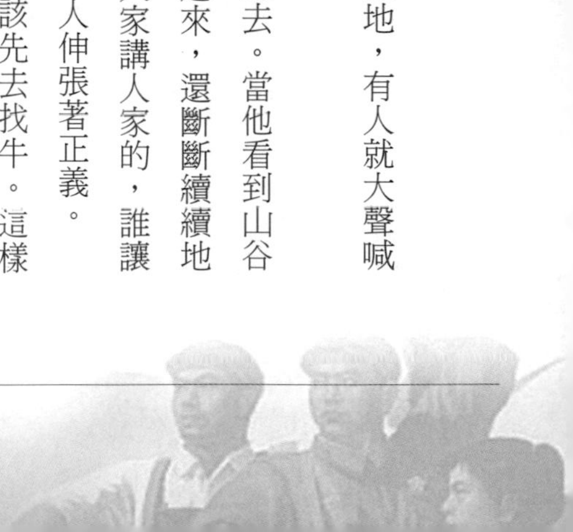

反手梳頭的傳說

雖然他們日日在此放牛，卻從沒有走進山谷深處，當他們順著山谷越走越遠時，有人不禁打著寒噤說：「天快黑了，我們還是回去吧！這裡面太陰森了。」確實，山谷重重，樹木森森，在夕陽映照下越發顯得深沉幽暗，的確有一番驚人之勢。毛澤東說：「我們人多，怕什麼！再走走看。」

他們又走了一程，前面出現一座小茅屋，低矮破舊，好像無人居住。毛澤明看了看，吐吐舌頭說：「那會不會是強盜的地盤？我們趕快回去吧！」

毛澤東說：「這裡怎麼會有強盜呢？要是真有強盜，我們更應該過去探個究竟，防止他們禍害我們村子。」在這種時候，他總是表現出特大的膽量，與他從小害怕鞭炮聲、平日裡愛靜不愛動的個性似乎有些衝突。

「啊？」毛澤明張大嘴巴說，「探個究竟？就我們幾個人，算了吧！弄不好被強盜抓去做了下酒菜。」他一貫膽大，上房下井、打架鬧事都不在話下，臨到這種正經時候卻有些膽怯。

毛澤東想了想，指著茅屋旁邊的一棵大樹說：「澤明，你爬上那棵大樹，從樹上往茅屋扔幾塊石頭，我們在這邊掩護，看看裡面的情況。」

爬樹是毛澤明的強項，他悄悄竄過去，三兩下就爬到了樹上。接著，他從口袋裡掏出石塊，嗖嗖扔進茅屋頂上。茅屋頂太單薄了，石塊竟然穿過屋頂落到了屋內。就聽裡面一聲喊叫：「誰呀？」隨後一位四、五十歲的男子走出屋子。

這下子毛澤東放心了，他走過去衝著那人說：「老伯伯，我們的牛丟了，我們到這裡找牛，請問您見到了嗎？」

那人打量他們一會兒才說：「你們從韶山衝來的吧？這裡樹密山高，牛哪裡進得來？肯定找錯地方了，你們趕緊回去吧！」

經那人提醒，毛澤東恍然大悟，他拍著腦袋說：「我不是放牛的行家，走了半天都沒想起來，牛吃草，不吃樹。」他這一說，逗得所有人大笑。那人也笑著說：「你這伢子倒蠻有趣的，你多大了？給誰家放牛？」

毛澤東一一回答，然後謝過對方準備和夥伴們趕回去。那人盯著毛澤東半天，眼睛裡閃過一絲奇異的光彩，他想了想喊住毛澤東說：「伢子，你等一等。我有個謎語，許多年了無人破解，你願意猜猜嗎？」

一聽這話，毛澤東立即興奮地說：「願意、願

毛澤東像

意。」雖然放牛不是他的強項，可是猜謎語、對對子怎麼能難倒他？

那人點點頭，坐在一椿樹墩上意味深長地開了口：「傳說乾隆年間，有一年，乾隆皇帝微服私訪，來到了我們韶山。他早就聽說舜帝南巡至此，在韶峰奏韶樂、舞太平的故事，因此對韶山非常嚮往崇敬。當他徒步穿行在韶山之巔，放眼四望，立即被美麗、壯觀的韶山風景深深吸引，他賦詩歌詠，為韶山百姓祈福求安……」

「這是什麼謎語？這不是講故事嗎？」毛澤明站在一邊不耐煩地打斷他的話。

那人也不惱怒，微笑著說：「你倒性急，慢慢聽嘛！」他接著說：「乾隆皇帝遊性很濃，為了欣賞韶山風光，他竟然與跟班的人員走散了，一人走進山谷之中。結果乾隆皇帝走啊走，一直到天黑才遇見一戶人家。這家裡只有一位老婦人，老婦人心善，留他吃飯、住宿。第二天，乾隆皇帝臨走時，依然對韶山充滿留戀和不捨之情，他對老婦人說：『韶山地傑人靈，藏龍臥虎，昨夜留宿在此，做了一夢，夢中天人指引，說兩百年以後，此地必有王者興。』老婦人沒有文化，聽了他的話似懂非懂地問：『什麼叫王者興？』乾隆皇帝說：『就是此地要出皇帝。』老婦人驚訝地說：『你可不要這麼說，現在乾隆爺當皇帝，天下太平著呢！怎麼又要出皇帝？』乾隆聽了，覺得百姓擁戴自己，很高興，乾脆對老婦人繼續說：『可是天人指引得很明白，還告訴了將來當皇帝人的姓氏呢！』老婦人只當對方是個過客，看他對自己的夢念念不忘，就問道：『那天人說將來當皇帝的人姓什麼？』乾隆皇帝說：『天人說了四個字——反手梳頭，不知道是什麼意思？』老婦人聽了，更是不解。就這樣，乾隆皇帝走了，老婦人卻記住了他的夢，更記住了『反手梳頭』這幾個字，不久，這件事就在我們韶山一代流傳開，一晃兩百年過去了，今天我就考考你們，『反手梳頭』是何姓氏？」

「當然是毛姓。」他的話音一落，毛澤東立即答道。其他孩子聽了，在手裡比劃著，隨即也高興地喊叫道：「對，就是毛，毛與手兩字正好相反。」毛澤明還在一邊驚奇地說：「哎呀！我們姓毛的要當皇帝哩。」

聽著他們議論紛紛，那人一直微微笑著，問毛澤東：「你也姓毛嗎？」

「嗯，我叫毛潤之。」毛澤東大方地回答。

那人欣喜地望著毛澤東說：「看你的氣度，一定是個讀書的好料子，長大了會有大出息。這些年來，天下不安寧，等你們長大了，正是施展才華的好時機啊！」聽他說著這些道理，大多數孩子沒有興趣，唯獨毛澤東很激動，他雖然沒有出過門，卻對天下事很關心，顯示出極大熱情，於是又跟那人交流一番。當時正是二十世紀最初的幾個年頭，中國帝制已經走向窮途末路，外有列強入侵，內有各地革命運動不斷，華夏大地遭受著空前的蹂躪和險境。當毛澤東第一次聽說外國人侵略我國時，表現出極度憤慨，當他第一次聽說有人要推翻滿清王朝時，驚訝得瞪大了雙眼。在他的生活裡，接受的依然是傳統的封建習俗教育，過著幾千年來不變的耕讀生活，怎麼可能知道這些事情呢？

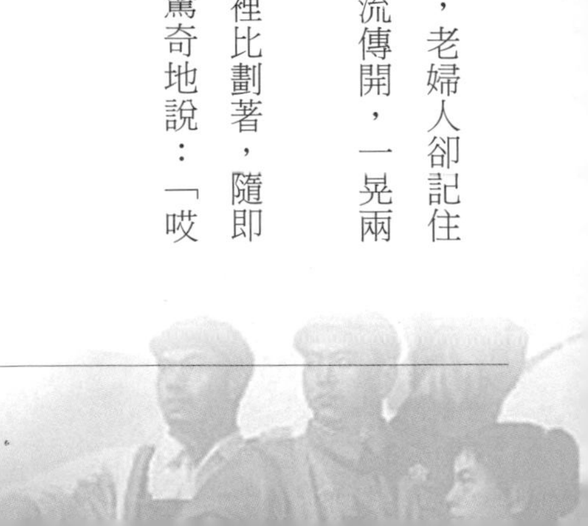

毛澤東對眼前人充滿了好奇和敬佩之心，不禁問：「你是哪裡人？怎麼知道這麼多事？我以後還能來找你嗎？」

那人微笑著說：「我也是韶山人，我姓章，你就喊我章伯伯吧！」原來此人名叫章鼎，本是附近寺廟的僧人，因為參與了推翻清朝的哥老會活動，是名反清分子，遭到官府緝拿，所以在此避難。

這時，天色已晚，夥伴們催促著趕緊回家。毛澤東依依不捨地與章鼎告別，踏上回家的道路，這一去，不知道兩人還有相見的機會嗎？

第二節 牛司令

一個好主意

毛澤東等少年尋牛不得，意外遇到了章鼎，得知「反手梳頭」的故事，他們大為開心，一路蹦跳著走回谷口草地。快到谷口時，其他夥伴遠遠地看見他們，揚著手大喊：「找到牛了，找到牛了！」原來孩子們貪玩，牛兒無人看管，跑到附近田地裡啃吃莊稼去了。毛澤東和夥伴們高興地拔腿跑過來，各自找到自家的耕牛，驅趕著往家走去。一路上，他們講起「反手梳頭」的故事，其他夥伴聽了，無不大感神奇，紛紛說：「明天我們也去谷中見見那位奇人。」

第二天放學後，夥伴們照舊相約著趕著牛來到山谷，打算再次去谷內拜訪奇人，傾聽故事。有個少年卻搖頭說：「我們都去了，誰來看牛？要是像昨天一樣，牛丟了怎麼辦？」這句話提醒了大夥，另一個少年說：「對呀！昨天回去得晚，牛還啃吃了莊稼，我挨了父親好一頓責罵。」其他少年都有同感，一個個垂頭喪氣，沒了主張。毛澤東一直沒有開口，他默默地沉思著。毛澤明愛玩，他見大家都不敢去谷中，著急地說：「三伢子，你快想個辦法，我們不能整天這麼無聊地放牛吧！」

毛澤東終於說話了：「昨天因為講故事丟了牛，牛跑到田地裡禍害莊稼。今天要是不注意，牛再丟了還是麻煩。我看，我們得想個辦法，既能照顧好牛，讓牠們吃飽、吃好，不讓牠們走丟了，又能痛快地玩耍、講故事，你們說怎麼樣？」

夥伴們齊聲說：「這當然是個好主意，可是哪有兩全其美的好事？」

毛澤東說：「我有辦法。」

「快說快說，什麼辦法？」夥伴們催促著。

毛澤東像個小將軍一樣來回踱了幾步，然後昂首挺胸，慨然說道：「我們一共有十幾個人，十幾頭牛，我看一人絕對可以看好幾頭牛。這樣吧！我們分成三部分，一部分人先來放牛，照顧牛吃飽，不要糟蹋莊稼；另外兩部分人呢？再來分工，一部分人去割草，剩下的人就可以自由地玩。然後大家輪班，今天放牛的，明天割草，後天玩，依此類推，怎麼樣？」

夥伴們細一思索，高興地說：「好主意，好主意。」

於是，大家在毛澤東的安排下分成三部分，按約定各自行動，有人放牛，有人割草，有人玩耍，紀律井然，工作有序，有模有樣。當天，那些可以自由玩耍的孩子就跑進山谷尋找章鼎去了，可是他們發現人去屋空，並沒有找到章鼎。孩子們貪玩，既然今天不用割草放牛，他們就在山谷裡玩起來，一會兒比賽爬樹，一會兒比賽摘果子，玩得特別痛快。眼看著天色漸晚，他們才捧著野果子跑出山谷，到草地集合。這時，割草的孩子也回來了，一人背著一大筐青草，而放牛的孩子早已讓牛吃得飽飽的，牛肚子滾圓滾圓的——看著這種情景，大家十分滿意，高高興興地準備趕著牛兒回家。

毛澤東忙說：「大家不要慌。你們看，割回的草，摘回的果子，是不是應該公平地分一下？這樣大家回家了都有交代嘛！」

有個叫李鐘的孩子，他摘的果子最多，捧在懷裡正得意呢！聽說要分他的果子，當即著急地說：「這是我摘的果子，為什麼要分給你們？不分不分。」

負責放牛的孩子一聽，齊聲嚷道：「要不是我們替你看牛，你上哪摘果子？你的果子就該分給大夥。」

「可是——可是——」李鐘雖不捨得，卻張口結舌沒有話辯駁。

毛澤東與少數民族代表在一起

毛澤東制止大家爭吵，聲音頗顯嚴肅地說：「我們分工，就是為了既能放好牛，又能玩得痛快，這是大家共同努力的事，所以誰也不能有私心。果子和草要公平分配，每個人都有一份。以後，不管做哪項工作，都應該有這種想法。」說著，他讓大夥把果子和草堆放到地上，然後帶頭將它們按照人數均勻地分成十幾份，讓每個夥伴都有機會選擇。

看著他認真公平地做事，夥伴們心服口服，一個個不再言語。從此，這幫放牛娃組成了一個秩序井然的小組織，每天按照分工去工作，平均地分配勞動所得，實現了他們最初的願望。這是毛澤東的功勞，然而他卻不居功自傲，不以此欺壓夥伴，而是自覺地遵守規定，甚至表現出大公無私的一面。從這件小事上，我們依稀看到毛澤東在後來統治中國時推行共產主義的雛形，他是個善於指揮和統帥的人才，他希望自己統治下的團隊能夠公平地相處。何以實現公平？他最直接的、最樸實的想法就是平均主義。

那麼，在平均分配財物時，毛澤東體現出哪些大公無私的精神呢？

抓草比賽

毛澤東出主意指揮夥伴們放牛玩耍，但他個人卻很無私公正，表現出大家風範，有一次，摘的果子太少了，每個人還分不到一小把，毛澤東把果子分完後，主動把自己的一份分添到夥伴們的果子堆上，說：「你們拿回去吃吧！」又有一次，逢上天旱，田裡草少，大家割的草太少了，分來分去，每人的筐裡只有一點點。毛澤東又把自己的草讓給夥伴們，自己背著空筐回家了。毛順生看他沒有背回草來，自然對他一頓斥罵。毛澤東默默聽著，心裡卻暗自得意，他想，我幫助別人，這是好事，我自己挨罵不算什麼。又過了些日子，雨水豐沛，草木繁盛，每天都能割到用不完的草。這時，有些夥伴說：「三伢子，你以前總是照顧我們，現在你可以多分些草了。」毛澤東搖頭說：「草多了，我也不能多要。既然大家不再為草擔心，我看，我們何不來進行一場比賽呢？誰贏了就把草給誰。」

聽說要比賽，大家都很興奮，踴躍著說：「好啊！好啊！怎麼比？」

毛澤東指著一棵大樹說：「我們把剩下的草捆起來拴到大樹上，誰能跳起來抓到就歸誰，好不好？」

夥伴們議論著說：「這個主意好，既好玩又公

韶山

平。」

於是，大家齊動手，有的捆草，有的找繩子往大樹上拴草，還有的躍躍欲試，不一會兒準備就緒。毛澤東指揮著大家排好隊，輪流上前抓草。這確實是一個好玩的遊戲，大家在蹦跳之中盡情歡笑著，施展著個人的能力，有的跳得老高，一下子就抓到了草，有的連跳好多次，卻碰不到草，惹得大家一陣哄笑。抓不到草的孩子顯然有些不服氣，他憋紅著臉跑出去老遠，試圖助跑成功，可是依然失敗了，又引來一陣哄笑聲。他只好退出比賽，自我解嘲地說：「我不要了，讓給你們吧！」其他孩子聽了，也不去管他，依舊關注著更緊張的比賽。

經過比賽遊戲，剩下的草有了歸屬，夥伴們開心地說笑著，不少孩子還在樹下跳來跳去，似乎在為下一次抓草做準備呢！

這次比賽，毛澤明抓到的草最多，他挽起袖子，將草結結實實捆紮好，拍著身上的草末驕傲地說：「我跳得最高，比你們都厲害，誰想拜師父？我免費收徒弟。」

聽他自吹自擂，夥伴們笑著說：「你入學三年了還背不熟《三字經》，誰要你當師父！人家三伢子不但書讀得好，還有主見，跳得也很高，拜師父就該拜他那樣的人。」

毛澤明臉一紅，繼而瞄一眼毛澤東，走過去說：「三伢子，我看你平日裡斯斯文文，沒想到你還有兩下子，跳得很高嘛！」在這次比賽中，毛澤東幾次抓到草，令夥伴們大吃一驚，在他們眼裡，毛澤東一向愛學善思，終日喜歡捧著書本，或講些故事新聞，除了游泳外，很少和他們一樣跑跳玩鬧，所以認為他一定不擅長運動。毛澤明的話說出了大夥的心聲，他們圍著毛澤東說：「對呀！三伢子，你怎麼也能跳這麼高？」

毛澤東聽著夥伴們的問話，覺得莫名其妙，他說：「我怎麼就跳不高呢？文武齊修是我們毛家的傳統嘛！你們沒聽老人說嗎？我們毛家本是武將之後，現在家族裡也有不少立有軍功的名人，毛恩坎還做過提督，在剿滅太平軍運動中立下大功了。」看來，他對於家族歷史很感興趣，瞭解也比較多。

毛澤明聽了，抓抓耳朵說：「三伢子，你知道的可真多。我聽說毛有慶、毛祖篪都是有軍功的人，他們可了不起啊！你說我們長大了也去參軍，會不會立下軍功？」

「當然會，」毛澤東肯定地說，「我們一定比他們強。」

毛澤明吐吐舌頭，小聲說：「三伢子，聽你的口氣，你想當將軍？我爹說，他們都是毛家的大人物，咱們可要小心點。你那樣說，要是被他們聽見了，會倒楣的。」毛家是當地最大的家族，宗祠、族規比較完善，對於族人要求也很多。

毛澤東抿著嘴唇沒有說話，他望向遙遠的天際，眼神中閃過一絲異樣的光彩，有些神祕、有些嚮往，還有些不服氣。毛澤明沒有注意那麼多，他繼續說：「三伢子，我看你指揮我們放牛玩耍挺不錯的，還主導比賽遊戲，你呀！乾脆就當牛司令吧！」

「牛司令？」夥伴們重複著毛澤明的話，顯得格外激動，「對，和三伢子一起，不僅能放好牛，而且玩得痛快，我們樂意跟著三伢子放牛，三伢子就是我們的牛司令。」從此，「牛司令」的名號叫開了，毛澤東成為放牛娃們的中心人物，每天帶領他們放牛玩耍，其樂融融。這段放牛歲月也成為了他少年時期最為開心快樂的時光。

然而，對毛澤東來說，他的心願並不止於做一個放牛的的司令，他心中燃燒著說不清的火焰，這團火焰促使他奮進追求，促使他不停地向前。每當一個人安靜下來的時候，他的腦海裡會出現許多稀奇古怪的想法，比如抓草比賽後，他就想，毛家出了那麼多將士，有一天我長大了，也要參軍入伍，殺敵立功，做一個真正的「大司令」。既有了這想法，他就開始付諸行動，他認為當兵一定要有好身體，怎麼樣才能有一副好身體呢？他自然聯想到讀過的《水滸傳》，想到英雄們的身手和體魄，覺得自己也該習武鍛鍊，於是他偷偷地到附近的池塘游泳、自製棍棒和夥伴們練武，還商量著去拜武師學武。在他少小的身體和心靈中，追求功名和成功的欲望已經越來越強烈了，他個人的名聲也隨之越發響亮，進而引起一場小小的爭鬥。

第三節

結怨周大蟲

怒鬥周大蟲

毛澤東能文愛武，機智勇敢，在同伴中有了聲望，被尊稱為「牛司令」，引起了某個人的嫉妒。這人名叫周大方，是毛澤東的同學，家境比較富有，父親周仁對他十分溺愛，因此養成他目中無人、驕橫霸道的個性，他常常欺凌弱小，被稱作「周大蟲」。這天，毛澤東和夥伴們一起趕著牛群上山坡，周大蟲帶著兩條狗攔住去路，他橫眉立目說道：「這是我家山坡，你們不能在這裡放牛！」

毛澤東和夥伴們氣憤地說：「憑什麼說這是你家山坡？我們天天在這裡放牛，什麼時候變成你家的了？」

周大蟲斜著眼睛瞄瞄他們，傲然說：「我爹說了，他要買下這塊地，以後不許你們在這裡放牛。」

毛澤明衝出來說：「哼！胡說，你爹買山坡幹什麼？又不能耕種，你肯定是吹牛。」

「吹牛，吹牛。」孩子們仗著人多，衝周大蟲一陣起鬨。

周大蟲急了，放開手裡的狗來咬孩子們。孩子們害怕了，嚇得四處亂躲。周大蟲見狀，得意得哈哈大笑。毛澤東看在眼裡，氣在心頭，他一下子衝到周大蟲眼前，大聲說：「不能放狗咬人！」

周大蟲本來嫉恨毛澤東，看他衝出來正合己意，叉著腰說：「哈哈，你不是牛司令嗎？管好你的牛得了，為什麼來管我的狗？」

毛澤東正色說道：「你敢放狗咬人，我就敢管！你聽著，趕緊把狗牽回來，不要讓牠們咬人。」

周大蟲笑嘻嘻地說：「牛司令，別看他們都聽你的，我周大方可不聽你的，你們在這裡放牛，我在這裡放狗，有什麼不行嗎？」說完，他得意地吹著口哨，指揮著兩條狗朝人和牛亂撲。頓時，整個山坡上人喊牛叫，一陣慌亂，有幾頭牛受驚了，逃竄到附近莊稼田裡，踐踏倒了一大片莊稼。

毛澤東忍無可忍，他一把抓住周大蟲的衣領，怒聲說：「把狗牽回來！」

周大蟲一慣欺負別人，從來沒有人敢招惹他，如今竟被一向斯文的毛澤東抓在手裡，他哪裡受得了，揮舞著手臂與毛澤東撕打。毛澤東雖然沒有與人打過架，但他個頭高，力氣大，而且滿腔正氣，打鬥起來反而佔了上風，將周大蟲打得連連後退。毛澤明等人見此，也不再害怕狗，紛紛圍攏過來為毛澤東加油：「打得好，打得好，三伢子，使勁打，加油！」

周大蟲本來理虧，如今又被眾人圍困，又氣又怕，轉頭就跑，邊跑邊訓斥自己的兩隻狗：「你們兩個笨蛋，沒看見我挨打嗎？叫你們咬人你們不會咬，還跟著我幹什麼？簡直比牛還笨！笨！」聽他罵罵咧咧，夥伴們哄笑著說：「周大蟲，牛不笨，狗也不笨，他們都比你聰明。」周大蟲氣得滿臉通紅，一溜煙不見了身影。

山谷草地上，孩子們很快恢復了往日嬉鬧歡樂的場面，有人放牛，有人割草，有人跑進山谷採摘野果。這次，毛澤東又和毛澤明一班，他們負責割草，毛澤明拍著毛澤東的肩膀說：「三伢子，你夠厲害，敢和周大蟲打架，你不怕他的狗咬你嗎？」

毛澤東說：「他做壞事，我就要制止他。你想，我們人多，何必怕他和兩隻狗？這不公平，不公平的事就要努力去反對。你看，他不是被我們打退了嗎？以後我們還要團結起來，這樣力量才大，這樣就沒有人敢欺負我們。」看來，他年紀不大，已有了樸素的抗爭意識，懂得人多力量大的道理。

毛澤明抓抓腦袋，想了想說：「周大蟲這次被打退了，下次會不會還來欺負我們呢？」說完，他有些不好意思地看看毛澤東，放低了聲音繼續說：「我不是怕他，我覺得他的兩隻狗太嚇人了，見人就咬，弄不好咬一口疼好久呢！」

毛澤東眨眨眼睛，心裡也是一動，他常常聽人說周大蟲不好惹，被他的狗咬傷的人不少。前幾天，周大蟲在學堂向一位同學借書，同學沒有借給他，周大蟲懷恨在心，趁同學上學的路上竟然放狗咬人，害得那位同學好幾天沒有去學堂。今天自己帶頭打退周大蟲，他會不會報復自己呢？果真如此，他又該如何防備呢？

借書救人

周大蟲果然不肯放過毛澤東，第二天，兩人在學堂裡又差點打起來。原來，周大蟲回去後想了一夜，越想越生氣，他就弄了一大塊泥巴放進書包，打算用它報復毛澤東。課間休息時，他趁人不備，偷偷將泥巴抹在毛澤東的書桌上。毛澤東哪裡注意這麼多，結果弄得身上、書上到處都是泥。老師鄒春培以為他貪玩弄得這麼髒，就把他訓斥一頓。

課後，毛澤東找周大蟲問：「是不是你把我的書桌弄髒了？」

周大蟲嘻皮笑臉地說：「你說是就是，你說不是就不是，反正這件事你賴不到我頭上。哈哈，這叫自作自受！」

毛澤東生氣了，上前抓住他，周大蟲也不躲避，而是高喊：「三伢子打人啦！毛潤之打人啦！」

喊聲中，很多同學圍攏過來，鄒春培也從木樓上站出來，他伸著腦袋望了望，訓斥道：「三伢子，你幹什麼！還想打人？教你的禮儀道德都忘記了不成！」

毛澤東想了想，悻悻地鬆開手，轉身走回教室。眼看著一場打鬥就此結束，許多同學追著毛澤東說：「三伢子，周大蟲欺負人，放學後我們一起收拾他。」毛澤東沒有說話，默默地坐下看書、寫字。

很快到了放學的時間，毛澤東背著書包走在同學們身後，他似乎已經忘記周大蟲在自己書桌上抹泥巴的事，慢吞吞地走著，想著心事。說也湊巧，當他隨著大夥走出學堂大門時，卻見前面圍著一群學生，好像有人在打架。毛澤東好奇地圍上去一看，頓覺火氣上沖，原來又是那個周大蟲，他正揪著一個名叫鐵伢子的小同學的辮子在打他。鐵伢子顯然被打怕了，縮首弓背地低聲求饒：「我明天給你帶來，求求你，放了我吧！嗚嗚。」

周大蟲非常猖狂，他抓著鐵伢子的辮子轉了一

毛澤東與周恩來

圈，惡聲惡氣地說：「明天？不行！現在就回去給我拿。」

鐵伢子抽泣著說：「我回家還要去放牛，幫家裡工作，沒有時間給你拿回來。」

周大蟲生氣了，使勁地扯了一下鐵伢子的辮子，疼得鐵伢子齜牙咧嘴，捂著腦袋半天說不出話來。

毛澤東看不下去了，他挺身而出，指著周大蟲說：「放手，不許欺負人！」

周大蟲見是毛澤東，先是一愣，接著不懷好意地笑著說：「牛司令，你又來管閒事，他借了我的書，我叫他還不行嗎？」

毛澤東說：「借書當然要還，他又沒說不還給你，你為什麼要打他？你放手，讓他明天給你帶回書來。」

周大蟲強詞奪理：「我今天就要看，耽誤我讀書誰負責？」

毛澤東一把打開自己的書包，指著裡面的書本說：「你說，他借了你哪本書，你先拿我的回家看，明天他帶來了再還給你，這樣總行了吧？」

同學們都知道毛澤東視書如寶，不輕易把書借給別人，沒想到今天為了解救鐵伢子竟要把書借給周大蟲，真是大出意料。毛澤明小聲提醒說：「三伢子，周大蟲根本不讀書，他拿了書會弄壞的。」毛澤東好像沒有聽到，直視著周大蟲，等候答覆。

周大蟲也吃驚不小，他往毛澤東的書包裡看了看，見裡面的書本整潔有序，本本都似新的一般，轉著眼珠想了想，抽出一本《千家詩》說：「就這本吧！哼，鐵伢子你聽著，明天你再不帶書來，我就把三伢子的書撕了。」說著，他做了個撕書的動作，拿著書本轉身跑走了。

學堂門口，同學們也陸續散去，只剩下毛澤東、鐵伢子、毛澤明，還有幾個平日裡一起放牛的同伴。他們默默地站了一會兒，結伴往家趕去，路上，毛澤明問：「鐵伢子，你怎麼不給周大蟲帶書來？你說，你是不是把他的書弄丟了？要真是那樣，三伢子的書還不白搭了。」

鐵伢子苦著臉，看了看毛澤東說：「三伢子，對不起，你剛才為了救我把書給了周大蟲。可是——可是——」

「可是什麼？」毛澤明急急地說，「是不是你真的把周大蟲的書弄丟了？」

鐵伢子漲紅著臉，憋屈半天突然一下子蹲下來，抱著腦袋哭哭啼啼地說：「書……書被我弟弟扔進水桶，弄溼了。」

「啊！」毛澤明等人失聲大叫，他們圍著鐵伢子一頓指責、抱怨。然後，大家把目光一起轉向毛澤東，看他有什麼意見。毛澤東咬著嘴唇想了想，忽然笑起來，他過來拉起鐵伢子說：「既然書還在，你怕什麼？我有辦法對付周大蟲，你等著，我會讓他把書還回來。」

「什麼辦法？」「怎麼還？」大家的目光中流露出許多疑問，但是無一人張口詢問，他們似乎對毛澤東充滿了信任，對這件事也滿心期待。那麼，毛澤東究竟如何與周大蟲周旋呢？

第四節 妙計懲惡狗

再次結怨

毛澤東得知鐵伢子弄溼了周大蟲的書，不但沒有怪罪他，反而安慰他說：「這次，我一定要好好懲治一下周大蟲，叫他以後不再隨便欺負人。」

接下來，他按照設想開始了行動。首先，他吩咐鐵伢子拿來弄溼的書本。這是本《三字經》，毛澤東一夜就抄寫完了，字體工整，內容完整，不比原書本品質差。第二天，他拿著抄寫的《三字經》和原《三字經》來到學堂，要求和周大蟲交換書本。周大蟲疑惑地看著毛澤東問：「鐵伢子拿來我的《三字經》了？我要先看看書，要是書弄壞了，我就不能把你的書還給你。」

毛澤東坦然地把新《三字經》交給周大蟲，而後一言不發。周大蟲接過書本，來回翻閱幾次，不禁失口說道：「唉，怎麼這麼新？比我借給他時還要乾淨、整潔。」他平日裡不愛讀書，壓根就沒怎麼翻過自己的書，所以竟然沒有認出這是本抄寫的書籍。

毛澤東說：「這樣不更好嗎？你該還給我書了吧？」

周大蟲只好交出《千家詩》，有些掃興地坐回位子。

鐵伢子他們知道事情成功後，無不歡欣雀躍，誇讚毛澤東足智多謀。毛澤東笑著說：「這算什麼，我們要想辦法制伏周大蟲，讓他以後不再欺負人。」

他們這邊謀劃還沒有頭緒，周大蟲又找上門來。原來，他拿回新《三字經》後，沒有幾日還是發現了破綻，認出其中筆跡與原先的不同，於是，他再次找到了毛澤東。毛澤東不慌不忙地說：「對，這是我抄寫的《三字經》，你的舊《三字經》在這裡呢！你要哪一本？」

周大蟲看到自己的《三字經》已經弄溼無法閱讀了，氣極敗壞地說：「你騙人，拿假書騙我，我也不能把你的書還給你。」

「你不還我也行，」毛澤東冷靜地說，「我用新書換舊書，你也應該用新書換舊書。你抄寫一本還給我，我就不要舊書了。」

「什麼？」周大蟲叫起來，「要我抄寫一遍《千家詩》，門兒都沒有！」他素來不愛寫字，連老師交代的作業都經常無法完成，哪有心思抄寫《千家詩》。

毛澤東早就料到他會這麼說，笑著說：「既然你不願抄寫，我看你就拿回新《三字經》吧！這總比你拿回一本不能閱讀的舊書要強。」

周大蟲沒有辦法，氣得臉色通紅地說：「你等著，我會收拾你們的。」

毛澤東微微一笑，招呼夥伴們說：「好啊！我們都等著你呢！」

周大蟲什麼話也沒說，轉身朝家裡跑去。毛澤明等人望著他的背影著急地說：「咱們快走吧！他肯定回家牽狗去了。」夥伴們都露出怯意，一個個拉著逃跑的架子。

毛澤東卻制止他們說：「你們想想，周大蟲為什麼敢欺負人？還不是因為他的兩隻狗，我早就想過了，要想制伏他，必須除掉他的兩隻狗。今天他敢牽狗來，我們就要想辦法除掉牠們。」

夥伴們面面相覷，聲音怯怯地問：「那兩隻狗可厲害了，咱們——咱們怎麼除掉牠們？」

毛澤東鎮靜地說：「我有辦法。」他將自己的計畫說給夥伴，大家聽了，都點著頭說好，然後分頭行動。不一會兒，大家牽著各自家裡的牛走向山坡，聚攏到山谷上。就見李鐘除了牽著牛外，手裡還多了副鐵鉤，他走到毛澤東面前舉著鐵鉤問：「三伢子，你看這副鉤子行嗎？」李鐘的父親曾經殺過豬，這副鐵鉤就是掛肉用的。毛澤東接過鐵鉤掂了掂，滿意地說：「行，肯定行。」說著，他拿出一塊帶著骨頭的肉掛到鐵鉤上，吩咐毛澤明將鐵鉤懸掛到一棵大樹的枝杈上。其他夥伴則在鐵鉤下挖土，很快就挖出一個大坑，他們用樹枝蓋好，鋪上草和土，做成了一個陷阱。

他們剛剛忙碌完畢，周大蟲就牽著兩隻狗出現了，他遠遠地看了一會兒，似乎在盤算下一步的計畫。毛澤東不等他放狗，就站到夥伴們最前面，大聲喊道：「周大蟲，我們在比賽呢！誰能搆到樹上的肉就歸誰，你先別放你的狗過來，免得牠們偷吃了肉。」

周大蟲歪著腦袋瞄瞄樹杈上的肉，輕蔑地一笑，心想，雖然那塊肉掛得高，但我的狗可厲害呢！肯定能搆到。哼，你不讓我的狗吃肉，我偏讓牠們去。於是，他指揮著兩隻狗朝掛著肉塊的樹撲去，一隻狗飛躍著跳起來咬肉，一下子就被鐵鉤掛住了，疼得噭呀一聲，發出悽慘的叫聲。另一隻動作稍慢的狗略一遲疑，撲通一聲掉進了陷阱裡，在裡面撲騰一陣子好不容易跳出來，夾著尾巴瘸著腿倉惶地逃向周大蟲。周大蟲被眼前發生的一切嚇呆了，他大睜著眼睛，好半天沒有反應過來。

毛澤東與蔣介石

這邊，毛澤東和夥伴們發出勝利的歡呼聲，他們指著掛住的狗又跳又笑，有人還不停地吆喝著：「賣狗肉了，賣狗肉了。誰要買新鮮的狗肉？」「叫賣聲」讓孩子們樂不開支，他們笑成一團，樂成一片。

一狗被捉，一狗受傷，周大蟲又心疼又惱怒，無奈沒有狗幫忙，他哪裡鬥得過毛澤東等人，他大聲哭叫著：「你們賠我的狗，賠！嗚嗚！」

孩子們轉身看著周大蟲，紛紛回敬道：「誰讓你的狗吃肉了？你不看好自己的狗，怨別人有什麼用！」

周大蟲有苦說不出，嗚嗚哭著轉回家去，那隻瘸腿的狗跟在身後，一瘸一拐，真是狼狽不堪。

周大蟲走遠後，毛澤東和夥伴們商量如何處置吊住的狗，毛澤明說：「還能怎麼辦？放下來燒狗肉吃。」這個提議一經提出，孩子們興奮異常，有些嘴饞的孩子已經抹著嘴唇，似乎口水都流下來了。結果，這隻狗就這樣被孩子們吃掉了。天黑時，他們一個個腆著鼓鼓的小肚子，牽著牛興高采烈地回家去了。

追上門講道理

毛澤東回到家，到牛棚拴好牛，還沒有進屋，就見母親文七妹跑過來拉住他的手問：「三伢子，你怎麼才回來？廚房裡有塊肉，無緣無故少了一大塊，我怕你父親生氣沒敢說，你知道怎麼回事嗎？」

原來，毛順生今天晚上準備請客人吃飯，事先買好了肉。剛剛毛澤東用來吊狗的肉正是從這塊肉上切下來的，他知道父親節儉，自然不敢說，如今被母親發覺了，他只好低下頭細說了事情的經過。文七妹聽罷，嘆著氣說：「前幾天，我聽說你跟周大蟲打架，正擔心著呢！我不是告訴你了嗎？凡事要忍讓，不要爭強好勝，這下可好，你把人家的狗吃了，人家能原諒你嗎？」

毛澤東撅著嘴說：「他欺負人，他做錯事，為什麼不能懲治他？我不用他原諒！」

文七妹有些生氣，指著毛澤東的腦門說：「還這麼好強！你父親知道了準會打你。」

毛澤東依然不服氣：「打就打，反正我又沒做壞事！」

母子倆正在爭吵，毛順生走過來，他接著毛澤東的話說：「三伢子，又怎麼啦？誰要打你？」

文七妹趕緊說：「沒事，沒事，伢子們吵架，我勸他呢！」

毛順生看看毛澤東，板著臉孔說：「嗯，好好讀書，跟人吵什麼架！過幾天你八舅來咱家，說要考考你，看你有長進沒有。」

「真的？」聽說舅舅要來，毛澤東高興地叫起來，他離開唐家托已有三年，雖然幾次前往，畢竟不能向從前那樣常住，對於外婆家人格外留戀。這個消息沖淡了剛剛的不快，他快速跑回屋中讀書去了。

但是，懲治惡狗的事件並沒有就此結束，而是引起一場大麻煩。當周大蟲哭哭啼啼回家向父母說自家的狗被毛澤東等人吊到了樹上時，周仁夫婦勃然大怒，第二天，他們親自找上家門興師問罪。毛順生跟著客人外出不在家，文七妹接待了周仁夫婦，一再向他們賠禮道歉，並答應賠償他家的損失。下午，毛澤東從學堂回家聽說母親要賠給周家錢，當即急了：「他們做壞事，就應該受到教訓，不能賠償他們！」

文七妹說：「人家的狗沒了，不賠怎麼辦？你呀！也該接受教訓啦！」

毛澤東沒說什麼，頭一扭轉身跑了。他徑直跑向周大蟲家，衝進去就叫：「周大蟲，你出來。我問你，你家的狗到處咬人，你牽著狗四處做壞事，這是不是做得不對？你要是說你做對了，我們就賠你，你要是說這樣做不對，你就不該去我家要錢。」

這一番叫嚷引來不少人，周家門口擠滿了老老少少，大家議論著：「周家的兩隻狗太惡了，又是咬人又偷吃雞、鴨，早就該死了。」有個年輕小夥子衝著毛澤東喊：「三伢子，那隻狗是你打死的？你可夠厲害呀！」人們又議論道：「對呀！三伢子可真是人小膽大，竟能打死一隻大惡狗。」

在一片支持的輿論聲中，毛澤東的勢氣越發高漲，而周家卻無人敢出來應聲。眼看天色漸晚，周仁才不情願走出來說：「三伢子，天晚了，你趕緊回家去吧！那隻狗的事就算了，算了。」

毛澤東慨然說：「本來就是周大蟲不對，他太愛欺負人了，你應該好好管教他。」

周仁擺著手說：「知道了，知道了，快走吧！」

這時，毛順生外出歸來了，他看見前面人多，也走過來看熱鬧，卻見毛澤東正與周仁說話，奇怪地上前問：「三伢子，你幹什麼呢？」

周仁看到毛順生，忙過來說：「順生啊！你可回來了，是這麼回事。」他把事情的經過簡單訴說給毛順生，然後說：「看在你我的面子上，這件事就算了。」

毛順生聽了，一面為毛澤東鬧事生氣，一面又為他不肯賠錢高興，於是打著哈哈說：「這伢子，太不懂事了，我回去好好管教他。」

毛澤東一聽，脫口說道：「受管教的應該是周大蟲。」

毛順生臉色一變，呵斥道：「還敢亂說，快回家去！」說完，與周仁告辭，帶著毛澤東轉回家去。身後，一位老者笑呵呵地望著毛澤東的背影說：「三伢子真夠倔的，得理不饒人啊！」

這件事總算過去了，從此以後，周大蟲果然收斂很多。有些平常受他欺負的人見他的狗沒了，打算聯合起來收拾他，毛澤東聽說後，制止他們說：「我聽人說過『改過自新』這句話，

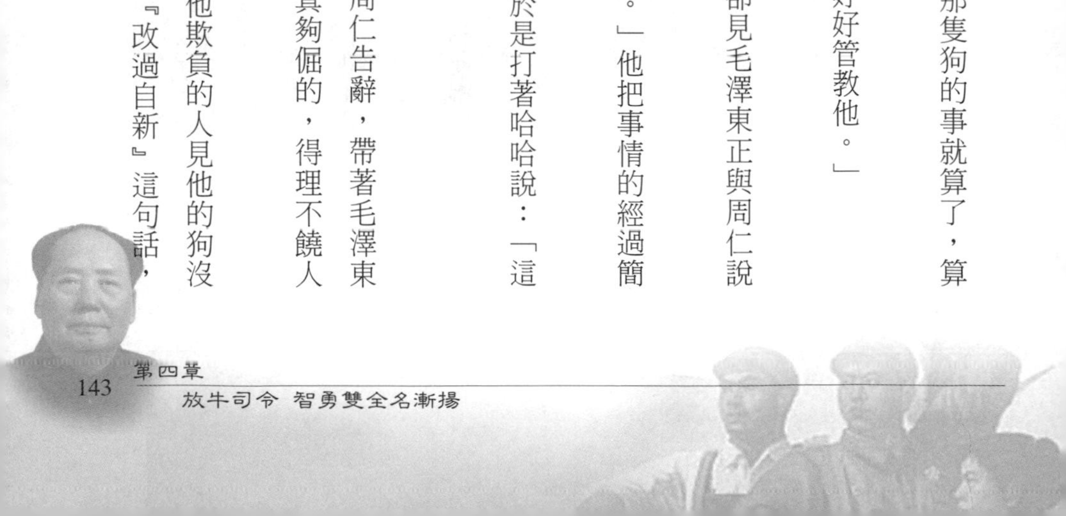

現在周大蟲不像從前了，我們應該給他機會，不能欺負他。」大家聽了，覺得有道理，也就放棄了原先的打算。不但如此，毛澤東還主動與他交往，這天在學堂，周大蟲沒有寫完作業，被老師留下了。毛澤東自告奮勇陪他寫作業，教他讀書寫字。周大蟲被毛澤東不計前嫌的舉動感染，學習積極性大有提高。而且，他也開始勞動工作，天天放學後隨著毛澤東等人一起放牛玩耍。周仁看到兒子的變化，高興地登門拜謝，對毛順生說：「三伢子了不起啊！比你我有見識，有本事。」

毛順生笑著說：「什麼本事都不如吃苦能幹強，我看他讀書讀多了，想法奇怪，還不願工作，唉，恐怕難以承擔這一大家子事務。」

周仁客氣地說：「哪裡哪裡，人人都說三伢子聰明，是個人才哩。」

毛順生輕輕笑笑，話題一轉，與周仁談論起田裡莊稼等事。他始終不把讀書看做正事，而認為種田和生意最為重要，眼看著毛澤東讀書已有三年多，他還會支持兒子繼續讀下去嗎？

第五章

輾轉求學 學習「六年孔夫子」

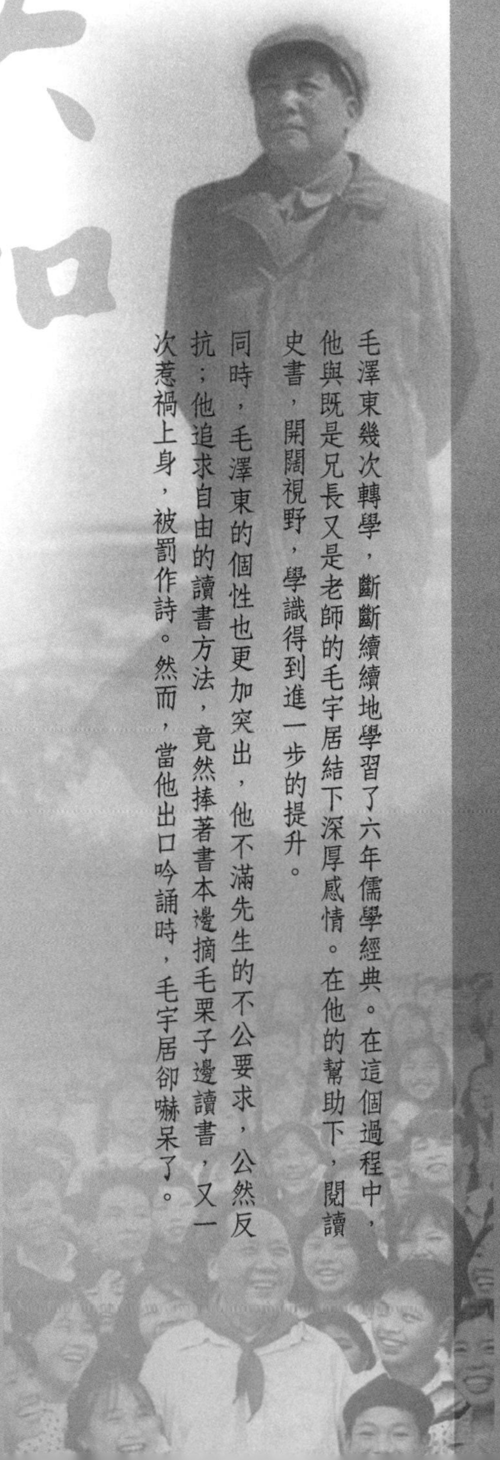

毛澤東幾次轉學，斷斷續續地學習了六年儒學經典。在這個過程中，他與既是兄長又是老師的毛宇居結下深厚感情。在他的幫助下，閱讀史書，開闊視野，學識得到進一步的提升。

同時，毛澤東的個性也更加突出，他不滿先生的不公要求，公然反抗；他追求自由的讀書方法，竟然捧著書本邊摘毛栗子邊讀書，又一次惹禍上身，被罰作詩。然而，當他出口吟誦時，毛宇居卻嚇呆了。

第一節　巧釋四姓

路遇難題

春去秋來，轉眼已到了1904年的秋天，毛澤東十一歲了，他個頭高，體格健壯，頭腦聰慧，有勇有謀，已是翩翩少年郎。入學就讀三年來，他不但讀完了蒙學教程，還涉獵廣泛，通讀《水滸傳》、《西遊記》等小說，成為韶山衝有名的小才子。毛順生對兒子的進步似乎置若罔聞，在他看來，如何經營好自己的田地和生意才是最要緊的事，現在兒子一天天長大了，飯量漸長，勞動量也要增大，不能白吃飯不工作。這天晚餐後，他對毛澤東說：「前天先生鄒春培來咱家了，他說你的才學很高，教不了你了。我看，你也讀了好幾年書了，能記帳、能識字，已經不錯了，以後就在家工作吧！」

毛澤東一聽，著急地說：「我現在不是天天工作嗎？我還要讀書。」

毛順生說：「一早一晚能做多少工作？像你這麼大的個子，早就該頂半個勞力了。咱家人手少，你不休學工作，還想等著誰養活你？」

毛澤東生氣地說：「我就要讀書。」

文七妹看他父子爭吵，忙勸阻丈夫：「三伢子雖說個頭高，可是年齡還小，幹不了重活。你就讓他再讀幾年書，有了力氣再休學工作也不遲。」

毛順生沒有說話，他想了想，不置可否地轉身出去了。毛澤東和母親坐在油燈下，兩人誰也不說話，停了片刻，毛澤東回屋拿出一本書讀起來。看著兒子認真讀書，文七妹輕輕嘆口氣，搖著頭暗想：三伢子愛讀書，他父親卻不支持他，這樣下去兩人少不了還要爭吵。唉，明天我就去廟裡燒灶香，求菩薩保佑三伢子。

果然，第二天文七妹就帶著毛澤東到附近的寺廟燒香，她還讓毛澤東磕頭。毛澤東順從母親的安排，他知道母親一旦遇到不順心的事就會燒香磕頭，求菩薩保佑，不知道這次她又遇到什麼難題了？他心裡嘀咕著，卻什麼也沒問。

過了幾天，因為秋收，私塾放假了，這天，毛順生去銀田寺做生意，他前腳剛走，毛澤東就對母親文七妹說：「我要去外婆家。」文七妹瞭解兒子，知道他想念外婆家人，平日父親在家不敢說，所以很爽快地答應了他的請求。

得到允許，毛澤東高興地出了家門，十一年來，他已無數次踏上雲盤山路，其間的樹木花草、蟲鳴鳥啼對他來說又親切又有趣，他一路上盡情享受著大自然賜予的美好風光，心情說不出的舒暢。興致高，路途短，二十里山路很快就走完了一大半，毛澤東興致勃勃朝前奔去，在他腦海裡，浮現出外婆和舅舅們慈祥的面容，浮現出與表兄弟們玩耍的快樂時刻，浮現出石乾娘的身影……

就在毛澤東專心趕路的時候，突然，山凹裡跳出一人，大喝一聲攔住了去路。毛澤東嚇了一跳，不自覺地往後退了幾步，朝攔路人打量。對方是個十三、四歲的少年，個頭不算高，穿著鮮亮，一臉霸氣，指著毛澤東大聲喝問：「喂，你就是文家的外甥毛潤之嗎？」

毛澤東回答：「正是，你是誰？為什麼攔住我？」

那個少年冷笑幾聲說：「你先別管我是誰，我聽說你有些才學，在韶山衝是個小名人，今天我要考考你，如果你能答出來，我就放你過去。要是答不出來，那就是大方框裝小方框！」（即「回」字，意思是請往回轉）俗話說「人怕出名豬怕壯」，看來，毛澤東的名聲為他招來了麻煩。

他這麼一說，毛澤東反而鎮靜下來，不慌不忙地叉起腰說道：「你愛問就問。不過，為人做事應該光明磊落，你既然敢攔住我提問題，就應該告訴我你是誰。」

「好，」那個少年見毛澤東爽快地答應了條件，也不含糊，說道，「我是石觀衝人，姓趙，大家都喊我趙公子。前些日子，我表弟周大方到我家玩，說你自恃聰明設計欺負他，弄死了他的一隻狗。哼，在這方圓十幾里內，還沒有人敢和我較量呢！我今天就要看看你到底有多聰明？」

原來如此，毛澤東恍然大悟，他記起來了，周大方的外婆家在石觀衝，是當地有名的財主，他有位表哥從小讀書，喜歡吟詩賦詞，有些才學，常常在窮人們面前賣弄文墨，自稱趙公子。敢情眼前這位就是「大名鼎鼎」的趙公子了，想到這裡，毛澤東笑著說：「我和周大方的衝突早已化解，現在我們已是朋友啦！」

趙公子一愣，他上次見到周大方已是幾個月前，當時周大方與毛澤東鬥得激烈，還請他幫忙，怎麼？兩人不鬥啦？這樣想著，趙公子卻不肯放過毛澤東，他說：「不管你和大方是不是朋友，我在這裡已經等了你好幾個月，你今天必須過我這一關才能去唐家托！」他早就耳聞毛澤東的才學，對他產生很強的嫉妒心理，今日攔路出題，除了完成當初周大方的請求外，更主要的意圖是想一較高下。

面對霸道的趙公子，毛澤東不卑不亢地回答：「你說吧！」

幾個月來，趙公子仔細思索，精心準備，已經想好了問題，只見他傲氣地上前一步，大聲說出了自己的問題。毛澤東一聽，即皺緊了眉頭，這是個什麼問題？毛澤東能否回答出來呢？

獲贈《康熙字典》

趙公子大聲對毛澤東說：「你聽著，這個問題是這樣的，百家姓裡的『趙錢孫李』分開如何解釋，合起來又是什麼意思？」

當時，《百家姓》是孩子們熟讀的書籍之一，其中第一句話就是「趙錢孫李，周吳鄭王」，趙公子倒也鬼怪，竟然從這個角度提問題。再看毛澤東，他聽了問題略一沉思，隨即舒展開眉頭朗朗答道：「趙公元帥的趙，有錢無錢的錢，龜孫的孫，十八子的李，與有理無理的理同音。合起來的意思是，大宋天子趙匡胤說過：有錢龜孫不講理！」

聽完這句回答，趙公子先是驚訝，繼而滿臉通紅，羞愧地說不出話來。原來，毛澤東不但完整地答出他的問話，而且暗暗諷刺他依富欺貧、仗勢欺人的行為，真是一次有力地回擊。趙公子沒有辦法，只好閃身讓開一條道路。毛澤東也不客氣，大步流星地走了過去，走了老遠，他回頭望望，看見趙公子還站在那裡發愣。也許趙公子仍然困惑，自己想了幾個月的問題，毛澤東怎麼一眨眼就答出來了？還捎帶著罵了自己，這真是天外有天啊！

再說毛澤東，他腳下生風，很快來到了外婆家。外婆一家高興地歡迎他，拉著他問長問短。毛澤東興致勃勃地講起路上遇到趙公子的事，還把自己的回答說給大家聽。他們聽了，哈哈大笑著說：「這個三伢子，還會拐彎抹角罵人啦！」

「誰叫他不講理！」毛澤東說，「我早就聽說他仗著家中有錢，常在窮人面前賣弄的事了，以後要是遇到我，我還會懲治他。」

「好！」隨著一聲喝采，門外走進了八舅文玉欽，「三伢子做得對。什麼趙公子，徒有虛名而已。他仗著家裡有錢，四處賣弄，還以為自己天下第一了呢！三伢子，你巧解四姓，八舅要獎勵你。」

看到八舅，毛澤東高興地走上前，拿出一本書遞過去說：「八舅，你上次捎給我的書讀完了，我今天還想借本書看。」

「好啊！」文玉欽接過書本說，「好借好還，再借不難。三伢子，八舅的書你儘管借，放心看。」自從文玉瑞不教私塾以後，文玉欽接替了他的工作，成為族內塾堂的教書先生，家中藏書很多。

文玉瑞的妻子在一旁插嘴說：「八弟，你要獎勵三伢子什麼呀？該不會是一本書吧？」

毛澤東在工作中

文玉欽笑著說：「七嫂猜對了，不過這可不是一本普通的書。」

「什麼書？」毛澤東興奮地問道。

文玉欽不說話，帶著毛澤東進了書房。在那裡，他拿出一本厚厚的《康熙字典》說：「三伢子，八舅送給你一本字典，怎麼樣，喜歡嗎？」

《康熙字典》是清康熙年間編纂出版的漢字辭書，這部字典採用部首分類法，按筆劃排列單字，字典全書分為十二集，以十二地支標識，每集又分為上、中、下三卷，並按韻母、聲調以及音節分類排列韻母表及其對應漢字，共收錄漢字四萬七千零三十五個（47,035個），相當豐富。直到1915年，這部字典在兩百來年時間裡一直是中國字數最多的一部字典，為漢字研究的主要參考文獻之一。

毛澤東捧著《康熙字典》，激動得一個勁點頭，連聲說：「太好了，太好了。」此後，這本字典陪伴著毛澤東讀書進步，成為了他成長路上的良師益友。

第二節 幾次轉學

池塘邊練字

第二天，毛澤東和表兄文瀾泉等人相約著出去玩，卻被文玉欽喊住了：「三伢子來了，我要考考你們，看看你們的長進如何。」

文瀾泉一聽，皺著眉問：「考什麼？」

文玉欽笑了，說：「今天不考你們背書，考你們寫字，怎麼樣？」

「寫字？」文瀾泉和毛澤東異口同聲地喊道，「寫什麼？」

文玉欽一邊準備紙筆，一邊說：「當然是寫學過的文章詩詞。我上次去韶山衝，遇到了三伢子的老師鄒先生，他誇獎三伢子才學高，一個勁地說教不了你了呢！我知道三伢子博聞強記，才思敏捷，但是還沒有見識過你寫的字，今天你就寫幾個我看看。」

提起寫字，文瀾泉記起毛澤東小時候「畫字」的趣事，不由得暗自發笑。毛澤東那時候

年紀小，哪裡記得這件事，看到文瀾泉偷笑，不由得問道：「你笑什麼？是笑我寫字不好看嗎？」

「不是不是，」文瀾泉忙說，「你很小的時候就纏著我父親教你寫字，他說你寫的字很有個性呢！」

毛澤東有些得意地說：「當然了，我在學堂裡學的是歐體，先生說我寫字不拘一格，很有氣勢。」其實，在南岸私塾，毛澤東因為不按規矩描紅，寫字時筆劃總是出格，已經多次受到鄒春培教訓了，他今天這麼說，無非是少年人爭強好勝，不肯認輸。

說話間，兩人已經各自完成一張大字，文玉欽站在他們身後，看著毛澤東龍飛鳳舞地書寫，心裡暗想，這個伢子是不是太狂傲了，書寫起來如此不謹慎細緻？想了想，他走過去說：「三伢子，寫字不能圖快，要認真。字體可以體現一個人的風格，你看你寫的字是不是太狂放了？」

毛澤東望著自己寫的字，不好意思地搔搔頭皮低聲說：「規規矩矩寫字太麻煩了。」

文玉欽說：「因為麻煩，所以才需要耐心。三伢子，我看你的字確實很有個性，但還需要磨練。」說完，他坐下來講起王羲之練習寫字的故事。毛澤東最愛聽故事了，很快就被王羲之勤奮苦練的種種事蹟吸引，暗暗想到，我以後也要苦練書法，一定要寫得一手不錯的字。果然，他回去後就開始臨摹各種字體，初習歐（陽詢）字，後學錢（圜林）體，成年後又苦心鑽研魏碑唐楷，並在行書和草書上下工夫，對王羲之父子和孫過庭、懷素、黃庭堅等名家墨跡和書風認真進行比對、揣摩和研究，廣納諸家之長，終於自成一家，被書法界譽為「毛體」。

回到眼前，毛澤東在外婆家又住了兩日，八舅文玉欽突然說：「三伢子，八舅有件事問你，你父親是不是不打算讓你繼續讀書了？」前次他去韶山衝，毛順生向他透露了這個意思。

毛澤東愣了愣，想起父親曾經說過的話，悶悶地說：「是，可是我不同意，我要讀書。」

文玉欽點著頭說：「是啊！是該讀書，我送你回去，說服你父親。」

「真的？」毛澤東激動地說，「太好了。」

就這樣，毛澤東與八舅文玉欽一起回到韶山衝上屋場。恰好毛順生做生意回來，他熱情地招待文玉欽，說起毛澤東讀書的事，他皺著眉頭說：「讀書也好，讀書也好。」這次外出，他差點弄錯了帳目，心裡想著一定是自己知識淺薄的原因，所以再次堅定了支持毛澤東讀書的信心。文七妹聽說丈夫同意兒子繼續讀書，捧著手唸著：「阿彌陀佛，菩薩保佑。」她認為自己去寺廟燒香菩薩顯靈了呢！毛順生不信佛，看見妻子虔誠的神態，不屑地說：「讀書與菩薩有啥關係？以後還是少去寺廟浪費錢財為好。」文七妹沒有吱聲，她知道丈夫的脾氣，悄悄走出去做飯去了。

不管是何原因，毛澤東終於如願以償地繼續讀書了。他從南岸轉到了關公橋，這所塾堂離家稍微遠一些，塾師名叫周少希，也是位典型的鄉村儒士。在關公橋私塾，毛澤東繼續攻讀

《四書》、《五經》，學習方法依然是誦唱記背。在此學習期間，毛澤東對早已熟悉的私塾生活已經非常習慣，每日早去晚歸，倒也平安無事。不過，他對自己要求很高，一直念念不忘八舅給他講述的王羲之練習書法的故事，所以他給自己加了一項學習任務，就是修習書法。

修習書法可不是件容易事，需要恆心和耐力，還要大量筆墨、紙張，毛澤東知道父親吝嗇，不會支持自己練字，他就效仿古人在自家池塘前練習書法。他找了一塊平整的大石板放在池塘前，而後在石板下放上筆墨，只要有時間就拿出筆墨在石板上寫啊寫。寫完了用水沖走，繼續寫。這樣既節約了紙張，又節省了墨汁，還非常方便，可謂一舉多得。

這件事情很快被毛順生發現了，這天，他路過池塘，看到水的顏色發黑，奇怪地想：水怎麼變色了？一連幾天，水的顏色越來越黑，他也越來越奇怪，直到有一天，他看到毛澤東在池塘的另一邊擺弄筆墨，他才恍然明白：原來池塘是被三伢子弄黑的。他走過去說：「你不好好工作，在這裡幹什麼？弄髒了池塘怎麼用水？」

毛澤東搓搓冰冷的雙手，回答道：「我在寫字呢！這樣可以節約下紙張和墨汁。」

聽到「節約」二字，毛順生的心情舒緩很多，他站在兒子身後，仔細端詳他寫在石板上的字，破天荒地誇讚說：「嗯，有長進，有長進。」

毛澤東高興極了，用水沖走石板上的字，揮舞毛筆又寫起來。

冬去春來，經過幾個月磨練，毛澤東的書法大有進步，塾師周少希經常誇獎他。這段苦練書法的經歷無疑是毛澤東少年時期一段寶貴的財富，既提高了他的書法水準，又磨練了他的意志，使得他比以前更有耐心和毅力了。然而，春天一到，他的池塘練字生涯也就隨之結束了，因為父親告訴他，春天來了，田裡工作多，他要勞動，而且，池塘的水也要用來養鴨子、澆地、種蓮藕，不能讓他隨意使用了。毛澤東無奈地收好大石板，心理卻想著，到了冬天我還要來練字。

不肯上前背書

轉眼間，毛澤東在關公橋私塾讀書已有半年，不巧的是，塾師周少希生病了，只好給學生們放假。毛澤東在家裡閒了幾日，又先後轉到橋頭灣、鐘家灣、烏龜井多處私塾就讀。這些學堂都是傳統的舊式私塾，學習的內容和方法相差無幾，這對於善思求進、富有追求精神的毛澤東來說，無疑會產生強烈的壓抑之感，隨著年齡一天天長大，他對於儒學的厭倦和叛逆情緒也就日益增強。有一天，他終於向舊傳統挑戰了。

這件事情發生在烏龜井私塾，這所學堂的塾師名叫毛簡臣，他的父親毛祖南與毛澤東的曾祖父毛祖人為堂兄弟，算起來毛澤東還要喊他「阿公」。毛簡臣依靠苦讀，中過秀才，如今年已六旬，依然秉承舊式教育的繁文縟節，對學生要求極嚴。一旦學生做得有些出入，他就會動手打人。其中有一項禮節就是課堂上背書的禮節，要求學生必須先站起來走到先生的講桌前站好，面向旁邊，以免正視先生，然後開始背書。好多次，學生們因為站得不夠標準或者背書不夠流利，遭到先生打罵。

毛澤東入學後，一開始，嚴格按照先生要求去做，慢慢地，在先生對學生們不斷打罵中，他產生了強烈的反感，他意識到了不公平。這天上午，先生照例點著學生上前背書，一個個學生上去了，幾乎無一人逃脫打罵的懲罰。毛澤東坐在下面，目光中流露出憤慨之情，輪到他了，先生喊完他的名字，他卻在座位上紋絲不動。

「毛潤之！」先生放大聲音喊道，「背書！」

毛澤東依然不動，他說：「為什麼我不能坐在這裡背書？」

「什麼？」先生以為自己的耳朵出了毛病，瞪著眼睛喝問，「你說什麼？你想坐著背書？我沒有聽錯吧！」

「沒有，」毛澤東大膽地說，「既然我坐著說話你也聽得很清楚，那麼為什麼還我要站起來走到前面去背書呢？」

這番話就像一枚炸彈扔到了教室內，嗡嗡的議論聲和驚訝的目光一起投向毛澤東。先生顯然被突如其來的挑戰弄傻了，他張著嘴巴不知所措。好久，他才意識到這是毛澤東在反抗自己的管教，生氣地聲音都顫抖了：「你……你……你好大膽！你缺乏管教，我今天要好好教訓你！」

毛澤東並不害怕，他坦然地問道：「我做錯什麼了？要是我做錯了，你盡可以管教我。」

「你蔑視師長，不遵守規矩，這就是大錯！」快被氣暈的毛簡臣大聲說。

毛澤東反駁說：「孔夫子教導我們『尊老愛幼』，如今，我們學生尊敬先生，到先生面前背書，可是先生愛護我們了嗎？為什麼動不動就打人？」

毛簡臣臉色煞白，不理毛澤東的問話，命令道：「誰也不能違反規矩，你必須上前背書！」

雙方僵持了一會兒，毛澤東突然站起身，彎腰搬著自己的凳子走到先生面前，然後平靜地坐在凳子上，以挑戰的目光望著他，開口說：「我可以背書了嗎？」

毛簡臣教了一輩子書，從來沒有遇到過這樣的學生，遇到過今日的場景，他被氣得失去了理智，一把拉起毛澤東，連拖帶拉把他扯出門去。毛澤東努力掙扎著，掙脫先生的拖拉，跑出私塾，往外婆家的方向跑去……

這是毛澤東第二次行為激烈的反抗行為，他汲取了上次的教訓，沒有衝進山林，他在路上快速奔跑著，也許渴望回到外婆家的私塾繼續讀書，也許擔心父親知道後會打罵自己。總之，他奔跑著，情緒激動，難以自抑，他有很多不明白：為什麼先生制訂很多規矩來壓迫學生？為什麼學生必須遵從那些陳舊的禮節？為什麼人和人之間有這麼多不平等？難道學生坐著背書就是大逆不道嗎？先生就應該打學生嗎？……

毛澤東跑得很快，眼看就要衝上雲盤山路了，就在這時，一位二十多歲的青年從山路上轉出來，他看見毛澤東喊道：「三伢子，你幹什麼去？都要中午了還去外婆家嗎？」

毛澤東認識青年，他叫毛宇居，族名毛澤啟，又名蕊居、禹居，年長自己十二歲，他家與自己家是近枝，屬於同一個宗祠，是自己的堂兄。毛宇居為人正直、練達，擅長詩文、書法，頗具才學。他最近剛剛在井灣裡辦了私塾，準備以教授學問為生。平日裡，韶山衝的鄉親們都喜歡請他代寫書信、對聯等，他為人很熱心，每有請求必認真完成，因此在當地獲得了一個美譽——「韶山一枝筆」，深受鄉鄰尊敬。年紀輕輕就有如此威望，毛宇居可算是毛家人的驕傲，很多家長在教導孩子時都會以他為榜樣，他們會說：「好好讀書，將來也像毛宇居一樣有出息。」在毛澤東家裡，父親毛順生也常常拿毛宇居說事，他經常說：「宇居從小懂事，既能幹又聰明，我看澤字輩裡就屬他有出息。」說這話的時候他會看看毛澤東，一副很不認同的表情。毛澤東猜不到父親的意思，不過他感覺出父親對自己的不滿，因此產生了一種強烈的出人頭地之感。

現在，毛澤東面對毛宇居的問話，停住了腳步，他望著眼前這位中等身材，面目和藹，舉止大方的堂兄，竟然有些不知所措，他想了想回答：「不，我不去外婆家。」

「那你要去哪？」毛宇居奇怪地問，「你沒去學堂嗎？」

說到學堂，毛澤東突然感到一股很深很深的傷害，他一屁股坐在路邊的石板上，眼淚啪嗒啪嗒掉下來。

毛宇居緊張了，他忙上前安撫毛澤東：「三伢子，別哭，遇到什麼委屈了跟我說，我替你想辦法。」他說著掏出手絹為毛澤東擦眼淚。

毛澤東當時只是一個十來歲的少年，來自父親和先生的雙重壓力使他感到壓抑，面對著的是充滿了不公的人生和社會，與他誦讀的經典文章之中頌揚的美好政治圖景十分相悖，這讓他童稚的心靈中產生了很多困惑。現在，面對自己心目中了不起的人物，他再也無法克制，一股腦兒說出了剛才在學堂發生的一切，並說出自己的困惑：「孔聖人教導我們，人與人應該互相愛護，這才叫做『仁』，可是先生卻憑著自己制訂的規矩隨便打人，我覺得這不對！」

毛宇居一直靜靜地聽著毛澤東訴說，他多次聽鄒春培說起毛澤東聰慧機智的故事，也多次聽人們議論毛澤東計除惡狗的經過，在與毛澤東接觸過程中，他更是深深地感覺到這位小堂弟與眾不同的一面，因此對他十分喜愛、欣賞。今天，聽到毛澤東以儒學精髓反思問題，他心裡著實一驚，站起來說道：「三伢子，這件事情咱們以後再說，現在已經中午了，我先送你回家，免得家裡擔心。」

毛澤東很顧慮，他猶豫著說：「我父親在家呢！他知道了準會打我。」

毛宇居微笑著說：「三伢子也怕打嗎？我聽說你人小膽大，做過不少淘氣的事，這次倒會

害怕了？」

毛澤東不好意思地低下頭，紅著臉說：「不怕，我不怕。」說完，他騰地跳起來，裝出一副天不怕地不怕的樣子，昂首闊步朝家裡走去。不知道這次他能不能逃脫父親的責罵？

第三節 偷游泳，罰作詩

戰勝「水鬼」

毛澤東和毛宇居一前一後趕往上屋場，快到家門口時，毛澤東不由自主放慢了腳步，他心裡嘀咕著：父親知道我又頂撞先生，會怎麼處罰我呢？毛宇居看出他的膽怯，拍著他的肩膀說：「放心，有我在，不用怕。」

這句話讓毛澤東放心很多，他知道父親相信毛宇居，對他十分欣賞，由他出面為自己說話，也許父親會原諒自己。想到這裡，他趕緊停住腳步，恭敬地對著毛宇居深施一禮說：「大哥，潤之拜託您了，您一定要替我勸勸父親。對了，您不是剛剛辦了學堂嗎？我以後就去您的學堂念書，行不行？」

看著毛澤東如此舉動，毛宇居笑起來：「都說三伢子鬼靈精，果不其然。你去我的學堂念書，我是求之不得啊！你可是有名的小才子呢！」

果然，在毛宇居勸說下，毛順生沒有責罰毛澤東，還同意他去井灣里念書。他對毛宇居說：「三伢子也讀了好幾年書了，去你那裡，你再好好教導教導他。我看他啊！天性懶惰，要是有你一半出息就好了。」

毛宇居搖著頭說：「大叔，你這樣說可就錯了，三伢子天賦異秉，才學出眾，是不可多見的人才，他呀！不是種田、做生意的料，前途無量啊！你就等著他光宗耀祖吧！」

「光宗耀祖？」毛順生苦笑一下，「能夠守護住家業我就放心了。」

毛澤東忍不住插嘴說：「家業算什麼？我將來要為國為民做事，成就一番大事業，難道比不上你這點家業？」

「放肆！」毛順生怒斥一聲，「你還學會吹牛了！我告訴你，說大話的人最可恥。你以後好好在家種田，跟著我學做生意，這才是你的出路！」

毛澤東滿臉通紅，反駁道：「我沒吹牛，我就是要做大事！我不種田，也不做生意……」

看著他們父子爭吵，毛宇居勸說道：「三伢子，別說了，走，跟我去井灣里看看。」說著，拉起毛澤東走了。

這是毛澤東第一次表明自己的志向，從中可以看出，小小的他不會滿足於耕讀生活，不會追求平淡的人生，他的理想超出了父親的想像，甚至也超出了他個人眼前所能理解的一切。他不知道將來具體要做什麼，但他知道一點，那就是不要和父親一樣成為土地的奴隸，成為守財奴，他要做的事情一定是「大事」，可能是劫富濟貧，成為梁山好漢，也可能是殺敵立功，成為一代將軍，或者成為大詩人——總之，像所有少年人一樣，他對未來充滿了憧憬，充滿了幻想，這是他性格中浪漫氣質的表現，也是他勇於向上、不甘落後的心理體現。就這兩點來說，他毫無疑問受到了父母雙方性格的影響，既浪漫又實際。

就這樣，1906年初秋，十三歲的毛澤東轉學到了井灣里，在堂兄毛宇居的門下讀書。毛宇居辦的這所私塾依然以教授蒙學基礎為主，這對毛澤東來說太簡單了，他聰穎好學、極富悟性，而且已經學習了四、五年蒙學內容，所以早就熟知了教授的內容。那麼，他將怎麼度過在井灣里的讀書歲月呢？

毛澤東入學後，最感興趣的事就是到附近的河中游泳。井灣里塾堂後面有一座山頭，山上流下的溪水匯集成河，淵源不斷地流向遠方，流進韶河，平日裡毛澤東和夥伴們常去那裡游泳。現在，毛澤東就在這裡讀書，游泳更加方便了。每天中午，他都會約同學去游泳。說起游泳，無疑是毛澤東在運動方面的強項，他在夥伴中是最出色的游泳健將。

有一天，大家又去河裡游泳，不知不覺順著河水游下去，很快游出了井灣里，游到了很寬闊的河道裡。有些孩子害怕了，他們慌張地爬上河岸，喊道：「不好了，我們游出來太遠了，趕緊回去吧！」

聽到呼喊，其他孩子也陸續上岸，水中只剩下毛澤東和毛澤明，毛澤東朝四下張望一會兒，興奮地說：「河水變寬了，這真是太好了，我還從沒有在這麼寬闊的深水裡游過呢！」

毛澤明也說：「我們今天就游到韶河去，好嗎？」

岸上的孩子看他們不肯上岸，大聲喊道：「你們快上來吧！聽人說這裡很危險，有水鬼，前幾年還淹死過人。」

毛澤明吐吐舌頭，面露怯意地看著毛澤東說：「我記起來了，這裡是淹死過人。」

毛澤東游得正得意，回頭看一眼毛澤明說：「不要怕，我們肯定能游過去。」說著，他伸展手腳奮力朝前游去，好像故意與水鬼作戰一般。毛澤明跟在他的後面，想了想往河岸挪動著，小心地隨著他游動。兩人又游出一段距離，突然，河水裡出現了漩渦，又急又猛，似乎要吞噬掉什麼似的，一下子就把毛澤東淹沒了。

岸上跟著跑動的孩子見了，齊聲驚呼：「三伢子，三伢子。不好了，水鬼吃了三伢子！」

毛澤明離毛澤東很近，他眼見發生的一切，嚇得目瞪口呆，停在那裡不敢動彈。有些孩子向他伸出手說：「快，快上來，水鬼要來吃你了！」毛澤明來不及細想，慌亂地往岸邊游去，在夥伴們幫助下，他終於爬上岸，已是嚇得渾身發抖，話都說不出來。

毛澤東游泳

再看水中，漩渦依舊猖狂地旋動著，好像正在津津有味地吞噬毛澤東，一副貪婪之色。孩子們驚慌之餘，有的拔腿往回跑，邊跑邊高聲呼叫：「救命啊！水鬼吃人啦，救命啊！」有的不甘心地看著漩渦，找木棍尋傢伙，打算去救毛澤東。

就在岸上一片慌亂之際，漩渦下游的水裡突然冒出個人腦袋，忽上忽下，隨著水波躍動不已。眼尖的孩子看見了，大呼：「三伢子，那是三伢子嗎？」

孩子們聽了，立刻圍攏過來，朝著腦袋大喊：「三伢子，是你嗎？你沒死嗎？」

不一會兒，那個腦袋完全浮出水面，果然是毛澤東，他伸手抹掉臉上的水，滿臉笑容地望著大夥，大聲說：「我沒死，我戰勝了水鬼，我戰勝了水鬼！你們看，我不是好好的嗎？」說完，他翻身跳回水裡，手臂一伸，雙腿一蹬，像條伶俐的魚快活地游起來。

岸上的孩子見此，不少人重新跳進河裡，追隨著毛澤東游起來。許多夥伴問毛澤東：「眼看你被水鬼拉下去了，你怎麼戰勝它的？」

毛澤東笑呵呵地說：「哪有水鬼？那是個漩渦。我隨著漩渦捲入水底，又隨著翻騰的波浪浮上水面。我按照水性游動，不慌不亂，不違背水的天性，當然能夠戰勝它了。要是我一慌張，試圖逆流而動，恐怕就危險了。」小小年紀的他竟然已經懂得了順水游泳征服水的道理，確非常人可比。

他們在水裡盡情游弋著、歡笑著，早已忘卻了上學的事。此時，毛宇居已在學堂等候多時，眼看著日頭偏西，他再也坐不住了，步出學堂，順著河水尋找下去，他會找到毛澤東他們嗎？他會不會像鄒春培一樣處罰他們呢？

《詠天井詩》

毛宇居知道毛澤東中午愛去游泳，所以順著河水一路走下去。半路上，他遇到了溼淋淋的一群學生。孩子們見到他，紛紛躲避到毛澤東身後。毛澤東想了想，主動迎上去說：「我們去游泳，沒想到遇到了水鬼——」

「水鬼？」毛宇居吃驚地說，「你們到三叉口去游泳了？潤之，你可真夠大膽！」

毛澤明站出來，一副豪氣的神情說：「大哥，你不知道，水鬼可厲害了，差點把三伢子吃了。當時我也在水裡呢！幸虧我躲得快——」他與毛宇居是叔伯兄弟，比起毛澤東來，關係還要親近。

「別說了！」毛宇居打斷他的話，板著臉孔說，「以後不許去游泳。還有，你們今天蹺課，我要懲罰你們。」

「啊！」聽到懲罰二字，孩子們大叫一聲，垂頭喪氣低下頭去。毛澤東想起以前帶頭蹺課遭懲罰的事，大膽地說：「你先懲罰我吧！」

毛宇居看著毛澤東，想起他入學以來雖說聰明異常，讀書學習總是超人一籌，但也不乏頑皮之舉，不由得想到，以前常常聽人說起三伢子自恃聰明，不遵守規矩的事，看來他還真是如此，不行，我今天得好好教導他一番。想到這裡，他說：「走吧！回去再說。」

回到井灣里學堂，毛宇居先安排學生們背誦詩文，而後叫出毛澤東說：「我知道你詩文背得熟練，字又寫得不錯。可是我今天既不讓你背書，也不讓你寫字。」說完，他用手一指天井院子，說道：「你就給我作首詩，讚美讚美咱們這個小天井，說一說，你為什麼不願意待在院子裡讀書，整天跑出去玩耍？」當時，毛澤東不過學習了蒙學基礎課程，學過對對子，還沒有真正地學習作詩，所以，毛宇居故意出難題責罰他。

聽罷題目，毛澤東不動聲色地望著天井，這是一個四方小院，四周高牆壘壘，顯得頗為莊嚴和肅靜，院子北邊幾間屋子做學堂，天井裡有眼淺淺的水井，除此之外，整個院落別無他物。前幾天，毛澤東他們到河裡抓了幾條魚，被毛宇居發現了，他沒收他們的魚放進了水井裡，這幾天，毛澤東和同學們還時常圍在井邊，觀望裡面的小魚呢！記得他看著小魚在草底卵石間游來游去，無法暢快淋漓地游動時，還感慨道：「這些魚真可憐，不能到大河裡游泳了。」現在，他看著院子，想到自己也像那些圍困井底的小魚，觸景生情，即興吟誦道：

天井四方方，周圍是高牆。
清清見卵石，小魚囿中央。

只喝井裡水，永遠養不長。

他不但出口成章，還藉機抒發個人心懷，表達一番奇異心志，真是令人稱奇！毛宇居細一思索，覺得這首小詩雖然短小樸素，看似平淡，然而借題發揮，頗有寓意，特別是最後兩句更是令人回味無窮，不由得轉怒為喜，滿臉笑意地說：「嗯，困於井裡是養不長，三伢子，真有你的。」一看到毛宇居笑了，毛澤東調皮地問：「你不責罰我了？」他還不知道這就是責罰呢！

毛宇居故意板著臉孔說：「怎麼不罰，罰你讀《春秋》。」《春秋》屬於比較深的學習內容，不是蒙學基礎課程，一般鄉村小學堂並不教授。

毛澤東馬上問道：「《春秋》是什麼書？我現在就要讀。」本來是懲罰，在他卻成了急於要做的事。毛宇居總算明白，毛澤東太愛讀書了，這樣的懲罰難不倒他。他打開書櫃，找出《春秋》，交給毛澤東說：「這可不是蒙學課程，很難讀的，你要是讀不會，就來問我。」

毛澤東接過《春秋》，迫不及待地翻開書頁，急切地閱讀下去。他入學五年，讀了很多蒙學課程，還偷偷看過好幾本小說，可是從來沒有見過這樣的書，更沒有讀過這樣的文字，他被其中波瀾壯闊的歷史事件吸引，被一位位個性紛呈的歷史人物打動，他驚訝地想，以前只是聽人說起歷史故事和人物，沒想到還有專門記述歷史的書籍，沒想到歷史上還有這麼多不為人知的事件。他像貪婪的孩童看見了美味的食物，一發不可收拾地閱讀下去。

第二天，毛宇居外出辦事，臨行前，他安排好學生們做功課，然後對毛澤東說：「潤之，好好讀《春秋》，我回來可要考你。」

毛澤東回答：「沒問題。」

毛宇居走後，學生們按照吩咐各自讀書寫字。這些十來歲的孩子玩性濃烈，一會兒，就坐不住了，幾個同學指著屋後唧唧喳喳地說著：「山上的毛栗子熟了，先生不在，咱們去摘幾個吧！」議論聲越來越響亮，圍過來的同學也越來越多。毛澤東捧著《春秋》也走過來，他伸著腦袋往屋後望望，雖然看不見栗子，卻覺得嘴裡口水直流，忍不住說：「走，咱們去摘毛栗子。」

一聲令下，孩子們踴躍而起，扔下書本朝門外跑去。毛澤東趕緊喊住他們：「大家別慌，我們去摘毛栗子，要是玩起來耽誤讀書，先生回來肯定要懲罰我們。我看，外面秋高氣爽，空氣清新，我們不如帶著書本，一邊摘毛栗子一邊讀書。」

「好！」大家異口同聲表示贊同，帶著書本一窩蜂朝屋後山上跑去。

秋色深深，瓜熟果實，正是一派豐收的好景象。毛澤東和同學們興高采烈地來到栗子樹下，爭先恐後地攀爬在樹枝上，採摘了一段時間，毛澤東拿出《春秋》，坐在一根樹枝上讀起來。看他認真讀書，其他同學也陸續停下採摘，各自找到樹枝或者石板，或蹲或坐地讀起來。

天色漸晚，不少同學相約著返回了學堂，毛澤明過來喊毛澤東：「三伢子，回去吧！」

毛澤東正讀得入迷，頭也不抬，似乎沒有聽到毛澤明喊話。過一會兒，毛澤明再次喊他，他依舊埋頭讀書，不予理睬。毛澤明急了，一把拉住他垂著的雙腳，大聲說：「該回去了！」

毛澤東差點被拉下來，猛一驚喜，看著毛澤明說：「幹什麼呢？我正讀到精彩處，告訴你，春秋時期有好多有趣的故事……」

「別讀了，先回去！」毛澤明打斷他的話說。

「你先回去吧！」毛澤東這才明白毛澤明的意思，「我讀完再回去。」說完，他低頭繼續讀下去，根本不理毛澤明。毛澤明生氣地瞄瞄毛澤東，嘟嘟囔囔地說著：「真是個書迷，小心大哥回來懲罰你。」獨自一人回去了。

山坡上只剩下毛澤東一人了，他那麼入迷，專心地讀著，似乎鑽進了遙遠的歷史之中，忘卻了現實的一切。眼看著就要天黑了，他什麼時候回去呢？又會受到什麼樣的懲罰？

第四節 「孔夫子」生涯

攻讀史書

毛澤東在山坡樹林讀《春秋》，不知不覺已經天黑，然而他絲毫不覺，他更沒有注意到眼前過來的一人，已在他眼前站了許久。這個人默默地站著，靜靜地觀察著，被毛澤東入迷讀書的精神感動了，輕輕嘆息一聲：「三伢子，你讀書真是專心啊！」

嘆息聲驚醒了毛澤東，他抬起頭，原來毛宇居正站在眼前，他先是一愣，繼而捧著《春秋》說：「我快讀完了，你考吧！」

毛宇居半是惱怒半是喜悅地說：「考？考什麼？我先問你，你不在學堂讀書，跑到這裡幹什麼？」

毛澤東拍拍腦門，細一思索，才記起和同學們偷跑出來採摘毛栗子的事，他不好意思地笑笑：「悶在屋內頭昏腦脹，誦讀背記都不好玩。剛剛——剛剛我和大家跑出來摘栗子，對了，邊摘栗子邊讀書，效果很好。」說到這裡，他伸進口袋掏出幾個毛栗子，打算孝敬毛宇居一份。

看著毛澤東的舉動，毛宇居故作惱怒地說：「我不吃！你不是說快讀完《春秋》了嗎？我這就考考你。」說著，伸手拿過毛澤東的《春秋》，隨便翻了幾頁，提出一些問題。

毛澤東天資過人，過目不忘，他輕鬆地回答了所有問題，毫無差錯。毛宇居聽著毛澤東的回答，心裡想著，三伢子真是了不得啊！這般記性和領悟力實非常人可比，看來不能再讓他繼續誦讀蒙學課程了，他需要更深的文化教育。可是，韶山衝的私塾都以蒙學為主，怎麼樣讓他接受到更高層次的教育呢？

就在毛宇居苦思冥想的時候，毛澤東的一次主動借書事件為他提供了想法。那天偷摘毛栗子事件之後，毛澤東又讀了幾遍《春秋》，就把書還給了毛宇居，還書時，他指著毛宇居的書櫃說：「大哥，我還想借幾本書讀。」

毛宇居說：「好啊！我這裡的書你儘管讀。」說完，他心裡一亮，我何不因材施教，以這些內容深奧的書籍來教育三伢子呢？這不就實現了讓他接受高級教育的目的？

想到做到。從此以後，毛宇居專門為毛澤東設置了一套教育方案，為他設計內容高深的教材讓他學。毛澤東不負所望，很快就掌握了這些高深的知識，而且隨著讀書增多，他的求知欲望也越發強烈，思維形式也在悄悄改變。為了開闊他的視野，毛宇居乾脆打開自己的書櫃，讓毛澤東自己挑選書籍閱讀。就這樣，毛澤東從毛宇居的書櫃中讀到了《史記》、《左傳》等歷史典籍。《左傳》反映了春秋戰國時期政治、軍事、外交各方面活動、總結各國興亡更迭的經驗與教訓，既是史書，又介紹了很多戰爭事例，在毛宇居的督促下，毛澤東對《左傳》背誦如流，融會貫通，促使他對中國歷史進行了科學的分析和研究，也使他熟悉了不少歷史典故和戰例，使他在以後的革命歲月中運用的得心應手。可以說，讀史不僅開闊了毛澤東的視野，也啟發了他對於歷史和軍事的興趣。這種興趣與日俱增，歷久不衰，奠定了他深厚的歷史文化根基，對他一生的事業起到了巨大的作用。

我們知道，毛澤東一生喜愛歷史，不管在戰爭年代還是在新中國成立後，他都會抽出很多時間閱讀史書，透過這些歷史書籍的閱讀，他從中汲取經驗和教訓，指導中國革命和建設。而這種興趣卻是在少年時期就形成了，可見少年時期的教育多麼重

毛澤東與民間藝人

要。說到這裡，在毛澤東成長過程中，毛宇居無疑起到了非常重要的作用，如果不是他慧眼視珠，恐怕毛澤東還沒有機會閱讀這些書籍，也無法對歷史產生如此濃烈的興趣。

對於毛澤東的培養，毛宇居傾注了許多心血，有一次，天降大雨，學生們無法到學堂讀書。毛澤東困在家裡，捧著讀完了的書發呆。本來，他打算今天去學堂再向毛宇居借書的，可是……他一邊望著窗外出神，一邊胡思亂想。突然，門外傳來毛宇居的聲音，他喊道：「大叔，三伢子在家嗎？」

由於下雨，毛順生也在家裡，他聽到喊聲忙出來迎接：「宇居，你怎麼來啦？三伢子在屋裡呢！」

毛宇居走進門來說：「我給三伢子送書來了。」

毛澤東早就竄出屋子，跑到毛宇居身邊說：「真的？真的給我送書來了？」

「這還有假！」毛宇居從蓑衣底下掏出一個袋子，小心地打開，拿出一本書遞給毛澤東，「是這本吧？」

毛澤東迫不及待地接過來，一看上面的書名《三國志》，高興地叫道：「是，就是這本。」說完，他來不及感謝毛宇居，馬上翻開書頁閱讀起來。

看到他們一驚一乍的樣子，毛順生不解地嘟囔一句：「什麼書這麼珍貴？該不會又是那些邪書吧！」他說的邪書指的是《水滸傳》等小說。

毛宇居笑著說：「大叔，哪有什麼邪書，您就別擔心了，三伢子讀的書都是我以前讀過的，是史書。」

「史書？」毛順生撇了一眼毛澤東手裡的書，奇怪地想著什麼是史書？不再作聲，轉身披上蓑衣到牛棚去了，他要檢查一下那裡有沒有淹水。

其實，毛宇居也讀過《水滸傳》等小說，他的書櫃中就有這些書，許多天來，毛澤東除了閱讀史書外，也借閱了這類書籍閱讀。特別是《水滸傳》，毛澤東一而再地閱讀，卻總也讀不厭。按照毛宇居後來的回憶，毛澤東當時尤其愛讀《水滸傳》，簡直到了廢寢忘食的地步。

從這件小事中，我們已經清楚地看到毛宇居對毛澤東的培育之情，而毛澤東也從未忘記毛宇居的恩情。

師生情深

毛澤東非常敬重毛宇居，這可以透過好幾件事情來說明。當毛澤東從井灣里私塾畢業後，兩人一直保持親密的往來，毛澤東依舊時常向毛宇居借書，向他請教問題，把他當作老師看待。1919年，毛澤東的母親文七妹病逝，當時，毛澤東年僅二十六歲，毛宇居主動協助他料理喪事。毛澤東寫下了情真意切的悼文《祭母文》和兩副挽聯，把它們交給了毛宇居。毛宇居謹

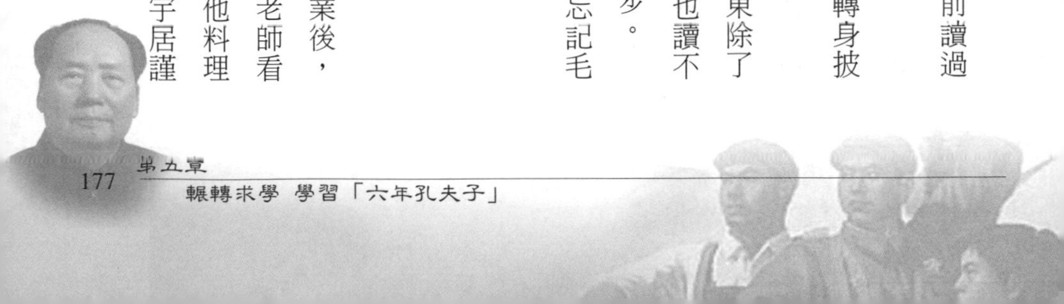

慎地收藏著，保存了整整三十年，新中國成立後，他才拿出來交給政府。

1921年和1925年，毛澤東兩次回鄉，每次都去拜望毛宇居。這時，毛澤東的父親毛順生也去世了，家裡事務無人託付，毛澤東就把這些事託付給了毛宇居，可見對他的信任。

1927年，毛澤東回鄉視察湖南農民運動時，再次回歸故里，又一次拜望毛宇居。毛宇居瞭解到毛澤東肩負重任，做著為國為民的大事業，他率領全村父老在毛震公祠歡迎毛澤東，並致歡迎詞說：「毛君澤東，年少英雄，到處奔走，為國為民，今日到此，大家歡迎。」

毛澤東與毛宇居

後來，大革命失敗，共產黨人遭到迫害，毛宇居冒險保存了毛澤東在湖南第一師範讀書時的讀書筆記《講堂錄》和《倫理學原理》的批語，這是些珍貴的資料，直到新中國成立，他才將它們歸還毛澤東。在嚴酷的抗爭面前，毛宇居還冒死保護毛澤東的祖墳，照顧他的親屬，盡到了毛澤東對他的託付之責。1940年，毛宇居在修訂毛氏族譜時，不顧當時的政治壓力，以極大的勇氣稱讚毛澤東「閎中肆外，國爾忘家」。

在抗日戰爭期間，毛澤東一直與毛宇居保持書信聯繫，多次向他問候。新中國成立後，毛澤東捎信給毛宇居，讓他進京相聚。毛宇居分別於1951年、1952年、1958年三次進京，第一次進京時，毛澤東熱情地接待他，安排他出席國慶觀禮和國慶宴會，遊覽北京的名勝古蹟，而且，毛澤東還從自己的稿費中拿出錢給他買了皮大衣和皮鞋，又派人帶他去醫院看牙。

毛宇居第二次進京是受韶山鄉政府委託，請毛澤東為家鄉新辦的學校命名、題字。毛澤東高興地題寫了校名——韶山學校，並鼓勵他們說：「現在辦小學，以後學校發展可以辦中學、大學。」也許，他記起了當年跟隨毛宇居讀書學習的情景，而身為一位教書先生，毛宇居又何嘗沒有這樣的願望。1958年，湘潭縣委想創辦湘潭大學，請毛澤東題寫校名的重任也就又一次落到了毛宇居的肩上。

1959年夏天，毛澤東回到了闊別三十二年的故鄉，他交代工作人員的第一件事就是「把我大哥接來。」他口中的大哥正是毛宇居。毛宇居見到毛澤東，兩人進行了一番長談，真是情深意切。當晚，毛澤東設宴招待鄉親故舊，酒席宴上，他將毛宇居安排在上座，第一個向他敬酒。毛宇居受寵若驚，連忙起身謙讓：「主席敬酒，豈敢豈敢！」毛澤東回答道：「尊師敬賢，應該應該！」幾十年過去了，毛澤東始終不忘毛宇居的教導之恩，對他尊敬有加。

再回到毛澤東的少年時代，回到他在井灣里跟隨毛宇居讀書的時光。細算起來，他入學就讀已近六年，這些年當中，他學完了儒家蒙學課程，攻讀了歷史典籍，這些書籍都屬於儒學範疇，就連那些所謂的「邪書」，也打著深深的儒學烙印，也就是說，他接受了六年經典的儒家教育，難怪後來毛澤東把自己的私塾生活概括為「六年孔夫子」。少年時代正是一個人的世界觀和價值觀形成的關鍵時期，那麼這段期間內的儒學教育，無疑對毛澤東產生了深遠的影響，也間接地影響了中國革命和歷史的進程。對此，有人曾經大膽地推測：「如果沒有傳統文化的根基和先生的點撥，毛澤東能不能成為偉人，就不好說了。」

第六章

窮人朋友 樂於助人好兒郎

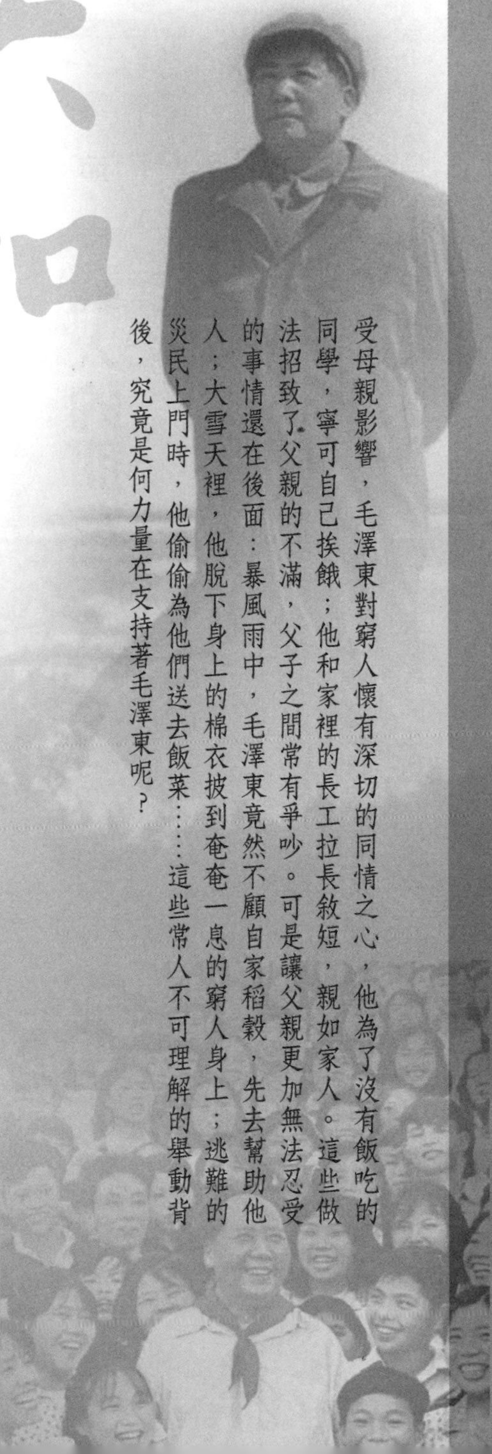

受母親影響，毛澤東對窮人懷有深切的同情之心，他為了沒有飯吃的同學，寧可自己挨餓；他和家裡的長工拉長敘短，親如家人。這些做法招致了父親的不滿，父子之間常有爭吵。可是讓父親更加無法忍受的事情還在後面：暴風雨中，毛澤東竟然不顧自家稻穀，先去幫助他人；大雪天裡，他脫下身上的棉衣披到奄奄一息的窮人身上；逃難的災民上門時，他偷偷為他們送去飯菜……這些常人不可理解的舉動背後，究竟是何力量在支持著毛澤東呢？

共和

第一節　窮人的朋友

兩份飯菜

少年毛澤東讀書、勞作，在韶山衝這塊富有傳奇色彩的土地上成長著，漸漸嶄露頭角，成為少年人當中的佼佼者。除此之外，少年毛澤東還有很多為人傳頌的故事，他同情窮人，多次救助窮苦人，是當之無愧的窮人的朋友。

我們在前面說過，毛澤東讀過的私塾有的離家較遠，需要中午帶飯到學堂。當時，毛澤東家境較為富裕，母親文七妹每天都會給他準備一份充足的飯菜，讓他帶到學堂去。一開始，這些飯菜足夠毛澤東食用，每天放學時，他都開開心心地回來趕著牛去山坡，直到晚餐時才回家吃飯。可是，過了一段時間，情況發生了變化，每天放學回家，毛澤東都一副飢腸轆轆的樣子，趕著牛去山坡也不積極，而且不到晚餐時間他就回來了，眼巴巴地等著母親做好飯吃。晚餐時，他狼吞虎嚥，吃得特別快、特別多，甚至比父親吃得還要多。這讓毛順生很不開心，他看著毛澤東說：「吃得越來越多，做得卻越來越少！」

毛澤東剛要伸手拿飯，聽到父親的話手又縮了回來，咬咬嘴唇沒說什麼。文七妹心疼兒子，勸說丈夫：「三伢子長個子，正是飯量大的時候。」說著，她拿起飯遞給兒子，以安慰的目光看著他，示意他不要在乎父親的話。

毛澤東接過飯，三兩下就吃完了，然後悄悄起身離座，回屋讀書去了。毛順生望著他的背影，嘆口氣不解地說：「唉，俗話說『半大小子，吃死老子』，還真是這麼回事？」

文七妹收拾著碗筷，沒有說話，她不想為此與丈夫爭吵。為了保證兒子能夠吃飽飯，不受父親的責罵，文七妹想到了一個辦法，就是每天為他多帶午餐。她想，可能以前帶的午餐少，三伢子吃不飽，以後多給他帶，省得他挨餓。

這樣，毛澤東飯盒裡的飯菜增多了，然而結果卻出乎文七妹的預想。每天放學，毛澤東依然一副又飢又餓的樣子，晚餐時還是吃得那麼多。這究竟是怎麼回事呢？文七妹雖然不心疼兒子吃飯，可是她擔心兒子

毛澤東故居桌椅

的身體，她覺得兒子一定出了什麼問題，搞不好得了什麼怪病，不然，怎麼天天吃這麼多東西呢？

文七妹十分擔心，打算帶毛澤東去寺廟燒香求佛，保佑身體健康。毛澤東聽說後，搖著頭說：「我身體很棒，不用去拜菩薩。」

文七妹說：「不行，必須去！」

多年來，文七妹一心向善，虔誠地信奉佛教，她多次帶毛澤東去燒香，還為他抓香灰治病。受母親影響，少年毛澤東也信佛，經常跪拜家裡供奉的青銅佛像。這件事情遭到毛順生反對，他有時候甚至言詞激烈地說：「拜什麼佛？都是騙人的把戲！」每當這時，文七妹就會十分傷心。看著父母之間的分歧，毛澤東也很為難，不過他一貫支持母親，所以更加堅定了信佛的信念。

現在，文七妹執意帶毛澤東求佛看病，而毛澤東卻第一次搖頭了，他吞吞吐吐地說：「母親，其實——其實——我沒什麼，不用求菩薩。我看就不要去了。」

文七妹奇怪地看著兒子問道：「三伢子，你到底怎麼啦？有什麼心事瞞著我嗎？」

毛澤東再也忍不住了，他鄭重地點點頭，一口氣說道：「嗯，有一件事我一直不敢說。我們學堂有個同學，家裡很窮，中午帶不起飯盒，因此只好餓肚子……」

原來，塾堂有個叫黑皮伢子的學生，家境十分貧苦。毛澤東見他總是不帶午餐，中午別人吃飯時，他就到山上去撿柴，放學回家再把柴背回去。毛澤東非常同情他，主動與他交朋友，跟著他上山撿柴，瞭解了他的情況：他家裡因交不出佃租，佃進的幾畝地被財主收了回去，全家無地可種，只好靠賣柴為生。毛澤東看他可憐，就悄悄地把飯讓給黑皮伢子吃了。聽完兒子的敘述，文七妹恍然大悟，她拍著毛澤東的肩膀說：「你怎麼不早說？這是做好事，為什麼還要偷藏著？」信佛行善的她支持兒子的行為。

毛澤東說：「我怕父親生氣。」

文七妹一聽，點著頭說：「對，你父親知道了肯定要罵你敗家子。你做得對，不能讓他知道。」

可是，文七妹明白，既不能讓毛順生知道，也不能讓毛澤東天天挨餓啊！怎麼辦才能兩全其美呢？有了，每天為毛澤東帶兩份飯菜不就得了。從此，文七妹給毛澤東換了一個大飯籃子，天天為他準備兩份飯菜，一份留給毛澤東吃，一份送給他黑皮伢子。毛澤東很高興母親能夠支持自己，天天給黑皮伢子帶午餐，幫助他度過難關。

這就是毛澤東和母親向善助人的故事，從中不難看出文七妹高尚的人格情操以及她對於毛澤東的影響。而他們的友愛不僅僅是對毛澤東的同學，也包括了身邊的每一個人。

長工的好朋友

長工，也稱長年，指的是封建社會中靠給地主、富農長年工作為生的貧窮雇農。他們除了農副業勞動外，還兼做雜物，相當於雇主家的奴僕。雇主為他們提供食宿，每年一次結算工錢。由此來看，長工地位低下，生活非常可憐。在毛澤東家裡，因為田地頗多，人手又少，所以雇用了一名長工。這名長工姓王，四十來歲，家中無父無母，隻身一人，無田無地，沒有財產度日，所以四處打工為生。他在毛家一住就是幾年，春耕夏種，秋收冬藏，十分賣力。毛順生喜歡能幹的人，對他還算滿意。

時間久了，毛澤東也和王長工混熟了，他們常常一起勞動，王長工會教毛澤東播種、除草、抓蟲等技巧，毛澤東很高興地向他學習，對他十分尊重。王長工特別喜歡毛澤東為他講梁山好漢的故事，他聽得很入迷，常常嘆著氣說：「唉，現在這世道，窮人無法活命了，我看也到逼上梁山的時候了。」他的感嘆對毛澤東觸動很深，他思索著這句話，心想，雖說自己家有田地，還能吃飽飯，可是窮人太多了，整個韶山衝有幾戶人家不愁吃喝呢？

毛澤東對王長工十分同情，與他平等相處，除了給他講故事外，還經常關心他的吃住，兩人關係友善。但是，毛順生卻不這樣，他把王長工當作勞動的機器，看不得他有一刻閒著。有一次，逢上秋忙時節，王長工身體不舒服，工作比較慢，毛順生看在眼裡，急在心上，多次訓斥他，叫他趕緊勞動。毛澤東看著王長工拖著虛弱的身體忙來忙去，心有不忍，悄悄對他說：「你歇著吧！我幫你。」王長工感激地說：「不用了，我能挺住。」說完，繼續埋頭勞作。

秋忙結束後，王長工累病了，躺在床上不能起來。毛澤東見此，每天都端著飯菜給他送去，並向父母建議說：「王長工病了，我們應該帶他去看病。」

毛順生生氣地說：「看病？那不就得花錢！只不過多工作了幾天，休息幾日就好了。」

毛澤東說：「他病得很嚴重呢！都不能起床了。我今天給他送飯，他沒吃幾口，這樣下去，他會病得更加嚴重。」

「行了，」毛順生打斷他的話說，「趕緊餵牛去，王長工病了，以後你天天餵牛。」

毛澤東撅著嘴低聲反駁道：「工作工作，人病了都不管。」

毛順生有些惱怒了，呵斥道：「我留他在這裡吃住就不錯了，像他這樣有病的，要是在別人家，早就被攆走了。」他說的是實情，當時的長工地位低下，很少有雇主把他們當人看，一不合意，立刻攆出門去。

毛澤東無法勸服父親，只好求助母親。文七妹向來心善，早就看不下去丈夫對待家人和長工的做法，可是她一個婦道人家，一直聽從丈夫的指令，哪有膽量和能力帶王長工去看病？自己的能力範圍內幫他的話，就是為他做點可口的飯菜，讓毛澤東偷偷端給他。

在毛澤東和母親的關照下，王長工康復了，他感激他們的恩情，工作更加賣力。毛順生不知內情，看著王長工恢復了健康，勞作更加積極主動，很高興，暗暗地想，幸虧我沒有攆走王長工，要不就失去一位能幹的幫手了。

經過這件事，毛澤東對王長工悲慘的生活境地更加同情，他常常想，王長工這麼能幹，為什麼非得依附父親呢？他自己不會買田種地嗎？他想了很多遍，卻找不到問題的答案，就去問王長工：「王大叔，你能吃苦，能勞動，為什麼不種自己家的田地呢？」

王長工聽罷此言，眼眶一紅，哽咽著說：「伢子，我家裡窮，哪有地可種？」

「你不會買嗎？」毛澤東天真地說。

王長工擦一把眼淚，看著毛澤東說：「伢子，我太窮了，沒有錢買地。你知道嗎？像我這樣能夠吃飽飯、穿暖衣就不錯了。」

毛澤東出神地想了一會兒，突然開口說：「要是人人都有地種，天下就公平了。」

王長工滿懷希冀地說：「三伢子，你好好讀書，長大了做大官，讓天下人都有地種。那時候，大叔也有地了，有房子了，該多好啊！」

看著他一副神往的表情，毛澤東恍然明白：王長工渴望有自己的田地，渴望有自己的家園。這次對話給毛澤東留下深刻印象，他對身邊的窮人更加關注，對父親的刻薄更加反感，這些樸素的、原始的認知影響著他的世界觀，使得他漸漸與父親走上完全不同的道路，他在反思，為什麼窮人會窮，為什麼富人不仁？要是大家都有土地，情況會怎麼樣呢？

當然，少年毛澤東的想法只是想法，他不可能在那時就做出什麼舉動來。不過，隨著時間推移，他和王長工的感情日漸深厚，王長工十分喜歡聰明善良的毛澤東，每當看到毛澤東為了勞動不能讀書時，他就主動過去幫忙，幫他放牛、割草，對他說：「你去讀書吧！這些工作都交給我。」他一天到晚都不閒著，都在勞動。

毛澤東怕他受累，說道：「你已經做了不少了，還是我來吧！」

王長工搓搓雙手，滿不在乎地說：「我這雙手生來就是工作的，不怕工作多，就怕沒工作。」說著，一把拿過毛澤東手裡的籃子和鐮刀，急急忙忙去割草了。

王長工不僅幫助毛澤東勞動，還留下好吃的給他吃。這件事說來奇怪，毛順生一生注重勞作，看重能幹的人，不喜歡懶惰的人，為了鼓勵長工好好工作，他在每月十五為他們改善一次伙食。但是對於兒子們，他就不這麼開恩了，他很少為他們改善伙食，他的理由是：他們又不能工作，吃好的也是浪費。因此，每到十五，王長工就把自己可口的飯菜留下一部分，分給毛澤東吃。就這樣，毛澤東和王長工成了好朋友，他們年齡懸殊，地位差別很大，但卻有著很多共同的話題。毛澤東在後來的回憶錄中，曾經提到那時的情景：「父親性情暴躁，常常打我和兩個弟弟。他一文錢也不給我們，給我們吃的又是最差的。他每月十五對雇工們特別開恩，給他們雞蛋下飯吃，可是從來沒有肉。對我，他不給蛋也不給肉。」

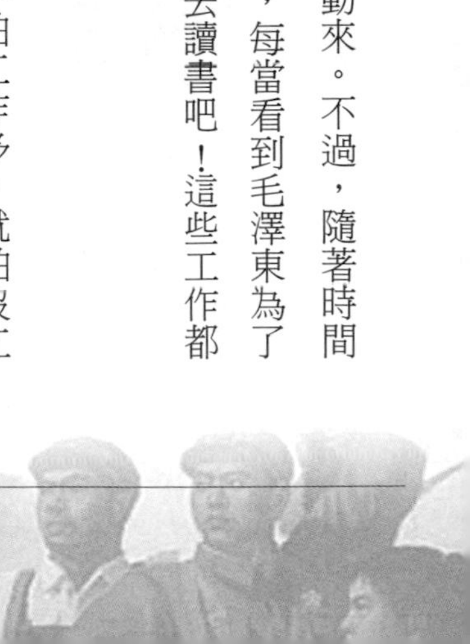

第二節 暴風雨來臨時

幫人收稻穀

少年毛澤東不但幫助窮苦人，與他們交朋友，而且還十分熱心地幫助每一位需要幫助的人，具有先人後己的精神。有一回，正是金秋季節，韶山衝家家戶戶都在忙著割稻子，金黃的穀子曬得滿地都是，一眼望去，金光閃閃，好不喜人。由於農忙，學堂放假了，毛澤東自然跟著下地勞動。這天下午，正當他和王長工在田裡勞作時，忽然烏雲密佈，狂風大作，眼看一場傾盆大雨就要到來。王長工急忙收拾起農具，對毛澤東說：「趕緊回去收稻穀。」

此時，在田間勞動的人們紛紛往家跑去，他們都急著回去收自家的穀子啊！毛澤東不敢怠慢，跟著王長工拔腿往家跑。王長工心急跑得快，很快就把毛澤東落到後面了，他一心顧念著稻穀，也就不去管毛澤東，只是拼命奔跑。毛澤東畢竟年少，跑著跑著累得氣喘吁吁，有些跑不動了。就在這時，只聽一聲雷響，斗大的雨點劈哩啪啦砸下來好幾個。

雷聲和雨點激發了毛澤東的能量，他的腿腳再次加速，向上屋場衝去。快要到自家曬穀坪時，他發現鄰居毛四阿婆正在費勁地收攏著稻穀。毛四阿婆孤身一人，平日生活艱難，文七妹可憐她，常常讓毛澤東幫助她擔水、劈柴，做些能力所及的工作。現在，毛澤東看著毛四阿婆辛苦費力的樣子，想也沒想，一個箭步衝過去，拿起穀耙子，快速地收攏著稻穀。不一會兒，稻穀歸堆，毛澤東和毛四阿婆抱起草，蓋到穀堆上，總算在暴雨來臨之前，將稻穀成功地收起來了。

望著收好的稻穀，毛四阿婆剛要感謝毛澤東，卻見他一轉身朝自家曬穀坪跑去。毛四阿婆笑吟吟地說：「三伢子真能幹。快去吧！你家的稻穀也等著收呢！」

可是，等毛澤東趕到自己家的曬穀坪時，大雨已經瓢潑似的澆下來。曬穀坪上，毛順生和王長工手忙腳亂，一會兒用耙子收攏稻穀，一會兒抱草蓋稻穀，儘管他們盡了最大努力，無奈稻穀太多，還是剩下部分沒有來得及收攏。這些稻穀在大雨淋澆下，順著水溝四散而流。

毛順生一邊著急地和王長工收攏著流散的稻穀，一邊氣憤地喊著：「三伢子呢？他怎麼不來收稻穀？是不是又跑去偷懶了？」

王長工大聲回答：「他在後邊呢！一會兒就來了。」

聽到他們的問答，毛澤東大聲說著「我來了」，快速地衝過去參與勞動。見到毛澤東，毛順生氣地吼道：「幹什麼去了？怎麼才來？」

毛澤東據實答道：「我幫四阿婆收穀子了。」

「什麼？」毛順生簡直不敢相信自己的耳朵，他繼續吼道：「自家的稻穀沖到水溝裡你不管，倒去幫別人收，我看你是欠打了。」說著，他舉起手裡的穀耙子就要打毛澤東。

毛澤東閃身躲開穀耙子，回過頭理直氣壯地說：「四阿婆家裡窮，沒人幫忙，收了穀子還要交租，她一年到頭吃不飽，穀子損失了就沒法過活了。我們家地多，年年收的穀子吃不了，沖走一點不要緊！」

毛順生一聽，更是火冒三丈，指著毛澤東罵道：「你這個敗家子，我看你以後還要不要吃飯？」

毛澤東乾脆地答道：「我每頓飯少吃兩口，補上你被沖走的稻穀。」

兒子不但不認錯，反而強詞奪理頂撞自己，毛順生氣壞了，他不管雨大風急，也不去收攏稻穀了，揮舞著穀耙子追打毛澤東。

王長工見此，馬上攔在他們中間，急切地勸說道：「東家，穀子都沖走了，您快收穀子吧！先不要打三伢子啦！」

這句話提醒了毛順生，他恨恨地對毛澤東說：「趕緊工作！」於是，三人頂風冒雨繼續歸攏剩餘的稻穀，堆到一起後，蓋上草，準備天晴了以後再行晾曬。

風停雨止之後，毛順生把毛澤東叫過去訓斥了好一頓，文七妹和王長工在一邊勸說：「三伢子做好事，幫助人，您還是原諒他吧！」就在這時，毛四阿婆登門拜謝，直誇毛澤東：「能幹，懂事，不得了。」

毛順生不屑地嘟囔一句：「哼，妳家穀子沒受損失，妳當然高興了。」

毛四阿婆年紀大了，耳朵聾，她沒聽清毛順生的話，追問著：「你說什麼呢？」

文七妹趕緊圓場道：「沒什麼，三伢子幫您是應該的，您別當回事。」

毛澤東會見子弟兵

毛順生氣惱地瞄著妻子，粗聲大氣地說：「妳懂什麼！」然後回頭吩咐王長工：「一會兒天晴了，你和三伢子去打開蓋草，不要讓淋溼的穀子爛了。還有，三伢子別去田裡了，就在曬穀坪看穀子。聽見了嗎？」

王長工答應一聲，帶著毛澤東出去了。一路上，毛澤東沉默不語，王長工幾次和他說話，他也悶悶不樂。王長工試探著問：「三伢子，你是不是後悔幫助四阿婆了？」

毛澤東抬起頭，詫異地說：「怎麼會呢？我不後悔，我只是奇怪，父親為什麼那麼不盡人情，不肯幫助別人。我現在還在想，要是我沒有幫四阿婆收穀子，她的穀子會怎麼樣呢？她今年又怎麼過呢？」

王長工滿意地點著頭，心情異樣地握著毛澤東的手，感慨地說：「三伢子，你雖是個少年，卻是我們窮苦人的貼心人哪！」

毛澤東搖搖頭，似有無限心事，喃喃說道：「要是我能幫助全天下的窮苦人就好了。」這句話出自一個十來歲少年之口，足可見證他的胸懷和事業心，他關心天下事、天下人，而不是侷限於一人、一事。

後來，經過王長工和毛四阿婆的傳揚，毛澤東先人後己的事蹟在小小韶山衝傳開了，人們都很驚奇，毛澤東年齡不大，卻有如此舉止，真是奇人奇事。毛澤東聽說後，不解地說：「幫助別人有什麼奇怪的。」母親文七妹對他說：「人和人應該互相幫助，可是現在這世道啊！各人顧各人，所以幫人就成了一件怪事。」毛澤東點點頭，輕聲說：「這難道就是人們說的『人心不古』嗎？」

不管人們怎麼說，自己如何想，毛澤東愛幫助人的性情依舊不變。這年冬天，他又做了一件震驚鄉鄰的事。

雪天送暖衣

這年冬天特別寒冷，難得見到雪花的韶山衝也飄起了大雪。這天雪花紛飛，寒風刺骨，毛澤東從學堂放學了，他夾著書包，縮著腦袋走在風雪中。由於天寒，很多同學沒有去學堂，所以今天只有他獨自一人走在路上。四下裡見不到一個行人，只看見白雪皚皚，覆蓋山川大地，倒是一副壯觀景象。毛澤東喜歡潔白如銀的雪，心裡一陣陣湧動著關於雪的詩詞，什麼「欲將輕騎逐，大雪滿弓刀」、「欲渡黃河冰塞川，將登太行雪滿山」。他想，要是自己也能作一首關於雪的詩詞多好。他想了很多句子，卻都覺得不好，於是又一一否定了。

他邊走邊想，精力過於集中，居然不知不覺走到了關公橋上。橋上落滿厚厚的白雪，踩在上面，嘎吱嘎吱的，倒也有趣。走了幾步，毛澤東迎面瞧見橋頭的大樹，猛然醒悟，拍著身上的落雪自言自語：「怎麼走到這裡來了？」這條路與上屋場背道而馳，他怎麼可能走回家去。

毛澤東調轉頭，走下橋，快速地往北跑去。北風吹著雪花撲打在臉上，不一會兒，他的眉毛和髮梢上就沾滿了

冬日的毛澤東故居

雪，白白的，遠遠望去，倒像個老頭子。毛澤東裹緊外衣，加快了腳步。他一路小跑，轉眼來到了南岸私塾前面，看來今天這裡也沒有學生，裡面靜悄悄的，毫無聲息。毛澤東沿著牆根走著，突然腳下一絆，差點摔倒，他啊呀叫了一聲，忙低頭觀望。這一看不要緊，他大吃一驚：地下竟然躺著一個人！毛澤東慌忙蹲下身，小心地扶起那人，問道：「喂，你是誰？你怎麼躺在這裡？」

那人二十歲左右，穿著單薄的衣衫，臉色青紫，牙齒打顫，看起來十分虛弱，有氣無力地說：「我——我路過這裡，沒想到天——天太冷了，快要把我凍死了。」

毛澤東一聽，二話不說，脫下自己的棉外衣，披到年輕人身上，然後打算把他扶起來。可是他年少力小，沒有成功。年輕人披上棉衣，有了些許熱氣，忙說：「謝謝你了，你可真是個好人。」

毛澤東說：「謝什麼。我看你還是趕緊離開這裡，找處取暖的地方。」

年輕人為難地搖搖頭：「我在這裡舉目無親，哪有地方住？」

毛澤東想了想，望著南岸學堂的木樓，有了主意。他快速跑到私塾門前，拍打門板叫道：「阿公，阿公，你在嗎？」

鄒春培正在木樓上讀書呢！聽到喊聲，走出來問道：「誰呀？」

「是我，三伢子。」

開門。

「三伢子，」鄒春培奇怪地說，「你來幹什麼？」說話間，他已經走下木樓，來為毛澤東

毛澤東見到鄒春培，一邊拉著他去見年輕人，一邊說：「阿公，讓他到裡邊避避雪吧！要不他會凍死的。」

這幾年，毛澤東到各處私塾讀書，與鄒春培很少往來。可是，鄒春培始終不忘聰明調皮的毛澤東，今天看他仗義救人，欣慰地點著頭說：「三伢子，都說你熱心善良，真是不假啊！」

毛澤東不好意思地說：「仁者愛人，這是應該的。」

他們說著來到年輕人身邊，將他扶起，攙到學堂的木樓上。過了一段時間，年輕人漸漸暖和過來，身上有了力氣，這才對毛澤東和鄒春培說了自己的故事。原來，他是湖南西部新寧人，名叫張大奎，家裡只有他和母親兩人，家境貧困，一直靠租種他人田地過活。今年莊稼歉收，母親病逝，快過年了，地主逼租，他沒有辦法這才逃出來了。聽完他的遭遇，毛澤東良久沒有言語，心裡翻騰著，十分難過。

晚餐時分，張大奎起身告辭，他將棉衣歸還毛澤東，再三說道：「小兄弟，你是我的救命恩人啊！」

毛澤東推辭道：「你穿的少，棉衣送給你了。」

張大奎說：「那怎麼行？你會凍壞的。」

「不怕，」毛澤東說，「我離家近，家裡還有衣服。可是你一人在外，沒有棉衣怎麼行？對了，你打算去哪？」

張大奎嘆氣道：「這裡離長沙不遠了，我去那裡看看，說不定能找到份工作。」

鄒春培突然說了一句：「唉，怎麼搞的？活命越來越難了。」

這句話讓三人沉默起來。少小的毛澤東突然產生一股憤慨的情緒，他拍了一下桌子，重重地說：「哼，要是人人都有地種，就不用受苦了。」受環境和生活條件影響，他認為土地是人們生存的根本，而土地分配不均是各種災難的根源。

三人又說了幾句話，毛澤東帶著書包回家了。他執意將棉衣送給了張大奎，自己頂著風雪奔回上屋場。這次雪中送棉衣，毛澤東不敢跟父母提起。過了些日子，文七妹發現他的棉衣少了一件，追問道：「三伢子，你的棉衣怎麼少了一件？是不是讓你丟到哪了？」

毛澤東想到母親一貫體貼窮人，經常教導自己要多做善事，於是鼓起勇氣說了事情的經過。文七妹聽了，心裡一緊，雖說自己教導兒子行善，可是以往都是些小東西，一件棉衣就不同了，在當時的農家也算重要物件，就這麼平白無故地送給一個陌生人——轉瞬間，她想了很多。不過，最終她還是支持了兒子，並且又偷偷地為兒子縫製了一件新棉衣。她還說：「三伢子心腸好，懂得與人為善的道理，一定會得到菩薩保佑。」在她心裡，只要菩薩保佑，一生就會平安、幸福、美滿。

第三節 暗助哥老會

家中遭竊

冬去春來，萬物復甦，又一年開始了。這已是1907年的春天，毛澤東還在毛宇居的學堂讀書。不過，今年春天，毛順生已經幾次說起：「三伢子十五歲了，該休學工作了。」其實，毛澤東不過十三歲多一點，但是按照虛齡算，就是毛順生說的十五歲。

說歸說，毛澤東可不願意退學，他一邊更勤奮地讀書，一邊也更賣力地工作，想以此證明：自己可以邊讀書邊勞動，兩不誤。他的行為多少感染了父親，毛順生也就沒有急切地催他休學。

轉眼間，農耕完畢，到了農家人最難熬的青黃不接時節。大多數人家家裡，去年收穫的糧食已經吃完，今年的莊稼剛剛長出來，因此無物可以裹腹，於是不少人開始到山谷尋覓野果野菜，做為充飢之食。

毛澤東家情況不同，他們一如既往過著較為殷實的日子，尚能吃飽穿暖。眼看著大家忍飢挨餓，毛澤東心裡常常產生悲憫之情，有一次，韶山衝來了好幾個要飯的，在南岸私塾附近停留了好幾日。毛澤東天天去井灣里，每天都要路過那裡，看到他們悽惶窮困的樣子，他回家悄悄對母親說：「我看那幾個要飯的太可憐了，我們應該接濟他們。」文七妹笑笑，指著毛順生的帳房說：「我給他們送過飯，怕你父親知道，所以不敢再去了。」毛澤東心裡油然而生一股暖意，覺得眼前的母親頃刻間高大了許多，他激動地說：「母親，妳真是善良，我看我們可以說服父親，不過給那些要飯的幾頓飯，他不會見死不救吧！」文七妹擺擺手：「別惹他了，他維持一家人生計也不容易，我們以後再慢慢勸他。」毛澤東低下頭，心想，母親操勞受累，卻要受父親的擺佈，不管何事都要聽從他的話，什麼事也不敢做主，真是不公平。唉，要是人人都像母親一樣善良，那該多好！想到這裡，他抬起頭提議道：「母親，以後妳做了飯，我上學時偷偷帶給那些要飯的人。」話音剛落，毛澤民走了進來，他今年十歲了，剛剛轉到井灣里私塾，他聽到「要飯」二字，詫異地問道：「誰要飯了？大哥，你要給誰帶飯？」毛澤東連忙捂住他的嘴，低聲說：「別那麼大聲，讓父親知道了，有你好看！」說完，把自己的打算告訴了毛澤民。

毛澤民十分敬重大哥，幾年來，他就像是大哥的影子，追隨在左右，不肯離開半步，不管毛澤東幹什麼，他都十分擁護，今天聽了這個主意，立即手舞足蹈地說：「我和你一起給他們帶飯。」

兩個兒子都是熱心腸，文七妹很開心，母子三人就這樣悄悄救助那些窮人，一連為他們送了十幾天飯菜，直到那些人離去。不過，這件事最後還是讓毛順生知道了，他大為惱火，將妻兒責罵了好一頓。這次，毛澤東和毛澤民勇敢地站出來支持母親，與父親大吵了一架。毛順生一貫喜歡二兒子毛澤民，沒想到他也與自己對抗，惱怒又怨恨地說：「都是跟三伢子學的，不知道工作，就知道要嘴皮子。」

由於年景不好，前來討飯求助的人越來越多，在毛澤東家裡，關於要不要救助他們的爭吵也在逐漸升級。毛澤東曾經這樣描述當時的情景：「我母親是個心地善良的婦女，為人慷厚道，隨時願意接濟別人。她可憐窮人，他們在荒年前來討飯的時候，她常常給他們飯吃。但是，如果我父親在場，她就不能這樣做了。我父親是不贊成施捨的。我家為了這事多次發生過爭吵。」

爭吵不斷之際，毛家發生了一件大事，這件事使得他們的意見分歧更加明顯，差點釀成一場大禍。

有一天，毛澤東家突然遭竊，家裡的糧食和衣

毛澤民

物損失了不少，對農家小戶來說，這可是件大事，毛順生非常著急和心疼，他對著妻兒大罵道：「看見了吧！你們不是給那些窮鬼送吃的嗎？現在好了，他們知道家裡有糧食，就來偷了！」他認為這是妻子和兒子們行善招來的災禍，是他們引狼入室的。

家中遭竊，文七妹既驚又怕，聽到丈夫的責罵，她又感到愧疚，一時間惱恨交加，也不知道該如何是好了。她默默地帶著小兒子毛澤覃躲到一邊，悄悄流淚。自從有了毛澤民之後，她曾經兩次生育，可惜這兩個孩子先後夭折，直到前年——1905年，她才生下最小的兒子毛澤覃。這樣算來，文七妹一生生育過七個兒女，存活下來的卻只有三人。後來，毛澤民和毛澤覃先後長大成人，追隨毛澤東從事革命事業，立下過很多功績。

看到母親流淚，毛澤東很難過，他頂撞父親道：「你怎麼知道是那些人來偷的？說不定另有其人呢！」

毛順生咆哮道：「還能有誰？吃飽飯的人誰會偷糧食？」自從有了毛澤覃，他的脾氣有所改善，雖說經常斥罵兒子，但已經很少打他們了。

毛澤東卻不讓步，說：「既然是吃不飽飯的人來偷糧食，我看他們偷就偷了，總比餓死要強，這也是咱們救人一命呢！佛家說『救人一命，勝造七級浮屠』。」

「住嘴！」毛順生吼道，「我看你欠打了。」

毛澤民乖巧，忙勸阻說：「父親，你別生氣，我們以後注意就是了。」說著，他端過一杯水遞給父親，並向他建議如何加固防守，防止賊人再次行竊。

毛順生這才略微舒緩了口氣，點著頭想辦法。在他心裡，毛澤民懂事又孝順，比毛澤東強多了。

這次失竊給毛澤東家籠罩上一個陰影，就連臥病在床的祖父也十分擔心，常常問這問那，憂慮地說：「年景不好，年景不好啊！」他說的沒錯，去年飢荒，長沙發生了大規模的搶米暴動，當人們派出代表去跟撫臺交涉時，撫臺傲慢地回答他們說：「為什麼你們沒有飯吃？城裡有的是。我就總是吃得飽飽的。」撫臺的答覆傳到人們的耳朵裡，引起眾怒，他們聯合起來舉行遊行示威，攻打清朝衙門，趕走了撫臺。後來，清廷新派了一名巡撫，才恢復了統治。在搶米暴動影響下，一連串流血事件接二連三發生，很多參與暴動的人被斬首示眾，官府將他們的首級掛在旗杆上，以儆效尤。這些事件強烈地衝擊著素來平靜、與外界交流不多的韶山衝，成為當地人們談論的話題。毛澤東關心時事，自然對此十分關注。在學堂裡，他熱烈地與同學們談論著，發表著自己的意見。當時，大多數同學都同情暴動者，他們說：「這些人太可憐了，腦袋被砍了，還掛到旗杆上。」但他們只是同情，卻不會更深的去思考這些暴民暴動的原因，以及與自己生活的關聯。而毛澤東想到了，他激昂地說：「這是官逼民反，人們吃不到飯了，怎麼不暴動呢？」他把這件事看得非常重，甚至當作了自己的事一樣對待，他後來曾經這樣說：「我卻從此把它記在心上，我覺得這些『暴民』也是些和我家裡人一樣普通的人，對於他們受到的冤屈，我深感不平。」

暴動、失竊、流民，成為毛澤東當時生活的主題，對他產生了很大的影響，他的腦海裡常常浮現暴民們不顧一切與官兵作戰的情形，那些奮勇的人們，那些流血的場面，對年少的他具有怎麼樣的召喚力量啊！也許，這就是他心目中《水滸傳》講述的英雄故事吧！不久，一次較大規模的暴動又發生了，這次暴動又會對他產生什麼影響？

原來是你

毛順生試圖透過加固防守來防止賊人行竊，可是他能夠堅固自家的牆院，能夠藏匿糧食，卻怎麼可能阻擋社會大潮的湧動？怎麼可能真正地防備住「賊人」呢？不久，在韶山一帶也有人造反了。

這次造反是哥老會的一些成員發動的。哥老會是十九世紀後期繼天地會後崛起於長江地區的一大幫會，是下層群眾的結社組織，在社會上沒有合法地位。最初出現在四川、貴州一帶，後隨著湘軍興起，轉入湘軍，並在十九世紀60～70年代得到快速發展，遍及整個長江流域，乃至全國各地，成為當時最大的一個幫會組織。軍事家蔣方震曾經做過這樣的精彩論述：「湘軍，歷史上一奇跡也。書生用兵以立武勳，自古以來未嘗有也。諺有之，秀才造反，三年不成，而秀才則既成矣。雖然書生之變相，則官僚也，民兵之變相，則土匪也，故湘軍之末流，其上者變為官僚，各督、撫是也，其下者變為土匪，哥老會也。」透過他的論斷，我們可以知道，哥老會組織起自民間，大多數成員身分微末，其中不乏武人士卒。哥老會提出反清的主張，推崇俠義二字，希望透過殺富濟貧改善生存狀況，這在一般文人眼裡，自然就是「土匪」了。

在韶山、湘鄉一帶，哥老會有強大的勢力，自從長沙搶米事件之後，哥老會趁勢而動，多次起事，攻擊官府，與地主展開抗爭。在韶山爆發的這次暴動是由一位姓彭的鐵匠帶領的，這次暴動的起因是佃戶和地主之間的矛盾糾紛。由於莊稼歉收，佃戶們無法按期交租，只能聯合起來與地主對抗。地主惱羞成怒，將他們告到官府，並用銀元賄賂官員，贏了官司。結果，這件事情鬧得越來越兇，佃戶們無糧交租，還挨打受罰，眼看著沒有活路，只好投奔哥老會，並在彭鐵匠帶領下揭竿而起，一場轟轟烈烈的暴動就此展開。

暴動的消息很快傳遍韶山，傳到了毛澤東全家耳中，毛順生恰好去了長沙做生意，家裡沒有一家之主，文七妹十分驚慌，她喃喃地說：「不好了，不好了，鬧起來了，我們趕緊藏好糧食，不要讓他們搶走了。」

毛澤東與母親的反應截然相反，他內心裡十分激動，他緊張而興奮地觀望著，覺得《水滸傳》裡的故事正在自己身邊重演，他甚至產生了一絲衝動，想要趕到暴動現場，參與其中。

這天在學堂，大部分學生都在激烈地議論著暴動的事，有人說：「彭鐵匠打敗了，逃到瀏山去了。」有人說：「聽說了嗎？暴動前他們殺了一個嬰兒祭旗。」這句話一下子提起眾人的興趣，大家緊張地問：「真的嗎？太可怕了！」另一個個頭不高的學生說：「當然是真的，我聽大人說，他們都是土匪，土匪殺人不眨眼。」

土匪？這兩個字眼特別激起毛澤東的興趣，他突然開口說：「《水滸傳》裡的宋江不也是被人稱作土匪嗎？他們做的都是俠義大事，他們都是好人。」

經他一說，同學們有些糊塗了，議論更加激烈，不少人站到毛澤東一邊，他們漸漸覺得彭鐵匠就是身邊的宋江，是了不起的英雄人物。毛澤東繼續發表個人的見解，他說：「彭鐵匠帶人進山，就像梁山好漢進山同個道理。」

「對，對！」同學們本來敬佩毛澤東，聽了他的分析更加信服。有些學生比劃著手腳，做出一番與官兵打鬥的架勢。頓時，學堂內活躍了，大家伸胳膊踢腿，模仿暴動情景。確實，勇於反抗對少年人來說，無疑是最大的刺激。所以，毛澤東後來回憶說：「在我們的心目中，彭鐵匠是第一個農民英雄。」

雖然孩子們有自己的想法，可是大人卻不容許他們做出丁點過激行為。每天，韶山衝的大人們都小心地呵護著家園，生怕受到暴動的衝擊，生怕孩子出事。這不，學堂放假了，就讓孩子們好好在家待著，不要出門，不要議論暴動的事，以免受牽連。毛澤東和毛澤民不能上學，又不能出去玩，只好躲在家裡，他們偷偷討論著暴動發展的情況，渴望能夠得到最新的消息，暗暗希望彭鐵匠能夠打回來，打敗官兵……

這天傍晚，毛澤東和毛澤民正在牛棚餵牛，突然聽到外面傳來一陣響動，他們敏感地躲到一邊，毛澤民悄聲說：「是不是外面發生暴動了？」

毛澤東示意他不要說話，然後透過牛棚的縫隙向外張望。牛棚在上屋場西邊，離正房大約半里路程，也就是說，除了他們兄弟兩人外，這裡沒有外人。毛澤東看了一會兒，神色緊張起來，他看到外面有兩個人影，正在向牛棚靠近，他們鬼鬼祟祟，尋尋覓覓，像是盜賊，又像是找東西。這可如何是好？他焦慮地想，他們會不會傷害我和弟弟呢？

毛澤民也看到人影了，他慌張地拉著大哥的衣襟，哆哆嗦嗦地說：「是不是土匪？會不會殺了我們祭旗？」

他這一說，毛澤東反而鎮靜下來，他說：「要真是梁山好漢，怎麼會隨便殺人？我看，他們也不像偷東西的，像是遇難的人。你等著，我出去會會他們。」說完，他果真一個箭步衝出去。毛澤民嚇得大氣不敢出，不知道大哥葫蘆裡賣的是什麼藥。

毛澤東出去後，衝著兩個人影喊道：「喂，朋友，你們找什麼呢？」

那兩人倒被他一聲喝問嚇了一跳，他們停住腳步，打量眼前少年，突然，一人高聲叫起來：「原來是你！」

毛澤東也認出此人，他叫道：「張大奎！」

再看另一個人，他訝然說道：「哎呀！這不是毛潤之嗎？」

原來，這兩個人就是章鼎和張大奎。他們為何在一起，又為何來到這裡呢？原來，章鼎一直是哥老會老會員，當年正是為了躲避追捕而曾躲在韶山衝山谷中，他一直和彭鐵匠關係密切，這次暴動自然少不了他。而張大奎呢？去年離開韶山衝，因為走投無路，最後也加入了哥老會。暴動失利，哥老會會員被打散了，他們兩人這才流落到韶山衝。前些日子，他們曾經夥同會員們在這一帶「聚集軍糧」——盜竊或者搶劫有錢人家的財物，對這裡比較熟悉，無奈之際，他們又來到了這裡。

聽完他們的敘述，毛澤東明白了，自家前些日子失竊，正是哥老會所為。現在，章鼎和張大奎落難，自己應該怎麼辦？官府已經貼出告示，舉報哥老會者有賞。但他連想都沒想過要做這樣的事，他心裡熱浪翻滾，認為這是自己參與「大事」的機會，於是立即開口說要幫助他們。章鼎十分欣賞毛澤東，幾年不見，看他個子長高，談吐舉止更加大方，眉宇間流露出一股正義之氣，點著頭說：「好，我們就聽你的。」張大奎更不必說了，再次見到恩人，他只有感激的份。

就這樣，毛澤東偷偷留下了章鼎和張大奎，並熱切地向他們打聽暴動的事情。章鼎摸著他的腦袋嘆氣說：「失敗了，失敗了。」毛澤東不以為然，他說：「宋江帶人造反，不也是有時候失利有時候成功嗎？這沒什麼，彭鐵匠進了山，可以繼續與官府對抗。」

章鼎聽了，驚訝地說：「潤之真有英雄氣概啊！」

毛澤東笑了，不好意思地說：「這都是書上講的，我長大了，也要進山當英雄。」誰能想到，二十年後，他果真帶著隊伍上了井岡山，造就了一支打不垮的鋼鐵隊伍。

幾天後，章鼎和張大奎告辭，從此與毛澤東再也沒有過聯繫。但是，少年毛澤東始終不忘這件事，不忘他們兩人，在他們走了之後，他甚至產生這樣的想法：我要是再見到他們，就跟他們一起走。但他並沒辦法出走，隨著彭鐵匠隊伍徹底失敗，彭鐵匠被捉梟首示眾，他也只好將這個願望深深埋在心底。

當毛順生回到家時，暴動已經完全平息，他望著自家絲毫無損的家產，心有餘悸地說：「這年頭太亂了，太亂了。幸好土匪沒有得逞，幸好土匪沒有得逞啊！」

毛澤東聽著父親的感慨，心裡泛起一股強烈的抵觸情緒。這與以往父子間的摩擦不同，這股情緒似乎更加嚴重，也更加不可化解。但他什麼也沒說，他好像在暴動事件中成熟了許多，他在想什麼，已經沒有幾個人可以理解了。

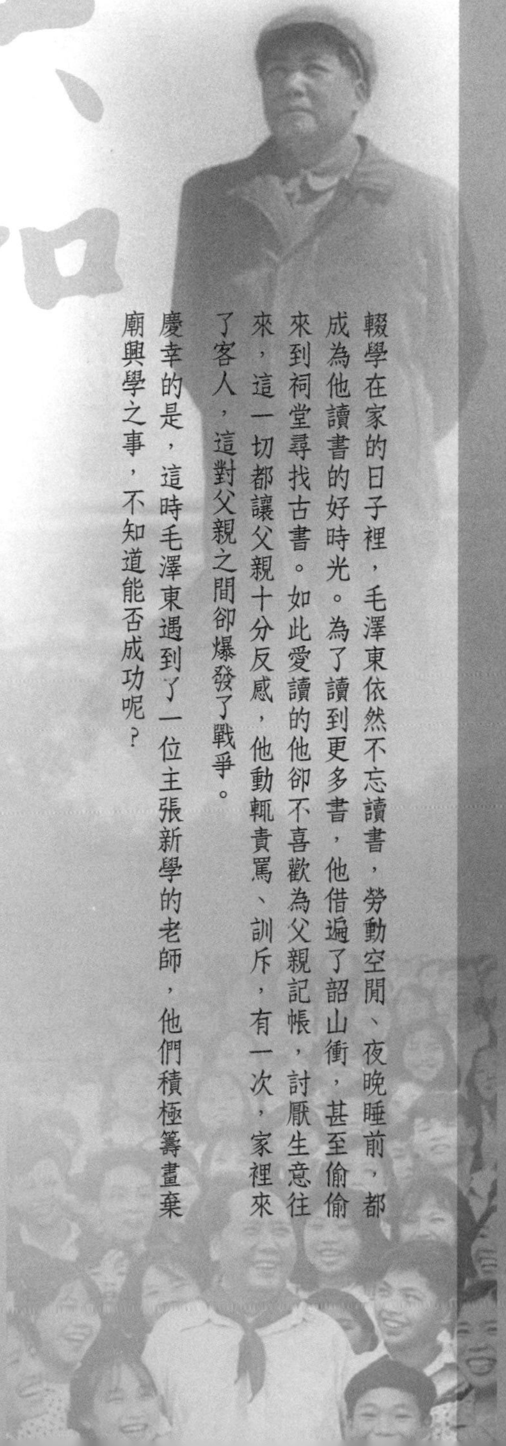

第七章

半耕半讀 讀書勞作兩不誤

輟學在家的日子裡，毛澤東依然不忘讀書，勞動空閒、夜晚睡前，都成為他讀書的好時光。為了讀到更多書，他借遍了韶山衝，甚至偷偷來到祠堂尋找古書。如此愛讀的他卻不喜歡為父親記帳，討厭生意往來，這一切都讓父親十分反感，他動輒責罵、訓斥，有一次，家裡來了客人，這對父親之間卻爆發了戰爭。

慶幸的是，這時毛澤東遇到了一位主張新學的老師，他們積極籌畫棄廟興學之事，不知道能否成功呢？

第一節 半耕半讀

《耕田樂》

暴動事件很快平息了，韶山衝恢復以往的寂靜和沉悶，人們依舊日出而作，日落而息，討論著收成好壞，關注著自家溫飽，不時關心一下鄰里間的矛盾，似乎從來沒有看見過暴動一般，似乎那些曾經流血的「土匪」離自己十分遙遠，就像是書本上的故事和人物一樣。這一切在少年毛澤東眼裡，顯得那麼奇怪，他詫異地想：人們怎麼如此麻木呢？難道他們這麼快就忘記了暴動和彭鐵匠嗎？這些活生生的人物和事件難道就這樣永遠消失了？

他念念不忘暴動之事，於是找到了毛宇居，說出自己的不解，希望從他那裡得到答案。毛宇居也十分關注這次暴動，對他說：「老百姓還是希望過安寧日子，誰願意整天打仗。」毛澤東想了想，慨然說：「彭鐵匠拯救老百姓，為什麼人們不支持他？難道他做錯了？」毛宇居知道毛澤東善思愛辯，笑著說：「我們讀書、種田，哪管得了那麼多。」毛澤東不服氣地說：

「讀書種田就不管天下事嗎？聖人說『修身、齊家、治國、平天下』，我覺得有責任關心天下大事。」毛宇居不作聲了，他向來瞭解毛澤東，知道他志向不俗，今日這番談論再次驗證此事。

然而，少年毛澤東的以天下事為己任，在他父親眼裡就成為了大逆不道。有一天，毛澤東和弟弟毛澤民一起去割草，他們帶著書，準備割完草讀書。毛順生發現了，勃然大怒，指著毛澤東斥罵：「不好好工作，就知道偷懶。讀書讀書，你不看看你多大了，還指望老子養活你。今年田裡工作多，你不要再去學堂了，休學勞動！」

其實，毛澤東早已讀完了學堂的所有課程，就連毛宇居的藏書也已讀完，現在他每日裡讀的書都是從各處借來的，內容五花八門。但他不想放棄讀書的機會，不願意終日在田間勞作，所以遲遲不肯休學。今天聽到父親這頓責罵，毛澤東當即說道：「不去就不去！」從此，他正式休學了，成為一名農民，白天下田勞動，晚上幫助父親記帳。

雖說毛澤東現在只有十三歲多一點，但他個頭高，體格壯，一眼望去，儼然已是青年人模樣。父親毛順生對他要求很嚴，每天督促他做不少工作，容不得他閒著。自從他休學，毛順生就辭退了王長工，因為：「三伢子休學，不用請人幫忙了，這可以為家裡省下一筆開支呢！」

這樣一來，毛澤東身上的擔子可不輕。田裡工作多又重，他一個少年人，早出晚歸，挑擔推車，十分辛苦。母親文七妹看在眼裡，疼在心上，常常偷著為他改善伙食，補補他的身體。

幾年來，毛澤東沒有間斷地跟隨大人們勞動，所以對田裡工作倒也熟悉，他忙裡忙外，很快掌握了耙草、撒穀、種秧等各種技巧，做得有模有樣，十分出色。但在毛順生看來，這一切似乎還不能令他滿意，他常常指著毛澤東勞動過的地方挑毛病。這天，父子倆正在田裡割穀子，毛順生指著毛澤東割過的地方說：「做事要俐落，瞧瞧你，落下那麼多穀子，真是沒用！」毛澤東撅著嘴轉回身，看看身後，不情願地回去撿拾落下的稻穗。

毛澤東在農田中

在勞動過程中，毛澤東很快體會到勞動的艱辛和單調，他更加懷念讀書的歲月。怎麼樣才能繼續讀書呢？讀書需要時間，自己天天勞動，哪有閒工夫讀書？這難不倒他，休學後，他採取了一項新策略讀書，這就是見縫插針讀書法。不管在哪裡，他都隨身帶著書，只要有時間就拿出來閱讀。特別到了晚上，算完帳，家裡人睡了，毛澤東就點上油燈，在微弱的燈光下苦讀。透過這種方法，休學的毛澤東過上了半耕半讀的生活。為此，年少的他還作詩一首，記錄當時的生活情況：

耕田樂，天天有事做。

近衝一墩田，近水再墩望，多年副產積滿倉。
農事畢，讀書甚馨香，坐待時機自主張。

為了能夠讀更多書，毛澤東借閱了許多書籍。據毛澤民夫人王淑蘭回憶：凡是韶山衝能借到的書，毛澤東都借來閱讀了，連和尚的經書他也要借來看看。這件事是這樣的，有一次，他和母親去鳳凰山寺廟燒香，偶然發現裡面的和尚捧書閱讀，他立即上前詢問：「師父，您讀的是什麼書？我可以看看嗎？」和尚奇怪地說：「貧僧讀的當然是佛教用書，你一個凡夫俗子，讀之何用！」毛澤東卻說：「佛家普渡眾生，我雖是凡夫俗子，也是眾生之一，怎麼就不能讀？」和尚聽了，想想覺得有道理，對他說：「施主是有緣人，既然你喜歡讀書，寺裡的書可以任你讀。」毛澤東一聽，高興地謝過和尚，馬上拿起書本閱讀。

文七妹燒香叩頭完畢，發現毛澤東與和尚坐在一起讀書，忙過去喊他：「三伢子，你怎麼不敬重師父，坐在這裡讀書？」

和尚說：「這位小施主喜愛佛書，是有緣人哪！」

毛澤東也說：「我讀了很多書，卻從沒讀過佛書，我們終日信佛，為什麼不讀讀這類書，對佛更加瞭解呢？」

文七妹拿他沒法，只好說：「咱們該回去了。」

毛澤東卻似乎屁股黏住了，始終不肯動。經過母親再三催促，他才依依不捨起身，與和尚

告辭，從此以後，他經常去寺裡借書，讀了不少佛教書籍。這種博覽群書的做法，極大地豐富了他的知識，也開闊了他的視野。

如果說借閱佛書是毛澤東年少好奇，那麼接下來他偷閱祠堂古書的故事就充滿了傳奇色彩，充分地展現了他個性中勇於質疑的精神。

偷讀祠堂古書

毛澤東遍借書籍閱讀，不少人為他提供各種借書途徑。其中，鄰人周大方為他借的書籍就不少。有一天，周大方突然神神祕祕對他說：「三伢子，告訴你一件事，你們毛家祠堂有一本天書。」

有這樣的事？毛澤東感到奇怪，他可從來沒聽人說過。周大方繼續說：「我聽你們族長跟我父親說的，說這本書藏了許多年了，從沒有人讀過，據說與什麼皇帝老子有關。」

毛澤東更加吃驚了，他連忙去找毛宇居，向他打聽這件事。毛宇居搖頭表示不知。毛澤東不死心，他幾經考慮，大膽地去找族長，請求閱讀此書。族長詫異地說：「你怎麼知道這件事的？這是本古書，多少年了，沒人動過。」

毛澤東說：「書是用來讀的，總是不動，不就白費了嗎？我想，祖先留下書，肯定希望後人閱讀，不希望放著不動。」

族長不滿地瞄瞄他，拒絕道：「這是多少年的老規矩了，不能改變！」看來，無法透過正常管道閱讀藏書了。毛澤東很不甘心，強烈的好奇心驅使他念念不忘此事，這天田裡工作少，他忙完了路過祠堂，不由得停住腳步，站在那裡觀望。夕陽西下，倦鳥歸巢，祠堂籠罩在落日餘暉下，顯得那麼莊嚴肅穆，又有一股說不出的肅殺之氣，與年少英氣、滿懷熱忱的毛澤東形成鮮明對比。過了好久，夜色開始升騰，一輪初生的新月攀爬到樹梢，孤伶伶掛在那裡，小心翼翼地窺視著人間。毛澤東的腳不由自主向著祠堂移動，他來到了大門前，望著門楣上「毛震公祠」幾個大字，覺得它們比平時模糊暗淡了許多。他伸手推門，平日大門都是緊緊關閉著的，說也奇怪，今日一推，門竟吱呀一聲打開了，他定定神，抬腿走進了祠堂內屋。這是他第一次進入祠堂，裡面陳設古舊，一股嗆人的霉味揮之不去。

毛澤東在祠堂內站立片刻，想起自己進來的目的，忙低頭搜尋古書。迎面一張桌案，上面赫然擺放著毛家家譜和祖訓，毛澤東拿過來翻了幾頁，看到上面條條文文非常詳盡，有些好奇，心想，這上面都寫些什麼？要是讀一下就好了。他後悔進來得太晚了，無法看清上面的文字。就在他遲疑之間，突然一陣風吹過，油燈亮了些，毛澤東連忙捧著家譜讀起來，粗略一讀，他瞭解了上面的大體內容，原來，家譜上面記載著從清初以來，家族中先後出現的文人，像毛鳳來、毛文伯、毛蘭芳等。毛澤東不禁自言自語道：「只聽說族內出過不少武士，沒

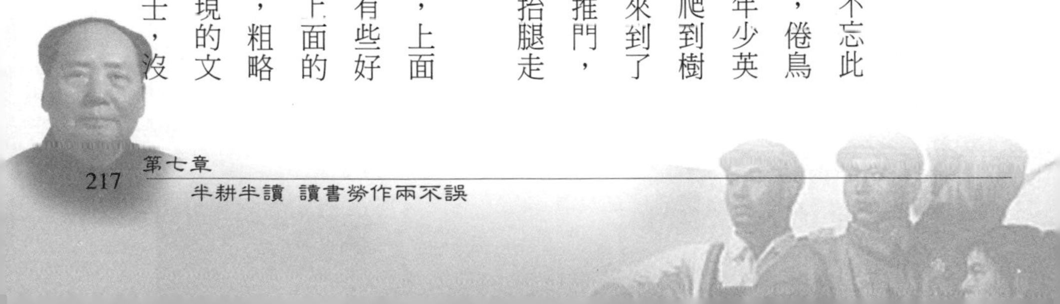

想到還有這麼多文人。」其中，毛蘭芳引起他的特別注意。毛蘭芳與他的曾祖父毛祖人為堂兄弟，青年時代「博學善詩文詞賦，應試屢拔前矛，嘗代文武官員作應酬簡箚篇章，僉謂文望日隆」，中年「高懸絳帳，近悅遠來，誨人不倦，獎勵成才，不計修金之有無也」，他一生創作了大量的詩詞，最有名的就是「韶山八景詩」。他的孫子毛麓鐘中過秀才，毛澤東也曾跟隨他學習。

翻完家譜，毛澤東又拿起祖訓，他翻開第一頁，看到上面寫著幾行大字：「天下無難為之事，性能不囿於難為之見，不生其畏難之心，審其難為之勢而克分其難，酌其難為之理而克任其難，自便難為者轉成不難，故有為之才，一生為人之所難為，而行若無事。旁觀嗟呀，鮮不嘆為難為之事，必得難得之人而後成也。」讀到這裡，毛澤東心想，這句話說得倒也有理。後來，他自己也曾經說過一句名言「天下無難事，只要肯登攀」，與祖訓中的這句話何其相似！

可是，看著看著，毛澤東的眉頭皺起來了，而且越皺越緊，原來，上面苛責的要求越來越多，這讓他想起父親對他的管教。於是，他又一次自言自語道：「哼，這是什麼！」說著，扔下了祖訓，繼續翻找那本傳說中的古書。

毛澤東仔細地搜索著，裡裡外外找遍了，卻無法找到古書，他納悶極了，一手端著油燈，一手不小心拍到了牆壁上。奇怪，牆上出現一個洞，他伸頭進去看，裡面正放著一本枯黃色的書籍！毛澤東大喜過望，連忙伸手去拿，可惜這本書太舊了，一抓之下竟然破了。他忙放下油燈，兩手小心地捧出古書，拿到油燈下細讀。

這本書叫《燒餅歌》，講述的是明太祖朱元璋和軍師劉伯溫縱談天下大勢，宣揚帝王權威的書。毛澤東一看，不覺有些失望，他想，這有什麼神奇的，為什麼不讓人讀呢？可是他讀了一會兒，漸漸明白了緣由，原來這本書的主人也是毛氏族人，他在書裡加進了很多評論，都是反清復明的言論，其中，他還寫進去了乾隆南巡時「反手梳頭」的故事，激勵後人努力。這本書中充滿了造反情緒，無疑是一本反書了。後人懷念先人，不肯將書毀掉，又擔心書本流傳於世帶來麻煩，就只好把它放到這裡了。

看到這裡，毛澤東心情大為激動，他的眼前再次浮現彭鐵匠發動暴動的情景，他撫書長嘆道：「先人中還有這樣大無畏的人物，真是不得了！」在他叛逆的心裡，造反的情緒似乎更加濃烈了。

這時，又一陣風起，桌上的油燈突然熄滅了，屋內黑濛濛的，微弱的月光似乎無法投射進來，佇立在門外窗邊，向毛澤東招手。毛澤東匆忙收拾好古書，轉身走出祠堂，大踏步朝上屋場趕去。

一路上，夜色沉沉，涼風習習，毛澤東的腦子裡始終回想著剛才的經歷，他再次回望祠堂時，竟有一種恍然如夢之感，無法分辨剛剛的事情是真是假了。

第二節

活照樣幹，書照樣讀

深夜苦讀

毛澤東從祠堂回到上屋場，遙遙看到家中的偏房裡還亮著燈，那是父親的帳房，平時他都是在那裡為父親記帳。其實，毛澤東並不喜歡這份「工作」，他覺得數字帳目枯燥乏味，十分反感，而且，生意中不免有些虛假欺詐行為，令他常常想到「無商不奸」這句話，因而更為厭煩，所以，記帳對他來說，是件苦差事。今天，他看到燈光，心裡一緊：自己回來晚了，父親是不是等急了？

出乎意料的是，毛順生看到毛澤東不但沒有生氣，反而有些得意，指著坐在桌邊記帳的毛澤民說：「瞧，澤民記帳比你快多了。」

毛澤民正在投入地計算著帳目，頭也不抬地跟毛澤東打招呼：「大哥，你回來了。你記的帳目有些潦草，我給你一一修改了。」

毛澤東走上前，看了看毛澤民記錄的帳目，果然清晰條理，有條不紊，不由得高興地說：「呵，有你的，以後家裡的帳歸你管。」毛澤民確實是管理財務的好手，他參加革命後，先後擔任了閩粵贛軍區經理部部長、中華蘇維埃共和國國家銀行行長等職，成為共產黨中國政權的第一位「赤都財魁」。

毛順生突然想起什麼，問毛澤東：「你怎麼才回來？澤民還要上學，該去睡覺了。帳由你接著記，不准偷懶。還有，你也跟你弟弟學學，做事要認真勤苦。他一會兒就學會了打算盤，哪像你，到現在也打不熟練。」毛順生精明能幹，能夠兩手同時打算盤，而毛澤東對此一點興趣都沒有，打得非常慢。所以，在父親眼裡，他始終不是個勤快人。

毛澤東雖然不服，也沒說什麼，默默坐下來記帳。他遵照父親的命令，如實地記完當天的往來帳目，然後回自己的房間去了。

回到小屋，毛澤東點燃桐油燈，開始了另一項重要的「課業」——讀書。休學以來，他每天都在睡前讀書，這段時間對他來說非常寶貴。可是，父親毛順生精打細算、惜財如金，看到毛澤東每夜都讀到很晚，浪費很多桐油，十分心疼，經常責罵他。而母親文七妹，覺得兒子勞動了一天，晚上還要讀書，擔心他累壞了身體，所以也總是催他早睡。然而，倔強好讀的他怎肯聽從父母的安排？他嗜書如命，哪天不讀書都不安心，依然每夜趁著家人睡熟之後悄悄閱讀。

今夜，毛澤東點燃油燈，在燈下孜孜不倦地讀起來。夜已很深，韶山衝籠罩在靜謐的夜色中，上屋場附近偶爾傳出幾聲蛙叫，好像在催促毛澤東休息。毛澤東凝神苦讀，絲毫沒有在意周圍的聲響，他已經深深地沉浸到書中的世界去了。這本書是《西遊記》，雖然他早已讀過，但孫悟空勇於反抗、勇於向天庭叫囂的行為，仍然能讓他激動不已，他太喜歡孫悟空了，他覺得這就是自己的偶像，是一切正義和勇敢的化身。

正當毛澤東聚精會神讀書時，門突然被推開了，毛順生一臉怒氣走進來。原來，他最近生意遇到麻煩，躺在床上翻來覆去睡不著，想到院子裡走動走動，卻發現毛澤東的屋子裡亮著燈，頓時火冒三丈，二話不說就衝進來。看見兒子又在燈下讀書，毛順氣得上前奪過書本吼道：「你總是不聽話，一夜燃掉一盞油，一個月就要幾百文錢，這樣下去還得了！」

毛澤東臥室

毛澤東讀書太入迷了，根本沒有注意到父親進來，被搞了個措手不及，他狼狽地坐在那裡，木然不語。毛順生拿過書本翻了翻，更加生氣：「你又看孫猴子、豬八戒，這是邪書你懂不懂？」在傳統觀念裡，教導人們反抗的書都是邪書。幾年前，毛澤東跟隨鄒春培讀書時，因為讀《水滸傳》而蹺課，當時，鄒春培就對毛順生羅列了一大堆小孩子不能讀的「邪書」，其中自然少不了《水滸傳》和《西遊記》。

聽到父親這麼說，毛澤東反駁道：「這不是邪書，你不懂，不要亂評論。」

「你還敢頂嘴！」毛順生說著就要打人。

他們的吵鬧聲驚動了文七妹。她慌忙跑過來，一面勸說兒子要聽父親的話，早睡早起，明天好勞動，一面拖開了丈夫。走出毛澤東的房間，文七妹不由得埋怨毛順生說：「三伢子長得和你一樣高了，你不要老是這副模樣，像老虎似的！」毛順生想起兒子剛才頂撞自己的話語，深深嘆口氣：「人說『伢子大了父難做』，看來真是如此啊！」

對於父親的無理阻攔，毛澤東沒有再次與之正面較量，而是聰明地採取了「退讓」的辦法。為了不讓父親發現自己讀書，他乾脆在深夜裡把窗戶用一塊舊青布床單遮起，這樣，父親看不見燈光，也就不知道他燃油讀書了。

果然，自從採取這個辦法後，毛澤東每夜苦讀，很少受到父親打擾。就這樣，他讀完了一本又一本的書，讀完韶山衝的書之後，他又到處借閱，閱讀範圍越來越廣。

毛澤東不但夜晚苦讀，還在各種可能的場合讀書，這當然也受到了父親的強烈反對，進而引起父子間一系列衝突。

活照樣幹，書照樣讀

少年毛澤東利用一切可能的時間，見縫插針讀書。這樣的時候很多，比如在曬穀坪看穀子時，他就可以讀書。這個工作很簡單，就是防止雞鴨鳥雀來偷吃穀子。每當這時，他會紮起幾個稻草人，把它們豎立在穀坪周圍，嚇唬鳥雀。他自己則坐在曬穀坪一角，安心投入地閱讀書籍。

這天，他又奉命在曬穀坪看穀子，照舊安放好稻草人後，他拿出心愛的書讀起來。遠處翠山疊嶂，綠樹蔥鬱，近處農田屋舍，錯落有致，一派和諧安詳的田園風光。毛澤東身穿陳舊的藍色衣褲，一頭亂蓬蓬的黑髮顯得生氣勃勃，他靜靜地坐著，手裡的書本已經十分破舊，但他讀得那麼投入，那麼專注，似乎天地萬物都隨著他一起安靜了下來。

轉眼已是中午，毛澤民提著飯籃子來了，他遠遠地看著曬穀坪上停著一群麻雀，大聲喊起來：「大哥，麻雀偷吃穀子啦！麻雀偷吃穀子啦！」

喊聲驚動了毛澤東，他抬眼望去，果見一群麻雀正在偷吃穀子，不由得火往上竄，拿起竹竿揮喝著：「去，去，害人的麻雀，竟敢偷吃！」

毛澤民一邊幫著驅趕麻雀，一邊笑道：「大哥，你只顧讀書，沒有看好穀子，這怎麼能怪麻雀呢？」

毛澤東說：「怎麼不怪麻雀？難道不是牠們偷吃嗎？要是有一天消滅了麻雀，曬穀子時就再也不用專人看守了。」

說笑間，兄弟兩人趕走麻雀，坐到剛剛毛澤東讀書的地方吃飯。毛澤東吃著飯，指著曬穀坪四周的稻草人說：「瞧這些草包，連麻雀都看不住，看來我得另想主意了。」

毛澤民哈哈笑著說：「大哥，你讓草包為你工作，當然不管用。」

毛澤東說：「澤民，你還真聰明呢！知道草包不會工作。」

「當然呀！」毛澤民得意地說，「要不然怎麼叫草包？我看，你還是專心看穀子吧！再這樣下去，你非挨父親罵不可。」

聽了這話，毛澤東臉色一沉，悶悶地說：「挨罵就挨罵，我就是要讀書，一日不讀，一日不吃！」說著，他放下手裡的飯菜，轉過身去，拿起書本繼續讀書。

毛澤民眨眨眼睛，收拾好碗筷悄悄走了。

事有湊巧，毛澤民勸告大哥的話竟然不幸言中。下午，毛順生趕到曬穀坪收穀子時，發現稻穀堆裡有幾粒鳥屎，頓時大發脾氣，斥責毛澤東「懶惰，無用，沒有看好穀子」。毛澤東認為父親小題大做，與父親頂撞了幾句。毛順生更加生氣了，怒氣沖沖叫嚷著：「你多大的人啦！什麼工作也做不好，就知道讀那幾本破書。有本事你別吃飯，吃那幾本書過日子！」

父子爭吵聲中，遠遠走來一人，他好像聽到了毛順生的叫嚷聲，笑呵呵地打著招呼：「大

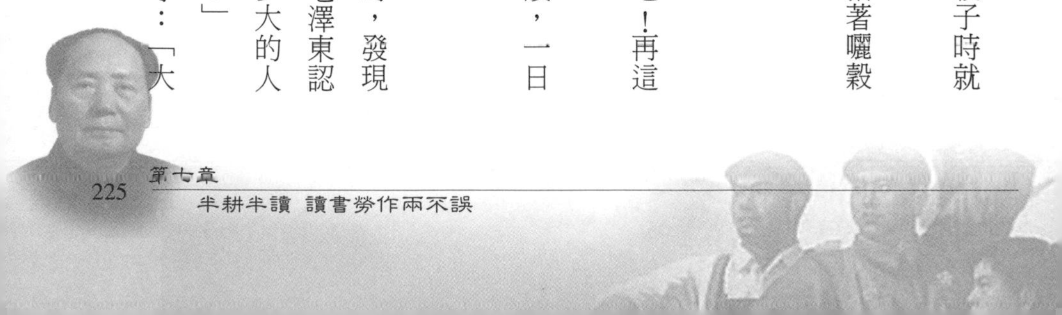

叔，三伢子書讀得好，以後說不定能靠書吃飯呢！您可不要瞧不起讀書人。」

聽到說話聲，毛澤東已經知道來人是毛宇居，他高興地轉過身去招呼著：「大哥，你怎麼過來啦？今天不教課嗎？」

毛宇居說：「早就放學了。三伢子，聽澤民說你天天苦讀，我就是過來看看你，都讀了些什麼書？讀得效果如何？」

毛澤東立刻拿出自己剛才讀的書，遞給毛宇居，與他熱烈地討論起來。毛順生站在一邊，想訓斥兒子，又覺得不妥，思慮一會兒，拿起穀耙子獨自一人堆起稻穀。

眼看著天色漸晚，毛澤東和毛宇居還在交流著，沒有結束的意思。毛順生耐不住了，重重地咳嗽幾聲，示意毛澤東過來工作。毛宇居知道毛順生的為人，忙停下談話。毛澤東呢，好像沒有注意到父親的意思，依舊高談闊論著，一副興味正濃的架勢。毛宇居打斷他的話說：「天不早了，先去工作吧！」毛澤東說：「工作不急，不是大事，讀書才是大事，才是要緊事。」話一出口，忽然想起父親就在身邊，想起還有一坪稻穀沒有收，他忙朝著毛宇居做個鬼臉，回身拿起穀耙子工作。

不久，為了讀書一事，毛澤東和父親又發生了一次衝突。這次毛宇居沒有及時出現，父子之間的矛盾也就再次升級。一天上午，毛順生吩咐毛澤東去挑糞，毛澤東答應著，偷偷帶著一本書出門了。挑糞是個非常吃重的工作，毛澤東年紀小，做起來十分吃力。不過，做這件工作也有好處，就是有時間讀書，每每將糞挑到地頭，都可以坐下來了休息一會兒。毛澤東正是利用這個時間讀書。現在，他挑著一擔糞來到田裡後，馬上掏出懷裡的書本，靠到田邊的一塊墓碑旁讀起來。

像往常一樣，毛澤東如飢似渴地閱讀著，很快忘記了周圍一切，忘記了自己的工作。結果，快到中午時，毛順生來到田邊，發現他一上午只挑了一擔糞，又在那裡看小說，大發雷霆，奪過他手裡的書吼道：「你是不打算工作了？」

毛澤東忙說：「不，父親，我只是想歇一會兒。」

「哼，歇一會兒？說的好聽，一上午挑了一擔糞，有那麼累嗎？」毛順生怒聲斥責著。

毛澤東掃一眼空空的糞筐，倔強地說：「我下午多挑，肯定能挑夠用的。」

毛順生面露不屑，將書本扔給兒子說：「別說大話，挑夠十五擔再說。」說完，他怒氣沖沖回家去了。

傍晚時分，毛順生再次來到田邊檢查兒子挑糞情況。令他大感氣憤的是，兒子竟然置自己的警告於不顧，依舊半躺在墓碑旁讀書，這真是大膽妄為！他上前厲聲喝道：「你這個沒用又懶惰的傢伙，又在這裡看書，你忘記我說過的話了嗎？讀書讀書，都是這些邪書把你教壞了——」

沒等他說完，毛澤東鎮靜自若地打斷他的話回答道：「不，父親，我記著你說過的話，你

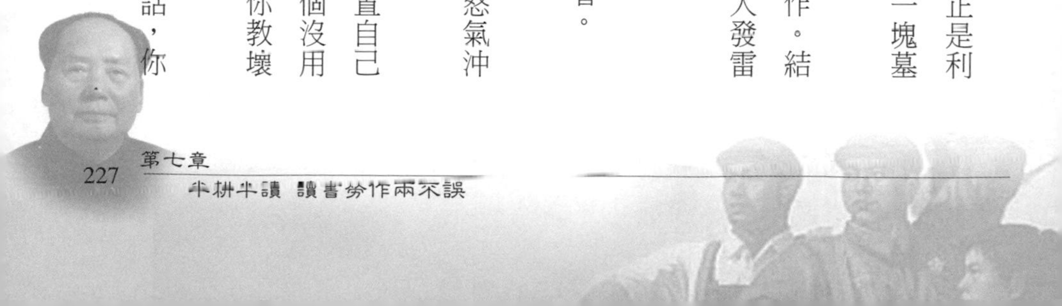

要我做的事我都照做了。」

毛順生吃驚地睜大了眼睛，脫口問道：「照做了？挑了十五擔糞？」

「是，」毛澤東答道，「我挑夠十五擔糞才讀書的，不信你去田裡看看。」

毛順生疑疑惑惑走到田裡，細一查點，果然是十五擔糞，當即驚訝地說不出話來。要知道十五擔糞可不是個小數目，一般壯勞力都要挑上半天。這時，毛澤東捧著書本跟了過來，看著父親吃驚的表情，有些得意地說道：「工作我要照常做，書也要照常讀。」

毛順生沉默著，始終沒說什麼，他不再停留，急匆匆轉回家去了。此後，毛澤東經常採取這種辦法讀書，毛順生拿他沒轍，也就睜一隻眼閉一隻眼，隨他在勞動之餘苦讀。

第三節　單腿跪地

當眾受辱

可是不久後，父子之間因為讀書一事再次爆發了戰爭。這是一個特殊的日子，毛順生請了很多客人來家做客。這在毛家是難得的事情，毛順生一貫奉行節儉持家，不遇大事是不會如此鋪張的。那麼，今天究竟是什麼日子？

客人陸續來到上屋場，其中既有毛家人，也有唐家托文家人，還有毛順生生意場上的朋友。毛順生忙裡忙外地招呼著，倒茶端水，與客人寒暄，顯得有些激動。文七妹從早上就在廚房裡忙碌，燒水炒菜，一刻也閒不下來。此時的上屋場可說得上賓朋滿座，熱鬧非常了。

毛澤民十分激動，跑前跑後，一會兒幫忙招呼客人，一會兒幫忙提水劈柴，忙得不亦樂乎。就連毛澤覃也挪動著稚嫩的腳步，咿咿呀呀地穿梭在客人中間，顯得十分快活。可是，滿屋人中獨獨不見毛澤東，他幹什麼去了？

原來，毛澤東正躲在自己的房間內讀書。昨天傍晚，他聽說家裡招待客人，就問：「外婆一家來人嗎？」文七妹說：「這樣的大事他們能不來嗎？你七舅會來。」毛澤東高興地說：「太好了，他一定給我捎書來。」幾年來，毛澤東多次去外婆家借書、看書，文家有了好書，也總不忘捎給他讀。

今天一大早，毛澤東早早地迎出門去，一直到了滴水洞附近。這裡是登上雲盤山路的必經之處，外婆一家來人必定從此路過。不久，文玉瑞果然來了，他衣著大方得體，氣宇昂昂，透著一股書生氣概，與一般農民大不相同。看到七舅，毛澤東格外開心，他緊跑幾步迎過去喊：「七舅您來了，給我捎什麼書了？」

毛澤東故居近景

文玉瑞滿臉喜色，從懷裡掏出一本書說：「給你，運昌捎給你的。」

毛澤東接過書本，翻了幾翻，驚喜地說：「《隋唐演義》。我很長時間沒有讀了。」說著，他與文玉瑞一前一後趕回上屋場。回家後，毛澤東一頭栽進自己的房間，關上門埋頭讀起來，再也顧不上外面的事情。

不知不覺已近中午，客人來得差不多了，上屋場內內外外大約有十幾人。毛順生一一招呼大家入座，發現板凳太少了，不夠用。他十分著急地尋找兒子的身影，打算讓他們去鄰居家借凳子。可是他找來找去，卻沒有發現毛澤東的影子，這讓他格外生氣，一邊自言自語著「這個懶傢伙，又躲到哪去了？」一邊走到廚房前，喊過正在劈柴的毛澤民：「去，到鄰居家借幾個板凳。」

毛澤民不情願地說：「木柴不夠用，我走了誰劈柴？你讓大哥去吧！」

「你大哥在哪？」毛順生氣呼呼地說，「你去找他。」

毛澤民扔下斧頭，嘟囔著：「還能在哪？一定是躲在房間讀書。」

這句話無疑提醒了毛順生，也激發了他對毛澤東的惱恨之情。他沒有理會毛澤民，三步併作兩步地趕到了毛澤東房間外，一把推開房門。果真，毛澤東正半躺在床上聚精會神地讀書，根本沒有注意到外面的客人，以及發生的一切事情。毛順生惱怒不已，像隻暴怒的獅子衝過來，奪過毛澤東手裡的書，扔到他的臉上罵道：「外面這麼忙，你躲在這裡偷懶，真是不孝子！」

遭到打罵的毛澤東驚愕地看著父親，已然想起了家中請客的事，不過，年少的他嘴硬不服軟，眼中滿含憤恨地頂撞道：「我沒偷懶！」

「還說沒偷懶？」毛順生更生氣了，「你不出去幫忙，不是偷懶是什麼？昨天就讓你去借板凳，你不去。今天家裡板凳不夠用，你還不趕緊去？」為了招待客人，毛順生已經準備了好

幾天，昨天下午，他特意叮囑毛澤東去借板凳。

毛澤東一聽，忙為自己辯解：「昨天我出去借了，借了好幾條，你怎麼說我沒去借？」

「借了？」毛順生說，「那怎麼不夠用？一定是你偷懶借得少。趕緊再去借！」

不知為什麼，毛澤東最恨父親罵自己懶惰，他聽了這句話，立即摔門而出，並憤怒地反駁道：「我沒偷懶，就是沒偷懶！」

毛順生看他不但不聽話，還擺著架子與自己吵架，真是氣不打一處來，跟在後面叫罵道：「偷懶還不承認，還敢頂嘴，你真是無法無天，不知好歹，看我怎麼收拾你！」說著，他揚起胳膊就要教訓毛澤東。

父子倆一前一後來到院中，爭吵聲驚動了客人，客人們一個個向外張望著，不知道出了什麼問題。他們看到毛順生又氣又惱地叫罵著，高舉著巴掌，眼看就要落到毛澤東身上了；而毛澤東滿臉通紅，怒氣沖沖，與父親爭論著，似乎並不害怕。見此情景，不少客人走出屋子勸說這對父子。

在眾人的勸說聲中，毛順生繼續責罵著兒子：「沒用的東西，就知道偷懶不工作。教訓還不聽，一點用處也沒有，養你還不是白養！」

眾目睽睽之下，這幾句話就像一把把利劍刺向了毛澤東的後背，他感覺到火辣辣地疼痛，感覺到一陣強烈的不容忍受的侮辱，他憤怒了，無法控制自己的情緒，轉回身來盯著父親，大聲地回罵道：「你才沒用，你才懶惰，你才不成器！」說完，他像一頭受傷的小獸，不顧一切地衝出了院子，再也不肯回頭，不肯看一眼站在院子裡的父親和客人們。

父子爭執

在廚房裡做飯的文七妹聽到丈夫和兒子吵架，慌忙扔下手裡的工作趕出來，正好看到毛澤東跑出院子。她連忙追上去，邊追邊喊：「三伢子，你先停下，聽我說。」不知哪裡來的能量，竟然讓這位身材略顯單薄的小腳婦人追上了叛逆的兒子，她一把抓住毛澤東的衣服，氣喘吁吁地說：「三伢子，你別跑。今天家裡事多，你該體諒父親，跟我回去。」

毛澤東試圖掙脫母親，卻沒有成功。但是，滿懷惱怒的他根本聽不進母親的勸說，而是恨恨地說：「我不回去，再也不回去了。」

文七妹繼續勸說：「你又不是不知道你父親就是這樣的脾氣，你怎麼能跟他一樣呢？快跟我回去，家裡客人多，別讓人家笑話。」

毛澤東緊緊地咬著嘴唇，一言不發。

文七妹知道兒子倔強，當眾受辱，肯定下不了臺階，於是近乎懇求地說：「聽母親的話，就算為了我，你也不能這樣做，應該回去。我會對你父親說的，不讓他打你了。」

這時，毛順生也趕了過來，他身後遠遠地站著一大幫客人。毛順生看到妻子竭力勸說兒子，而兒子無動於衷，倔強地不肯回頭，越發氣惱，大聲命令道：「回去！給我滾回去！」

這聲命令就像一根針，更深地刺激了毛澤東年少叛逆、好強不服輸的神經，並一下子迸發了。他猛一用力掙脫了母親的雙手，轉身又向前跑去。文七妹差點閃倒，撲在地上喊道：「三伢子，你回來，回來！」

毛順生緊追不放，邊跑邊罵：「不孝的東西，再跑我打斷你的腿！」

轉眼間，父子兩人一前一後跑到了上屋場前面的池塘邊。毛澤東十分討厭父親追趕自己，恨不能立刻甩掉他。可是，毛順生追得很緊，一點放鬆的意思都沒有。

跑了一會兒，毛澤東可能擔心被父親抓住挨打，也可能跑累了，也可能想出了與父親對抗的新方法。總之，他突然停住了奔跑，一個轉身到了池塘岸邊，面向幽幽的池塘，回頭對著父親大聲說：「你再上前一步，我就跳下去！」

這句話一下子鎮住了毛順生，他停下來驚詫地看著兒子，一時無了主張。毛澤東嚇住了父親，心裡一陣輕鬆。可是，他高興得太早了，不到半分鐘的工夫，就聽毛順生重重地說：「我可以不過去，但你必須磕頭認錯。」

毛澤東沒想到父親提出這樣的要求，他本能地反抗道：「我沒錯，我不磕頭。」

毛順生的聲音提高了：「你不孝，不聽話，當著眾人的面和我爭吵，必須磕頭認錯。」

毛澤東反駁說：「是你先打人，你也做錯了。你為什麼不認錯？」

父子的爭吵聲漸高，自然嚇壞了身後的文七妹。她已經來到丈夫身邊，努力地勸說著這對倔強的父子：「別吵了，你們別吵了。客人都等著吃飯呢！你們吵來吵去不怕人家笑話嗎？」

毛順生沒好氣地盯著妻子說：「笑話？妳看妳養的好兒子，當著大夥的面和我頂嘴，還敢威脅我，這還了得嗎？我告訴妳，他要是不磕頭認錯，永遠也別想回家。」

文七妹無奈地衝著毛澤東喊：「三伢子，你快向父親認錯，認錯了好回家。」

毛澤東看到母親因為自己挨罵，心裡一陣熱浪湧動，不過，他十分痛恨父親的專橫和霸道，想了想說：「就算要我磕頭，你也得承認你做錯的事，不能再打我了。」

文七妹連忙替丈夫回答：「你父親不會打你了，快回家去。」

毛澤東卻不買帳，堅持著說：「要父親親口說了，我才相信。」

毛順生氣極了，臉色鐵青，恨不能抓過兒子痛打一頓。可是再看看站在池塘邊一步不讓的兒子，又感到萬般無奈。可憐天下父母心，這位好強、能幹、愛面子、不肯認輸的漢子第一次在兒子面前低下了頭，他從鼻孔裡哼出一句話：「我不打你，但你必須磕頭認錯。」

毛順生夫婦滿心以為，他們答應了毛澤東的要求，他一定會順從地磕頭認錯，給父親足夠的面子，好讓他在客人們面前有臺階下。令他們大感意外的是，毛澤東並沒有這樣做，而是更加理直氣壯地說出了自己的第二步打算：「人之身體，是父母所生，今天父親讓我下跪，而母

親沒有讓我下跪，所以，我只能單腿跪地。」說著，他不情願地對著父親跪下一條腿，算是磕頭認錯。

兒子如此對付自己，讓毛順生氣惱之餘，又無話可說，想到客人還在等候著，他也不便與兒子起過多爭執，只好借坡下驢，狠狠地哼了一聲，轉身走回上屋場。目睹父子爭吵過程的客人們，也默不作聲地跟著毛順生回屋。在他們心裡，對這場爭鬥有著截然不同的看法和理解，有人覺得毛澤東太任性了，竟然敢要脅父親，可以說是大逆不道；有人覺得毛順生太嚴厲了，逼走兒子，得不償失。唯有一人對這件事有著非常獨到的見解，他就是毛澤東的七舅文玉瑞。

當大家陸續趕回上屋場時，文玉瑞放慢腳步走在最後面，有意等著文七妹和毛澤東。不一會兒，文七妹拉著毛澤東過來了，看見他不由得眼眶一紅，淚水差點流出來。文玉瑞安慰妹妹：「不要難過，事情不是過去了嗎？」

文七妹哽咽著說：「父子倆一樣的脾氣，一個比一個倔，你說這可怎麼辦？」

文玉瑞看著毛澤東，見他依然臉紅脖子粗，眼中含有羞憤之色，像是一隻參賽的鬥雞，不由得笑了：「七妹，妳瞧三伢子，鬥志很高啊！今天這事，足見三伢子的勇氣和膽略啊！有股霸氣。」

文七妹說：「霸氣？他這叫不懂事，還霸氣呢！七哥，你可要好好管教他。」

「放心吧！」文玉瑞不露神色地說，「難怪人家說妳家風水好，說不準會應驗在三伢子身上。」

聽他這番前言不搭後語的言論，毛澤東莫名其妙，問道：「七舅，誰說我家風水好了？與我有什麼關係？」

文玉瑞彷彿說漏了嘴，慌忙遮掩著說：「這是你們家的事，我也不清楚，不清楚。」說著，快走兩步，追趕前面的毛順生去了。

神奇的祖墳

毛澤東從七舅文玉瑞嘴裡得到了關於風水的消息，心裡非常牽掛，不知道這到底是怎麼回事。他有心問父親，可是礙於面子，還是開不了口。帶著深深的好奇，他一直渴望得到問題的答案。

吃完午餐，答案揭曉了。原來，毛順生請客正是為了風水一事。多年前，毛順生的祖父毛四端在韶山衝東茅塘居住時，已經有了德臣和翼臣兩個兒子。有一次，他進山打柴，遇到了一位受傷的風水先生。毛四端心地善良，救了他。風水先生感激毛四端，就主動為他相看風水。他站在東茅塘朝滴水洞方向看去，只見左邊是龍頭山，右邊為牛型山虎歇坪，龍虎盤踞之間，盡顯帝王霸氣。他很激動，在山間穿梭來往幾日，在虎歇坪發現了一塊風水寶地。虎歇坪，是韶山衝有名的地方，常有華南虎在此歇息、曬太陽，故而得名。風水先生對毛四端說：「這座山像嫦娥奔月，靈氣十足。如果你能在八月十五中秋夜，娼娥頭頂冒著靈氣的時候佔有這塊寶地，子孫後代肯定榮華富貴。」

毛四端相信了風水先生的話，不過，他後來帶著兒子遷居到上屋場，死後也就安葬在附近，沒有回去佔領寶地。但他臨死前，將寶地的事告訴了兩個兒子。毛德臣和毛翼臣兄弟商量後，決定「誰先去世，誰佔寶地」。就這樣，一晃幾十年過去了。

今年開春以來，毛翼臣身體一直不好，他多次對兒子毛順生說起寶地的事，希望能夠安葬到虎歇坪。毛順生幾次去虎歇坪觀察寶地情況，發現那個地方地勢開闊，四周綠樹成蔭，背面靠山，確實不錯。一個月前，毛翼臣去世，毛順生果然將父親的靈柩抬到了虎歇坪。當他準備安葬靈柩時，問題出現了，毛德臣對毛順生說：「當年，風水先生告訴你祖父，要想佔有這塊寶地，必須在中秋夜下葬，才能大吉大利。現在是春天，時機不對。」

毛氏祖墳

毛順生既不想放棄寶地，又不願意破壞風水，也就無奈地將靈柩停在虎歇坪，命人用稻草、樹藤覆蓋，準備等到有利的時機才安葬。俗話說「入土為安」，如今一個月過去了，棺柩依然停放在虎歇坪不得下葬，毛順生始終放心不下，所以今天請人來家裡商量這件事。

大家對這件事看法不一，有人認為：「既然風水先生說中秋夜下葬，那就等到那時再下葬吧！」有人反對這種意見：「到中秋還有大半年時間，一個夏天，什麼東西不腐壞！應該現在下葬。」也有人說：「應該按照當地風俗下葬，不能聽憑風水先生的。」眾人議論來議論去，爭執很大，誰也說服不了誰。

毛順生焦急地走來走去，坐立難安。他真不知道父親的棺柩還要停放多久才能下葬。

毛澤東和毛澤民沒有列席議論，不過，他們悄悄趴在窗子外偷聽。當毛澤東瞭解了事情的始末，聯想到祖父去世時送葬的場景，不禁說道：「我看大阿公不肯放棄寶地，所以才說出中秋夜下葬的話。」他說的大阿公就是毛德臣。毛澤民點頭說：「嗯，他也想葬在那裡。」毛澤東說：「咱們應該想想辦法，讓祖父下葬到寶地。」

兄弟倆悄聲議論一會兒，有了辦法。他們並肩來到屋門前，衝著裡面的人說道：「我們有個辦法，一定可以解決祖父安葬的問題。」

屋裡人立即一起轉過頭來，望著這對稚嫩的兄弟，不知道他們要幹什麼。毛順生也吃了一驚，他詫異地盯著兒子，似乎在追問：「你們有什麼辦法？」

毛澤東朗朗地說道：「當初，太祖父聽了風水先生的話，才知道了寶地的事。現在，祖父該如何下葬，也應該再請風水先生算一算，不就知道該怎麼辦了嗎？」

屋裡人聽了這話，互相對視了一眼，隨後無不點頭表示贊同，有的說：「嗯，是個辦法。」有的說：「這樣大家就都沒有意見了。」還有的說：「三伢子人不大，主意倒不少。」眾口一詞，毛順生也了卻了一樁心事。當日，他就請來了當地最有名的風水先生，在客人陪同下趕往虎歇坪看風水。風水先生在觀看了虎歇坪墓地後，非常吃驚，連連嘆道：「不得了，不得了，此地風水難得，如果安葬得法，將來子孫中一定會有龍虎之輩。」

毛順生謹慎地問道：「請大師指教怎麼安葬才算得宜？」

風水先生時而閉目凝思，時而極目遠眺，時而緊盯墓地，最後說出了出乎所有人意料的話：「這塊寶地宜在八年後動土，如果那時安葬，定然非同凡響。」

「八年後？」幾乎所有人都叫出了聲。要知道，民間安葬一般都是三、五天，多則七天，很少有人超過半個月，更別說幾年了。

毛順生疑惑地問：「大師，您是說棺柩停放八年才下葬？」

「對，」風水先生毫不含糊，「八年是最吉利的日期。你只管將棺柩停放在這裡，八年後包你安然無恙地安葬。」

「這——」毛順生還想問什麼，可是想到請風水先生的目的，還是忍下了。就這樣，在眾人的疑慮和不解中，毛順生送走了風水先生，忠實地履行著八年後安葬的說法。八年後期滿時，他帶著人安葬棺柩，開挖墓地後，發現周圍盡是堅硬的岩石，只有放棺木處土質鬆動，挖下去，剛好僅容一棺，棺木入土時，四周隱約傳來陣陣簫聲。

這件事引起很多人關注，特別是毛澤東鬧革命後，當地人更是盛傳：「毛家墳地風水好，毛翼臣的棺木停了八年才下葬，這是古代帝王才有的安葬規格。他家要出真龍天子啦！」傳說影響很大，後來招致了麻煩。1932年，湖南軍閥何健命人前往韶山衝挖毛澤東的祖墳，打算挖斷他的「龍脈」，滅掉他的「龍氣」。然而，當挖墳隊走進虎歇坪時，忽聽山裡山外響起一陣陣虎嘯聲，挖墳隊的匪兵心驚膽顫，以為真是毛家祖墳顯靈，神兵天將暗中保護。慌亂中，隨意挖了幾座墳就逃走了，並沒有挖到毛澤東祖父的墳墓。過了幾年，他們再次來韶山衝挖墳，這次，毛氏族人汲取了教訓，連夜將毛澤東祖墓用土填平，將墓碑埋進地裡，還在墓旁修了幾座假墳。因此，第二次挖墳依然沒有得逞。

第四節

新的老師

猜謎再拜師

確定了祖父安葬之事後，毛澤東家很快恢復了以往的生活，他也一如既往地一邊勞動一邊苦讀，這段時光既鍛鍊了他的體魄和耐力，也極大地開闊了他的視野，增強了他生活的實踐能力。然而，對他來說，勞動只是暫時的，他心中燃燒著不甘平凡的火焰，這股火焰不會熄滅在茫茫田野之上，也不會埋沒在碌碌勞作之中，而是隨著年齡增長，讀書增多，越發強烈起來。終於有一天，他遇到了自己生命中一位特殊的老師，這股火焰似乎尋找到了突破口，散發出全新的光芒。

這天，毛澤東一大早去割草。本來，他休學後，割草、看牛這類較輕鬆的工作已經由毛澤民接替了，但他心疼弟弟，一心支持他讀書，所以早上沒有叫他，而是自己來到了田邊。不多時，田邊陸續來了好多孩子，大家肩、背、手提著筐子，都是來割草的。孩子們順著田埂割草，很快到了一處水草特別茂盛的田邊，他們歡呼著衝過去。突然，遠處走過來一人，人約三十歲左右年紀，穿戴整齊，衝著孩子們喊道：「不許割草！」說著，那人已來到面前，對孩子們說：「我給你們出個謎語，猜出來就割，猜不出來就不許割。」

聽說猜謎語，孩子們很開心，圍攏過來嘰嘰喳喳地說：「好啊！好啊！什麼謎語？快說！」那人笑微微地看著孩子們，說道：「遠看像城牆，近看一排房，日行千萬里，能載萬噸糧。」

孩子們聽了，個個抓耳搔腮，有的說「駿馬」，有的說「鐵騎」，還有的說「馬車」，那人搖搖頭，一一否定他們的答案。

毛澤東一直沉思著，他開口道：「我知道，是火車。」

「火車？」孩子們十分驚訝，睜大了奇怪的眼睛問，「什麼是火車？」

那人也有些吃驚，看著毛澤東問：「你怎麼知道是火車？你見過火車嗎？」

「沒有，」毛澤東答道，「我聽人說起過。」從小到大，他從沒有出過遠門，沒有見識過進步的事物和知識，但說也奇怪，他好像對很多事情比較敏感，像火車，在他生活的環境中幾乎無人談起，他怎麼會知道呢？他自己一時也說不清楚。

那人很高興，打量著毛澤東說：「你叫什麼？還上學嗎？」

「他叫毛潤之，特別聰明，讀書過目不忘，是我們韶山衝的小才子。」沒等毛澤東說話，周圍的孩子搶先答道。

「噢，你就是毛潤之？」那人說了一句，繼續打量著毛澤東。

毛澤東奇怪地問：「您知道我啊？您是誰，也是韶山衝人嗎？」

那人說：「我當然是韶山衝人啦！我叫李漱清。」他是韶山衝李家屋堂人，前些年外出求學，見識了西學知識，曾在長沙做過法律方面的小職員，支持「維新」運動，思想激進。

毛澤東聽說過他的名字，沒想到今日在此相見，連忙說：「原來是李先生啊！這可真是『兒童相見不相識，笑問客從何處來。』」

李漱清笑了：「聽說你酷愛讀書，很有才學，果然出口不凡啊！」

兩人說說笑笑，談得甚為投機，從交談中，毛澤東感覺出李漱清與韶山衝一般百姓的不同，並得到很多新鮮的知識和見聞，大為喜悅，問道：「李先生，聽說長沙有很多洋學堂，與私塾不一樣，這是真的嗎？」

「當然是真的，」李漱清激動地回答，「這些新學校開辦各種課程，包括天文、地理、生

毛澤東打乒乓球

物、算術、科學……內容生動有趣，知識面十分廣博，比私塾強多了。」

毛澤東眼睛眨也不眨地聽著，腦海裡浮現出各種奇怪的圖像，他開始嚮往那些新鮮的知識，更渴望見識洋學堂。

李漱清接著說：「潤之，你知道嗎？中國太落後了，只有學習先進的西方文化，瞭解世界，我們才能進步。學習傳統文化沒有用了，跟不上時代步伐。你看，外國有火車、輪船、大炮、洋槍；咱們呢？還是古老的木船、牛車、大刀、土槍，這些無法與洋人較量，所以我們只能被動挨打。」

毛澤東第一次聽到這樣的言論，如同進入神奇的世界一般，除了靜靜地傾聽，一句話也插不上。周圍割草的孩子陸陸續續回家去了，田邊只留下毛澤東和李漱清。毛澤東早就忘記割草的工作，他聽著，心情激動起伏，說不出的一股力量左右著他，使他無法回到現實之中。

就這樣，毛澤東結識了李漱清，之後他多次前往李家屋堂，向李漱清學習先進的知識，聽他講述各種科學文化，進而開始接觸西學，瞭解嶄新的文化知識。李漱清十分欣賞毛澤東，不但教授他西學知識，還借給他各種先進書刊閱讀。在他的影響下，毛澤東的思想發生了很大變化，他知道韶山衝之外有一個豐富多彩的世界，這個世界正在發生著巨大改變，與以往自己學習理解的傳統文化迥然不同。

毛澤東非常恭敬地稱呼李漱清「先生」，把他當作自己特殊的老師看待。有一天，毛澤東

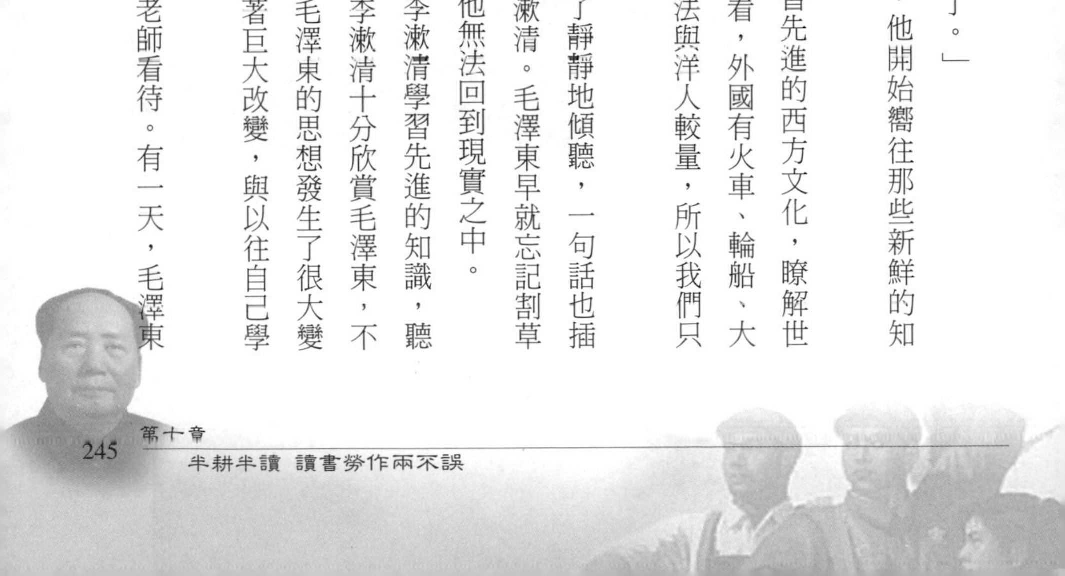

再次來到李漱清家中，兩人交談一會兒，李漱清突然嘆氣說：「唉，我回來這麼久了，沒想到只有你一人對先進的知識感興趣。看來，我的計畫難以實現啊！」

「計畫？」毛澤東奇怪地問，「先生有什麼打算？潤之能幫忙嗎？」

李漱清說：「你還記得當初猜謎語的事嗎？我回到韶山衝後，曾經給許多孩子猜過這個謎語，可是只有你一人猜出來了。當時我就想，家鄉太落後了，要想改變這種落後的面貌，必須從孩子的教育抓起，所以我想著開辦新學，傳授新知識。」

「真的？」毛澤東瞪大了眼睛，興奮地回應著，「太好了，您辦洋學堂，我第一個報名。」

「唉，」李漱清說，「我就說嘛，韶山衝只有你一人積極回應。其他的呢？我早就向族裡申請辦洋學堂的事了，可是他們一致反對，無人支持。」

毛澤東眉毛擰緊了，他憤憤不平地說：「為什麼會這樣？難道他們不想進步嗎？真是太愚昧無知了！不合時宜！」看來，他對於先進的文化和知識已經十分認同，而且覺得這是改變家鄉和中國的一條途徑。

不知道這對特殊師生興辦洋學堂的願望能否實現？

棄廟興學

自從得知老師李漱清打算辦洋學之後，毛澤東念念不忘此事，他多麼希望這件事情能夠成為事實，自己可以跨入洋學堂就讀。可是，事情十分棘手，李漱清幾經努力，兩、三個月過去了，卻連一塊辦學的地方都沒有尋到，因此十分苦惱。毛澤東為他出主意想辦法，無奈人小勢微，哪有人聽他說教，所以處處碰壁。

這天，師生兩人又聚在一起商討此事，李漱清有些洩氣地說：「算了，我看辦學的事以後再說。你呀！可以多發動夥伴們到我家來學習。」

毛澤東不以為然，慨然說道：「辦學是好事，是對韶山衝有利的事，做好事不能怕失敗。我想只要我們堅持到底，總會有辦法的。」

李漱清聽了，暗暗想道：「還是潤之有決心。」此後，他對毛澤東刮目相看，兩人的關係也更加親密，可以說名為師生，實則已是忘年之交了。

不久之後的一天，毛澤東興沖沖來到李家屋堂李漱清家，進門就喊：「李先生，好消息，好消息。」

李漱清迎出門問：「什麼好消息？是不是有地方辦學堂了？」

毛澤東滿臉驚喜神色，激動地說：「先生妙算，潤之正是為這事來的。」

他們說笑著走進屋內，毛澤東迫不及待地告訴他自己的重大發現：昨天，他陪同母親去鳳凰山寺廟進香，在那裡，他看到一座廢棄的小寺廟，當時心裡一亮，想到這座寺廟已經棄置不用，何不用來辦洋學堂呢？他越想越覺得可行，一夜不曾安睡，今天一大早就匆匆跑來了。

聽完他的建議，李漱清高興地說：「好啊！潤之，太好了。你知道嗎？興辦洋學，開啟國民新知，很多地方都在棄廟興學。我回來後，也多次與鄉里交涉，可是他們非常頑固，拒不同意。現在，就連你這樣的少年都能認識到這個問題，我看他們還有什麼話說！」

毛澤東滿腹熱情，豪爽地說：「原來這叫棄廟興學，真是好主張。」話一出口，他忽然驚愕了，半張著嘴巴說不出話來。他自小受母親影響，對於佛教十分虔誠，如今不過剛剛接觸西學，要他因此放棄先前的信仰，確實有些困難。

李漱清似乎沒有注意到毛澤東的變化，繼續慷慨激昂地陳述著棄廟興學的種種好處，其間還不時誇獎毛澤東幾句，簡直把他看做了韶山衝未來的希望。毛澤東心不在焉地聽著，心情越發糟糕起來，他終於聽不下去了，打斷李漱清的話說：「先生，信佛是我們傳統的習俗，如果因為辦學廢棄寺廟，是不是太不合情理呢？」

李漱清正在興頭上，哪裡聽進去這樣的言論，立即板起臉孔說：「虧你還跟我學習這麼長時間，你不知道嗎？信佛是迷信的、愚昧無知的、落後的，是阻礙社會進步的，只有廢除愚昧和迷信，相信科學，學習先進的知識，中國才有出路！」

聽他滔滔不絕地演說，毛澤東內心激烈地抗爭著，他遇到了有生以來最為尖銳的問題，這與以往和老師、父親的抗爭不一樣，這不是你我之間的抗爭，不是你對我錯的抗爭，而是自身和自身的抗爭，是一種強烈的改變自我的抗爭，需要怎樣巨大的勇氣和力量才能做到呢？他默默地聽著，終於，革新和進步的使命感佔上風，他不再猶豫和徬徨，而是再次鼓起豪情，滿懷壯志，激動地說道：「先生教育得對，潤之太落伍了。我看，我們可以把韶山衝所有廢棄的寺廟改為洋學堂，發展教育，改變落後的鄉村面貌。」

李漱清更加激動了，揮舞著手臂說：「對，棄廟興學，勢在必行！潤之，從現在開始，你不僅是我的學生，也是我興辦洋學的助手。」

就這樣，他們開始將棄廟興學的計畫付諸行動。他們一面在百姓中大力宣傳，一面著手改建寺廟。沒多久，鳳凰山廢棄的小寺廟煥然一新，其中殘舊的佛像被清理乾淨，房間裡添置了桌椅、板凳，放滿了各種洋書，還打出免費招生的招牌，意在吸引韶山衝的孩子們前來就讀。毛澤東望著新學堂，心裡暖烘烘的，他似乎看到其間坐滿了孩童，大家捧書共讀，一派積極向上的氣息。他自己也坐在其中，研讀科學理論，還與同學們討論如何製造火車、輪船……

然而，事與願違。洋學堂開辦以後，竟然無一人前來就讀，而且他們還接連遭受到來自各方的指責和疑問。首先，人們指責洋學堂不拜孔子。中國人信奉儒學，學堂裡必須安置孔夫子像，學生進校就要叩拜孔子像，這已是上千年來的傳統，可是李漱清辦起的洋學堂裡沒有孔子像，談何叩拜！第二，洋學堂傳授西學，學習內容涉獵天文、地理、生物等多種自然科學，這與傳統私塾教授四書五經的做法迥然而異，人們怎麼會輕易接受！再者，人們對於棄廟興學的做法也大大反感，認為李潄清行為過激，有辱祖宗和鄉俗，所以對他開辦洋學堂一事嗤之以鼻。

面對種種挫折，李潄清一開始還咬牙堅持，慢慢地，隨著人們反對的聲音越來越高漲，他也失去了耐心和鬥志，心灰意冷地對毛澤東說：「看見了吧！人們就是這麼頑固，我看中國沒有希望啦！」此後，他偃旗息鼓，再也不提興辦洋學堂的事了。

毛澤東眼睜睜看著事情發展到這步田地，心裡說不出的難受，他幾次想勸說李潄清，可是話到嘴邊又嚥下去了。在現實面前，在巨大的阻力面前，他選擇了忍讓，他選擇了沉默。然而，這並不代表他放棄了追求進步的理想，相反地，他更加積極主動地去學習先進的知識，瞭解韶山衝以外的世界，可以說這件事讓他變得成熟了，在傳統和進步的較量中，他探索著、思考著、沉澱著，而新的思想火花，正在他的心中燃燒。

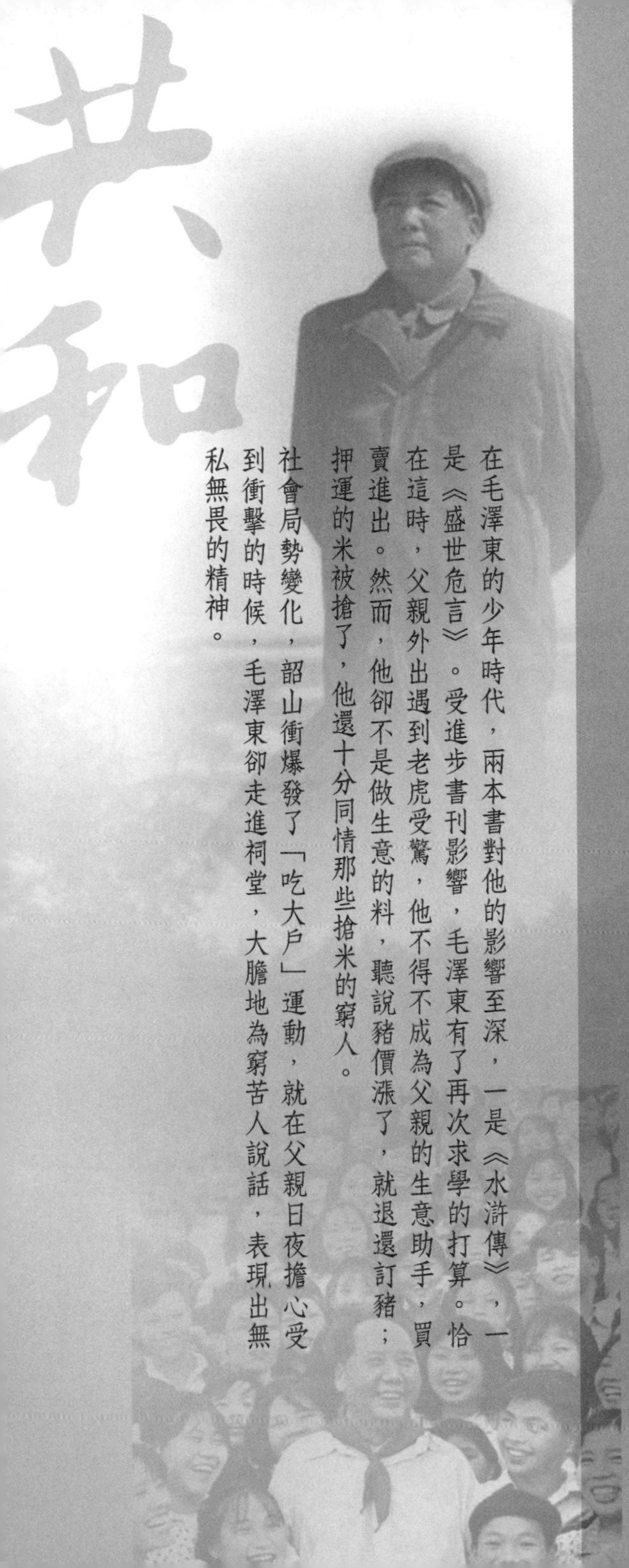

第八章

風雲變幻 大鬧祠堂勇救人

在毛澤東的少年時代，兩本書對他的影響至深，一是《水滸傳》，一是《盛世危言》。受進步書刊影響，毛澤東有了再次求學的打算。恰在這時，父親外出遇到老虎受驚，他不得不成為父親的生意助手，買賣進出。然而，他卻不是做生意的料，聽說豬價漲了，就退還訂豬；押運的米被搶了，他還十分同情那些搶米的窮人。

社會局勢變化，韶山衝爆發了「吃大戶」運動，就在父親日夜擔心受到衝擊的時候，毛澤東卻走進祠堂，大膽地為窮苦人說話，表現出無私無畏的精神。

第一節　兩本奇書

換取《水滸轉》

洋學堂銷聲匿跡，韶山衝再次恢復了昔日安寧和沉寂，在這次事件面前，毛澤東表現出少年人難得的沉著姿態，他沒有像上次暴動事件之後那樣憤慨、迷茫，而是依舊勞作耕種，一有時間就捧書苦讀，還不時到李漱清那裡去學習、讀書。這天，毛澤東從李漱清家裡回來，半路上遇到了放學回家的毛澤民。毛澤民看到大哥，高興地喊道：「大哥，你又去李先生那兒了？今天借到什麼好書？」毛澤東從懷裡掏出一本小冊子，激動地說：「《新民叢報》，絕對的先進刊物。」這已是1907秋天，孫中山先生領導的民主革命經過多次艱苦抗爭，已經影響了很多有志之士，民主運動正處於風起雲湧之態，各種進步刊物不斷湧現，在各地暗暗流傳。

毛澤民上前奪過小冊子，一邊翻閱一邊不解地問：「大哥，你說中國真的這麼落後嗎？為什麼大家都不支持李先生興辦洋學堂？我還盼望著有一天去洋學堂讀書呢！」毛澤東激動地回答：「國人愚昧，太愚昧了。這件事讓我明白了一個道理，要想改變就要抗爭，不抗爭事情是很難成功的。」聽到他這番富有政治家氣概的話語，毛澤民有些愣怔，更加不解地問：「那你怎麼不鼓動李先生繼續抗爭？你們怎麼放棄了？我們同學都說了，李先生興辦洋學堂，打算請你當助手呢！」毛澤東笑了，拍打著弟弟的肩膀說：「我也是學生，哪當得了助手。」說著，他和弟弟一前一後朝上屋場趕去。

兄弟倆邊說邊走，很快來到上屋場前面的池塘邊，這時，突然從西邊的山包後面跑出一人，衝著毛澤東喊道：「三伢子，三伢子，你等一下。」

毛澤東順著聲音望去，喊話的不是別人，正是周大方，他急匆匆跑過來，氣喘吁吁地說：「你幹什麼去了？告訴你一件事，井灣里有戶人家要搬家，他家裡有不少存書，打算賣掉，你要不要去看看？」

「真的？」毛澤東喜出望外，高興地說，「走，這就去看看。」說著，他掉轉頭就朝井灣里奔去。

毛澤民忙在後面喊道：「大哥，大哥，你身上沒錢，拿什麼買書？」

這句話提醒了毛澤東，他停住腳步，想了想對周大方說：「我先回家準備錢，過一會兒再去。」

話雖如此說，要從父親那裡要錢買書，可是比登天還難的事，毛澤東心裡很明白，特別是最近興辦洋學堂的事，父親已經多次訓斥警告他了，要他「不要招惹是非，好好在家工作」。要是聽說他花錢買書，不打人才怪呢！這樣想著，毛澤東已經走進家門，恰好父親正在院子裡擺弄辣椒，看他進來，立即說：「又到哪瘋去了？像你這樣整天不著邊際的人，什麼時候才能持家過日子！快點，把辣椒掛到屋頂上去。」

毛澤東心裡一涼，真想頂撞父親幾句，可是考慮到自己的買書計畫，只好忍住，默默接過辣椒，慢慢地朝梯子上爬去。等他把一串串辣椒掛到屋頂，天已經很晚了，母親招呼家人吃飯，他才慢吞吞下來，走到桌子前。他心裡一直惦念著買書的事，所以吃飯時心不在焉，總想找機會向父親要錢，無奈每當看到父親陰沉的臉，話到嘴邊又嚥下去了。

夜裡，毛澤東翻來覆去睡不著，幾次想起來找父親談談，可是又不敢，只好躺下了。一直到了天光放亮，他再也睡不著了，一骨碌爬起來，三兩下就穿好衣服來到父親的屋子前。這時，父親毛順生剛剛起床，看到毛澤東這麼早過來，嘟噥一句：「這麼早？真是太陽從西邊出來了。」

毛澤東不顧父親的嘲諷，大著膽子說道：「父親，井灣里有戶人家搬走了，他家有很多書，正在削價處理，十分便宜，我想去買幾本。」

「買書？」毛順生一聽腦袋就大了，直著嗓門喊，「你讀的書還少嗎？你讀書花的錢還少嗎？你哪來的閒錢買書？你怎麼不想點正經事，就知道書、書、書！」

要是以往，毛澤東肯定會掉頭就走，不理父親的謾罵。可是今天不同，他要買書，這件事離開父親辦不到，所以他沒有走，而是一動也不動地站著，直到父親罵夠了，罵累了，他才抬起頭，以堅定的目光看著父親說道：「父親，您不是經常教導我們要學會做生意，要懂得買賤賣貴的道理嗎？我今天去買書，價格很便宜，這就是『買賤』，說不定將來有一天可以『賣貴』呢！這豈不是生意之道？」

聽了這話，毛順生的火氣頓時熄滅了，他欣喜地看著兒子，點著頭說：「你總算開竅了，好啊！不管你能不能掙到錢，我這次都支持你。不過，不能投資太大，買個一本、兩本就行，知道嗎？」說著，他轉身進屋去拿錢。

毛澤東用計謀騙取父親支援，雖說有些內疚，可是轉念想到可以買書了，心情又好起來。

下午，毛澤東和弟弟毛澤民來到井灣里買書，當他翻閱大部分書籍時，不免有些失望，因為其中多是經書古籍，對他來說，沒有多大意義。但他不肯就此罷休，而是蹲在那裡一本一本細細翻閱。最後，他買了兩本詩歌集子，準備與弟弟一起回家時，突然又來了一少年。這少年進來後拿出一本書，遞給戶主說：「對不起，這本書我不要了。」原來他是來退書的。戶

民國版《水滸傳》

主不同意，於是與少年爭執起來。

毛澤東不好直接走開，就上前勸說。這一勸說不要緊，讓他大吃一驚的是少年手裡的書竟是《水滸傳》！他當即說道：「這本書你為什麼不要？你要是不要也罷，我買下啦！」

少年和戶主都很高興，他們忙一起對毛澤東說：「那太好了。」

毛澤民偷偷拉一下毛澤東，低聲說：「咱們沒錢了。」

毛澤東尷尬地笑笑，想了想與少年商量道：「你為什麼不要《水滸傳》？要不咱們換了吧！你要我的這兩本，我要你的一本，怎麼樣？」

少年聽了，有些丈二和尚摸不著頭緒，奇怪地說：「《水滸傳》是邪書，讀一、兩次也就行了，留著這樣的書何用？我看你的詩集不錯嘛！你用兩本換一本，不是吃虧了嗎？」

毛澤東忙說：「不吃虧，不吃虧。」恨不能立即將《水滸傳》佔為己有。

戶主擔心書賣不出去，也跟著勸說：「他願意換你就換吧！別耽誤時間了，我還等著收拾東西呢！」

就這樣，毛澤東用兩本書換了一本《水滸傳》，他內心格外激動，幾年來，他雖多次閱讀《水滸傳》，可是那都是借閱他人的，今天他終於擁有了自己的《水滸傳》，就像擁有了自己的水泊梁山一樣，他覺得自己特別富有，特別成功。

回家的路上，毛澤民說：「要是父親知道你用兩本書換了一本書，不打你才怪呢！」

「打就打吧！」毛澤東表現出與以往截然不同的姿態，他竟然滿臉喜悅地說：「為了《水滸傳》，挨打也值得。」

他說得沒錯，這本《水滸傳》確實為他帶來了很多東西。在他的成長歲月中，始終伴隨他左右；在他革命道路上，沒有離開過他一天，直到他領導的革命走向成功。在研讀此書過程中，毛澤東吸收了其中勇於反抗的戰鬥精神，也領悟和總結出許多戰鬥經驗，成為他事業路上不可缺少的重要助手。

《盛世危言》

如果說《水滸傳》對毛澤東的影響是深遠的，那麼，當時的進步書刊對他的影響就是激烈的，帶有煽動性質的。這類書刊很多，其中對他影響最為明顯的一本書就是《盛世危言》。這本書是維新思想家鄭觀應編撰的，其中還收錄了孫中山先生的兩篇文章〈農功〉和〈商戰〉。他們在書中積極宣揚西學，提倡改良中國，曾經影響了一批又一批有志之士。

1907年深秋，毛澤東換取《水滸傳》不久，他的老師李漱清就回長沙了，這樣一來，他接受先進知識的途徑似乎也就斷了。不過，毛澤東可不是輕易放棄的人，他已經認識到西式教育的先進性，瞭解到中國正在發生翻天覆地的運動，他怎麼會甘心埋沒在土地之間不圖進取，怎

麼會不關心時政只過自己的小日子呢？不，不會的，他不是平庸之輩，他在尋找一切可能的機會充實自我，使自己積極向前進。

這天，毛澤東做完田裡的工作，看看日頭尚高掛西邊，摸摸懷裡的書本，突然想到很長時間沒有去外婆家了，不知道舅舅和表兄們有沒有新書？這樣想著，他便情不自禁朝著雲盤山路而去。輕車熟路，他毫不費力就趕到了外婆家，讓他大感驚喜的是，在那裡，他見識到了一批先進書刊，其中一本書名叫《盛世危言》。表兄文運昌極力推薦說：「這本書可不得了，三伢子，你趕緊讀讀，真是不得了啊！」

毛澤東捧書一讀，心裡頓時熱浪翻滾，不禁脫口說道：「哎呀！竟有這般好書，我卻從來沒有讀過。」

文運昌說：「這是詠昌的書，我們都讀了，覺得不錯。這幾天大家還說呢！誰有時間誰就給你送去。」

毛澤東顧不得和他說話，埋頭細讀起來。

一夜工夫，毛澤東讀完了《盛世危言》，感覺自己彷佛脫胎換骨，進入另一方天地一般，真是百感交集。他和表兄們熱烈討論書中內容，議論著中國時政，展望著未來之景，胸中豪情高漲。在交流過程中，他們產生了同樣的渴望，那就是學習西學，增長知識，改良中國。

毛澤東不無感慨地說：「我不想做農事的工作了，我想讀書。」

文運昌說：「長沙有不少洋學堂，咱們可以一起去學習。」

毛澤東說：「長沙？我們能去嗎？」

文瀾泉說：「怎麼不能去？只要有錢，誰都可以去。」

毛澤東眉頭一皺：「還要花錢？」

文瀾泉不無揶揄地說：「瞧你，怎麼和我姑父一樣了，這麼心疼花錢！」

文運昌說：「他才不心疼呢！只不過姑父心疼，他就沒辦法讀書，對不對？」

毛澤東苦笑一下：「你們又不是不知道，連我買書他都不捨得掏錢，怎麼可能掏錢讓我去長沙？」

大家又說笑一會兒，毛澤東帶著《盛世危言》和另外幾本書刊回家了。這次收穫甚豐，他格外高興，回家後就關上房門繼續苦讀。恰好這天毛順生不在家，沒人來阻撓他，毛澤東很快就讀完了所有書刊，其中一本小冊子對他產生極大震撼。這是一本關於列強瓜分中國的小冊子，開頭一句就是：「嗚呼，中國將其亡矣！」這句話像鋒利的刀劍一樣刺中了毛澤東年輕的心靈，他十分震驚，十分不安，他極其強烈地意識到「國家興亡，匹夫有責」這句話的深意了，他覺得自己不能這樣待下去了，他要為國家興亡盡一份力量。這種極強的責任感使他無法平靜，他衝出屋子，向母親言明自己要繼續讀書的意願。

文七妹聽了兒子的打算，搖著頭說：「三伢子，你父親不會同意的，你還是不要想那麼多

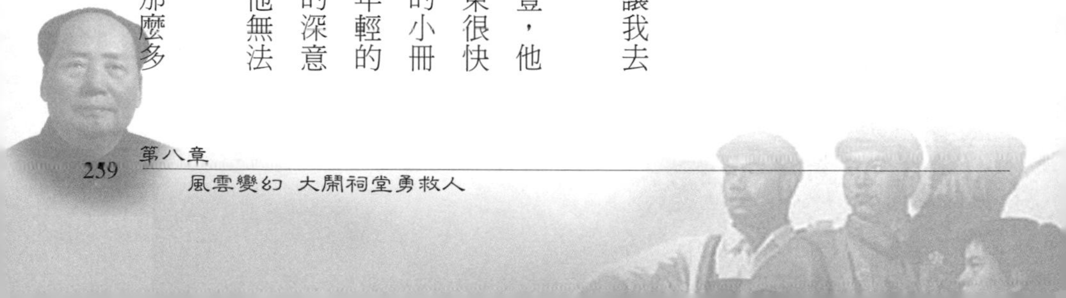

了。你看那些雜書，他不知道生了多少氣呢！他今天去縣城與人打官司，要是贏了還好，要是輸了，咱們都要跟著受氣。」

「打官司？」毛澤東不解地問，「什麼官司，我怎麼不知道？」

文七妹嘆氣說：「你呀！一天到晚不知道想什麼，哪裡知道這些俗務？難怪你父親說你不食人間煙火，要是有一天你持家過日子，可怎麼是好？」

看到母親難過，毛澤東有些不忍，安慰道：「母親放心，兒子將來要做大事業，要救國救民，不會過不好。妳不讀書不知道，現在國家正在發生巨大的變化，人心思變，萬事皆非，早就不是以前的樣子了。國家興亡，匹夫有責，我怎麼能夠沉溺家事不顧國事呢？」

聽他侃侃而談，文七妹又是欣喜又是憂慮，欣喜的是兒子始終有遠大志向，不耽於俗世，憂慮的是兒子這麼倔強，有主見，是不是好高騖遠？他不喜歡田間勞動，將來怎麼過日子？以她樸實善良的天性，雖然理解兒子，卻已經與他的思想產生了一定差距。後來，毛澤東在回憶這段歲月時，曾經說過：「我讀了一本叫做《盛世危言》的書，這本書我非常喜歡。作者是一位老派改良主義學者，以為中國之所以弱，在於缺乏西洋的器械——鐵路、電話、電報、輪船，所以想把這些東西傳入中國。」他還說：「在這個時期，我也開始有了一定的政治覺悟，特別是在讀了一本關於瓜分中國的小冊子以後。我現在還記得這本小冊子的開頭一句：『嗚呼，中國其將亡矣！』我讀了以後，對國家的前途感到沮喪，開始意識到，國家興亡，匹夫有責。」

受進步書刊影響，少年毛澤東一心一意渴望進入新式學校讀書，然而這件事就像文七妹說的，希望渺茫。而且就在這時，出現了一件驚天動地的大事，這件事牽連到了毛澤東一家，阻礙了他入學的進度，並加劇了他與父親之間的矛盾，進而引起一系列父子之爭。少年毛澤東在與父親的抗爭中一步步走向成熟，然而，他的願望能否實現呢？

第二節　路遇老虎

半夜驚變

少年毛澤東在世事變化面前表現出敏銳的眼光和極大的勇氣，他不肯在田間勞作，希望到更廣闊的天地中去鍛鍊、去進步。但是，他十分清楚自己家裡的情況，知道父親不會輕易同意自己的主張，正當他左思右想，苦苦思索著如何說服父親時，突然發生了一件大事。

這天晚上，毛澤東照樣掛起舊床單，點燃桐油燈，半躺在床上讀書。不知不覺已是深夜，毛澤東被書中熱情感染著，一點也不覺得睏倦，反而為國家和民族的前途憂慮著，為自己如何能夠再入學愁悶著。就在這時，院門外忽然響起一陣急促的腳步聲，伴隨著父親斷斷續續的喊門聲，好像出了什麼意外。毛澤東一骨碌跳起來，趿拉著鞋子跑到外面喊道：「怎麼啦？出什麼事啦？」

院子裡，文七妹一手端著油燈，一手扶著毛順生，正往屋裡走。毛澤東上前一步問：「怎麼回事？」

毛順生似乎十分虛弱，頭也不抬，低聲說：「別問了，都是你懶惰、沒用。唉！」

毛澤東被罵得莫名其妙，心裡非常氣惱，嘟囔著說：「又關我什麼事了?!」

文七妹輕輕推推丈夫說道：「先進屋，進屋再說。」

毛澤東皺著眉頭瞄瞄父母的背影，一時間不知道該進屋還是不進屋，站在那裡愣了許久，感覺十分委屈。已是晚秋時節，夜風襲來，平添幾分寒意。文七妹在屋子裡喊著：「三伢子，你進來吧！外邊冷。」

毛澤東遲疑著走進屋子，這才看到父親身上滿是泥土，手腳還不住打顫，衣服也撕裂了幾道口子。他大吃一驚，忙問：「這是怎麼了？是不是遇到強盜了？」

文七妹一面為丈夫整理著身上的衣服，一面嘆氣說：「比強盜還要厲害呢！菩薩保佑，菩薩保佑啊！」

毛澤東不解地問：「到底怎麼回事？要不要去請大夫？」

毛順生抬眼瞄瞄他，低聲說：「請什麼大夫，又沒生病！你快去叫春成來，順著關公橋往歇虎坪方向去找丟掉的帳本和錢。」

「帳本和錢丟了？」毛澤東吃驚極了。歷來，父親都把這兩樣東西當做命根子一樣，怎麼會突然丟失了？他有心問一問，可是看到父親陰沉的臉，還是把話嚥下去了，轉身走出屋去叫

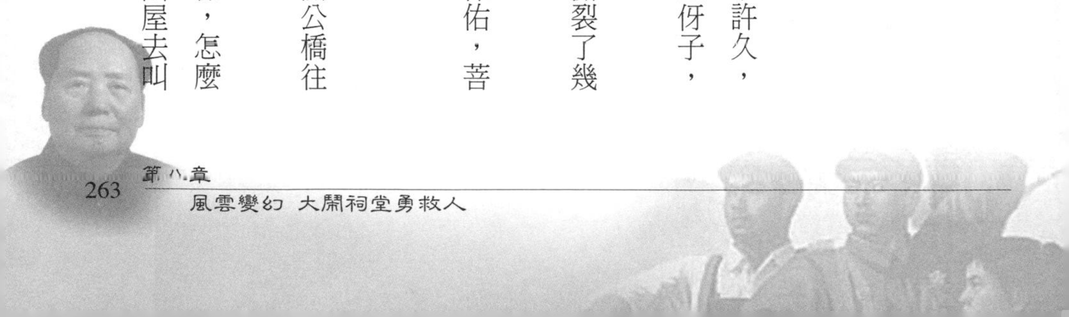

毛春成。

毛春成是毛澤東家的新長工。入秋以來，毛順生開始考慮自己的豬、米生意，因此用在田間勞作的時間就少了，他知道毛澤東一人忙不過來，就雇了毛春成到家裡幫工。毛春成也是韶山衝毛氏後人，他家裡窮，無錢租種田地，只好靠打工過日子。毛澤東十分尊重他，虛心地向他學習耕作的技巧，與他一起勞動，從不擺主人的架子。這讓毛春成很感動，經常誇他：「端得圓碗。」「圓碗」是韶山話，意思是樣樣能幹。這樣一來，毛春成就與毛澤東關係密切，反而與真正的主人毛順生之間有了隔閡。有時候，毛順生安排事情，還不如毛澤東說的話管用。

更重要的是，在先進書刊影響下，毛澤東認識到壓迫與剝削的現象，常常在人前人後講這樣的道理，毛春成深受影響，對年少的毛澤東更加佩服。面對這一切，毛順生又氣又惱，恨不得逮住毛澤東揍一頓，他咬牙切齒地說：「這個伢子，不知道想幹什麼？對著幫工講什麼反抗壓迫？哼，這個家早晚有一天要敗在他手裡！」毛澤東毫不在意，繼續暢談自己的理論：「幫工就是幫忙工作，做多少工作得多少報酬，主人與他是平等的，不能因為雇用他就壓迫他，更不能剝削他。」如果說，他以前對王長工的感情是樸素原始的，那麼，現在的他經過進步思潮影響，已經具有了一定的階級意識。

由於毛澤東的影響，他家裡的情況發生著微妙的變化，毛順生佔有絕對統治權的地位悄悄動搖著，文七妹和毛澤民也不時站出來反對他，這個小小的家庭已經形成了兩股相對的勢力。

只不過毛澤東一方的勢力十分微弱，處於剛剛萌芽狀態而已。

儘管如此，毛澤東的抗爭意識依然十分強烈，他常常為了毛春成與父親頂嘴，常常引經據典地反駁他。有一次，毛順生指責他們兩人沒有按時施肥，毛澤東當即說：「昨天下雨，怎麼施肥？」毛順生說：「你們偷懶，還找藉口！」毛澤東氣呼呼地說：「你常罵我偷懶，我沒說什麼。你怎麼罵春成叔呢？他能幹勤勞，韶山衝誰不知道，誰比得過他！」被他一說，毛順生臉都紅了，指著他罵道：「你這個不孝的東西，胳膊肘往外拐，你想氣死我！」毛澤東想也沒想，回敬道：「你只知道孝，卻不知道經書上說過『長者必須仁慈』這句話嗎？你是我的父親，是春成叔的雇主，不管對誰，都算是長者，你說的、做的稱得上仁慈嗎？」毛順生氣得嘴唇哆嗦，一句話也說不出來。

這次勝利鼓舞了毛澤東，他明白「以其人之道還治其人之身」的道理，得意地想，父親一直信奉經書上的話，我以後專門用這樣的話反駁他。果然，不久之後，毛順生再次指責他懶惰時，他成竹在胸地反駁道：「經書上說，長者應該為年輕人做榜樣，多工作，體貼他們。你比我大兩倍多，所以應該多工作，可是你除了算帳、要帳，做過什麼農事？等我到了你這樣的年紀，一定比你勤快得多。」

面對如此出言不遜的話語，毛順生氣極了，要是在幾年前，他肯定動手打人。可是現在三個兒子一個賽一個地成長著，毛澤東已經比自己高出半個頭，在不久的將來就要成家立業，還

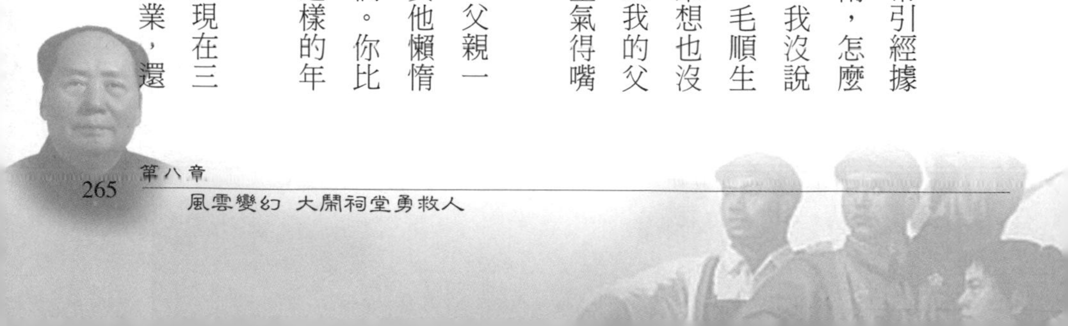

能再打嗎？不能打了，只要他肯做，說什麼隨他去吧！想到這裡，他隱忍下了，衝著毛澤東沒好氣地說了一句：「不要光說不做，要是你到了我這個歲數真比我勤快，我現在什麼都不管你。」

儘管父親做出退讓，毛澤東卻不認帳。他的叛逆情緒在逐步高漲，他的個性在一天天凸顯，於是父子之間的矛盾也就不斷變化升級。今天下午，毛順生本來打算讓毛澤東和毛春成去要帳，可是毛春成的母親病了。毛澤東替他向父親請假，並說：「我不清楚帳目的事，還是你親自去一趟吧！」毛順生當然不放心他一人去要帳，這才獨自一人急匆匆踏上要帳的道路。

沒想到，這一去到了深夜，回來的路上，路過一座山頭，他竟然遇到一隻老虎。老虎像團疾風一樣轉出山包，向著他撲來時，毛順生嚇得雙腿打顫，手腳發軟，像團爛泥一樣癱在當地，根本不知如何是好。奇怪的是，老虎似乎對他不感興趣，圍著他轉了幾圈，突然衝上山坡，眨眼間無了蹤影。

毛順生好半晌回過神來，拔腿往家跑，帳本和錢幣丟了一路，等他到家，不知道摔了幾個跟斗，跌了幾次跤，已是鼻青眼腫，上氣不接下氣，形神兩傷。

再說毛澤東，他聽從父親安排去叫毛春成，走出屋子想起一事，回身說：「春成叔今天請假回家了，沒在咱家住。」

毛順生也記起來了，長長嘆口氣說：「怎麼辦？帳本丟了怎麼要帳？誰和三伢子回去找？」

一直忙碌的文七妹突然開口說：「別去找了，說不定老虎還在呢！多危險，今天就別去了。」

「老虎？」毛澤東驚訝地張大了嘴巴，「父親，你在路上遇到了老虎？」

「是啊！」文七妹簡單地向他說了毛順生遇到老虎逃回家中的事。毛澤東聽得目瞪口呆，驚奇地盯著父親，簡直不敢相信會發生這樣的事。

毛順生心有餘悸，卻又不捨得帳本，十分煩躁，催促毛澤東說：「別傻愣著了，趕緊想辦法找回帳本。」

毛澤東從驚愕中清醒過來，搖頭說：「父親，我看母親說得有道理。老虎說不定還在呢！去了多危險。你沒聽說過『苛政猛於虎』這句話嗎？依我看，老虎出現是提醒你不要再去要帳了。你想，現在窮人那麼多，很多人沒飯吃，咱們還要追到人家屁股後面要錢，同樣會逼死人命。不是比老虎還凶殘嗎？我們家裡吃穿不愁，要那麼多錢幹嘛？帳本丟了就丟了吧！以後不去要帳就是了。」

聽他這番話，文七妹很擔心，她緊張地望著丈夫，心想，三伢子好大膽，竟然敢對父親說這種話，是不是又想挨打了？就在她著急地考慮著如何為兒子開脫時，出乎意料的事情發生了，毛順生一直閉著眼睛靜靜地聽著毛澤東的言論，聽完了也沒說話，反而十分平靜。

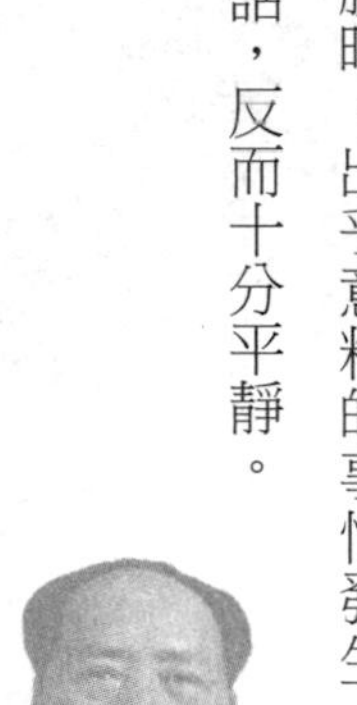

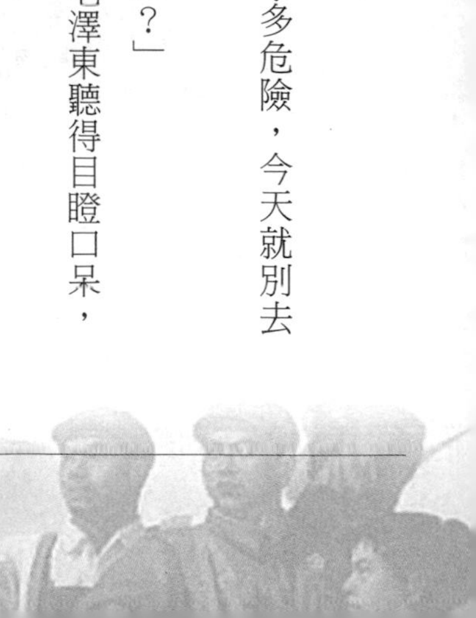

對此，文七妹納悶極了，不知道丈夫到底如何想的？不知道父子之間是不是又要展開一場激烈爭論？

事實證明，文七妹的擔心是多餘的。毛順生接受了兒子的建議，沒有繼續追尋帳本一事。這可是從來沒有過的事情，毛澤東既感到意外，也覺得高興，他以為父親開始認同自己了。這對一個家庭中的長子來說，可算是最大的榮耀。看到他們父子難得的和解，文七妹說不出的喜悅，悄悄到佛像前磕頭許願。令人大感驚訝的是，毛順生也隨著妻子來到佛像前，他沒有像以往那樣反對，而是畢恭畢敬地跪下來，接連磕了好幾個頭，還說道：「這次大難不死，都是神佛保佑啊！」從此，他不再那麼堅決地反對家人信佛了。

這件事給毛澤東留下深刻印象，他想，母親和自己曾經多次勸說父親信佛，他一直不聽，現在遇難了，不用勸他就主動去磕頭，看來自身的反省和覺悟比什麼都重要。後來，他在回憶起此事時還說過：「我們試過很多辦法想讓他信佛，可是沒有成功。他只是咒罵我們。」可是遇虎事件之後，「他比較信佛了，不時地還燒燒香。」

第三節 賒本生意

退還訂豬

由於毛順生態度的轉變，一家人都很高興，他們不再像以往那樣緊張了，特別是毛澤東，勞動、讀書更加積極，他似乎看到了自己能夠再次入學的希望。這天早上，他一大早到田裡去割草，走到門口卻被父親喊住了。毛順生說：「三伢子，田裡的工作就交給春成吧！前幾天我和村西的毛二家訂了一樁買賣，他把豬賣給我了。我不能出門，你去看看，把豬趕回來。」

毛澤東向來討厭做生意，他認為無商不奸，曾經多次與父親爭辯。可是目前父親受驚嚇不能出門，他也只好放下手裡的筐子、鐮刀，向毛二家走去。一路上，毛澤東並沒有考慮買賣之事，而是思索著何時才能離開韶山衝，到新學堂讀書。

不知不覺到了毛二家，毛澤東走進去喊道：「二叔在家嗎？我父親讓我來趕豬。」

毛二走出來迎住毛澤東，一臉奇怪神情，極不情願地帶著他走向豬圈。毛澤東心細，看到

毛二神色不對，就問道：「二叔，你怎麼啦？難道不捨得賣豬嗎？」

毛二嘆氣說：「豬餵大了就是賣的，我還等著花錢呢！可是——唉，自從你父親訂了我的豬，豬價就漲了。這十幾天時間，每天一個新價格，你說說，是不是我時運不好？我多餵了十幾天，還要便宜賣給你家，我可吃大虧了。真是倒楣，要不，我能多賣三、四塊錢！話說回來，你父親可夠精明的，他常在外面跑，瞭解行情，所以提前回來訂豬，這一下子，你家又發一大筆！」

聽完這番牢騷，毛澤東心裡一驚，他馬上想到無商不奸這句話，馬上對父親的做法產生了反感，當即說道：「二叔，你放心，我不會讓你吃虧。既然豬價漲了，我就不趕豬了，你賣給別人吧！可以多賣幾塊錢。」

毛二一聽，吃驚地瞪大了眼睛，他結結巴巴地說：「三伢子，這——這樣不好吧！訂金我都收了，不趕豬你父親同意嗎？」

毛澤東說：「沒什麼，你把訂金給我，我回去跟我父親解釋。」

毛二想了想，覺得這是意想不到的好事，雖然冒著得罪毛順生的危險，可是他還是無法抗拒高價格的誘惑，要知道，三、四塊錢可以給孩子們添置一套新衣服，讓他們過個像樣的新年了。他不再憂慮，轉身進屋從箱子底下翻出幾塊大洋，掂量著交到毛澤東手裡，十分過意不去地說：「三伢子，這件事就拜託你了。唉！要是家境寬裕，我也不會做這種言而無信的事。」

毛澤東豁達地說：「沒什麼，這不是言而無信。做生意的只想著發大財，不顧窮人死活，這才是不仗義的做法。」

毛二笑了，拍打著毛澤東的肩膀說：「你呀！與你父親可不一樣。」

毛澤東揣著訂金回家了。他滿心以為，最近父親變了，不像從前那樣苛責了，只要自己跟他講明道理，他肯定會接受自己的建議。

然而，當毛澤東將訂金交給父親，對他說明事情的經過後，毛順生勃然大怒，開口罵道：「敗家子，沒用的東西！天底下有你這樣做生意的嗎？你真是越大越不成器！我提前給他訂金，就是怕他反悔，你倒好，三言兩語就把生意搞砸了，這樣下去，生意還怎麼做?!」

毛澤東耐住性子解釋道：「他家窮，三、四塊錢對他來說太重要了。我們家不缺吃、不缺穿，三、四塊錢也不是大數目，就算是救濟他，也是應該的。」

「應該的？」毛順生更加生氣了，「你救濟他，誰來救濟我們？你不當家不知道柴米貴，這些年我是怎麼辛苦持家的，你難道一點也看不見？白養活你了，到最後你也得把這個家敗掉！你這個懶惰的東西！」

毛澤東忍受不住了，抬起頭頂撞道：「你只知道自己發財，不顧他人死活，這是奸商行為，我不會像你這樣做，我要光明正大地做人做事！」

「什麼，」毛順生被氣糊塗了，說，「我是奸商，我做事不磊落？你這個不孝子，你除了

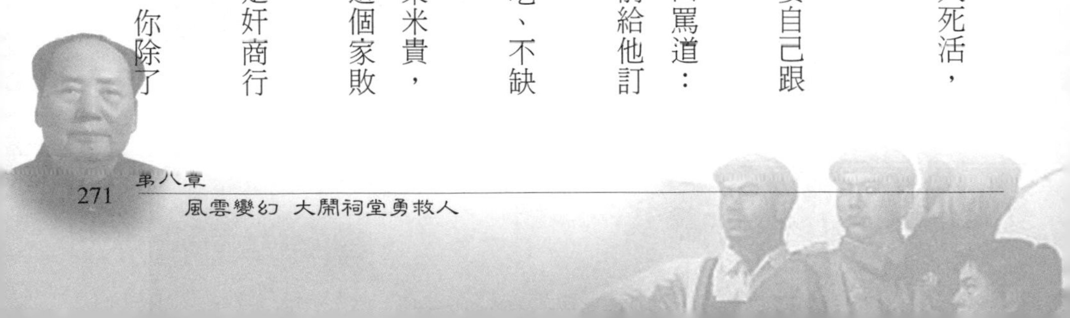

氣我，還會做什麼！」

父子兩人吵得越來越兇，文七妹和毛澤民在一邊觀戰，卻不知道該如何勸解是好，只是急得你看我我看你，搓手跺腳。最後，還是毛澤民乖巧，他端過藥鍋遞給父親說：「吃藥了，吃藥了。藥煎好半天了，再不吃就壞了。」毛順生心疼東西，忙停下爭吵專心地吃藥。

趁此機會，文七妹拉走毛澤東，眼淚汪汪地勸他道：「三伢子，你不能這麼頂撞父親，即便他不對，你也要好好地跟他說話，你這樣大呼小叫，哪像做兒子的？我知道你學了些時髦的東西，可是那些東西怎麼能用來對付自己的父親呢？你記住了，你是長子，做什麼事都起個帶頭作用，你要是與父親鬧下去，咱家還會平靜嗎？你今天的做法不是中國人的做法，我不支持你！」

毛澤東讀書

聽了母親這番語重心長的教誨，毛澤東有些後悔，但他依然十分不解，父親怎麼會這麼在意三、四塊錢？他為什麼不肯救濟一下別人？為什麼總是看不起自己？想到這裡，他又覺得自己做得沒錯，又對父親充滿了反感，甚至有了些許的恨意。

米被搶了

初冬來臨，毛順生逐漸從驚嚇中恢復過來，又投入到自己的生意當中。每年這個時候，他都會收購大批穀米，待到來年開春時販賣。本來，他有意培養毛澤東的生意能力，讓他為自己分憂，可是他卻一腔書生氣，不知經營艱難，真有點恨鐵不成鋼之感。無奈生意需要人手，眼看著兒子長大成人，精明的毛順生不肯花錢雇用外人，只好把毛澤東帶在身邊幫忙。

年少的毛澤東開始了生意生涯。他每天跟隨父親外出收米，記帳付錢，像個小帳房先生。雖說他不喜歡做生意，可是他對待賣米的農民十分熱情客氣，從不缺斤短兩坑害他們，還一分錢也不少給他們，非常公道。幾筆生意下來，不少人都說：「三伢子真行，小小年紀有魄力。」

毛順生卻不以為然，他悶悶地批評兒子：「做生意不能太死板，人要靈活，像你這樣誠實，怎麼能掙到錢？」

毛澤東說：「掙錢事小，做人事大。我才不做那種為了幾塊錢不講義氣的人呢！」

毛順生提高聲音說：「做人？哼，你才幾歲，知道什麼叫做人？」

毛澤東說：「怎麼不知道，孔夫子說『仁者愛人』，做人首先要有一顆慈善的心懷……」

「好啦！別說了。」毛順生打斷兒子的話，吩咐道，「算算今天的帳目！」他瞭解兒子有學問，懂得引經據典與人較量，他可不想與他爭辯下去。

一個冬天就在父子的勞動和爭論中匆匆而逝。轉眼來的1908年，註定是一個不安分的年頭，青黃不接的時日到了。這年年景依舊悽惶，早早地，就有大批飢民湧出家門，加入討飯的隊伍中。沒飯吃的人越來越多，為了活命，他們想盡了辦法，依舊無法糊口，於是，在革命思潮影響下，一場「吃大戶」運動在各地轟轟烈烈地展開了。

在中國封建社會，有時候會發生所謂「吃大戶」運動，即農民遇到災荒年頭，無法生活，有時候成群結隊到有錢有糧的富裕人家家裡搶糧食吃。在封建文化觀念中，災年「吃大戶」普遍被視為可以容忍的半合法現象。

運動迅速波及開來，也衝擊到了小小的韶山衝。在韶山衝，算得上富裕的人家並不多，毛澤東家雖說不缺吃穿，由於毛順生為人一貫低調，生活節儉，加上文七妹與人為善，很少得罪人，地位和聲譽還算不錯。因此「吃大戶」運動暫時沒有波及他家。

不過，毛順生依舊非常害怕，他擔心自己收購的米被搶，苦心經營的家業也會毀於一旦。這天夜裡，他帶著毛澤東和毛春成悄悄出門，打算護送穀米從水路離開韶山衝，去銀田鎮出售。

他們的船隻很快進入河水中央，快速地向著銀田鎮而去。幾天來，毛澤東一直思考著「吃大戶」的事，曾經悄悄對毛澤民說：「富人接濟窮人，天下一體，這可能就是孔夫子說的『天下大同』吧！」

毛澤民撅著嘴說：「什麼大同？這叫搶劫。你沒看到父親愁眉苦臉嗎？他擔心哪天那些窮鬼上門吃咱們呢！」

毛澤東板著臉孔說：「你怎麼跟父親一樣！那些窮人挺可憐的，不給他們吃穿，難道眼睜睜看他們餓死？」

「可是，」毛澤民急急地說，「你樂意他們到咱家吃喝？別忘了，家裡的一草一木，一粒米一顆菜都是咱們辛勤勞動得來的，憑什麼讓他們白吃白喝！」

毛澤東一時啞然，他也找不出讓他人白吃白喝的理由，覺得那些窮人的做法欠妥當。不過，在內心深處，他依然深深同情窮人，恨不能將家裡的糧食分給他們，解決他們生存問題。這種矛盾的心情困擾著他，左右著他，使他非常苦惱。

如今，坐在船頭護送穀米的毛澤東，心裡依舊亂糟糟的。有一陣子，他特別衝動地想，要是飢民圍上來搶米，我該怎麼辦？是趕走他們還是幫助他們？就在他胡思亂想之際，船隻駛入銀田鎮碼頭。毛順生謹慎地吩咐毛澤東和毛春成看護船隻，自己下船察看形勢，聯繫買主。

天還未亮，四周靜悄悄的，毛順生腳步匆匆地穿過碼頭，熟練地拐了幾個彎，消失在茫茫夜色中。毛澤東站在船頭，他身邊站著提著燈籠的毛春成，兩人一會兒看看前面的碼頭，一會兒望望身後的船艙，誰也沒有說話。過了會兒，毛春成突然打了個寒噤，聲音顫顫地說：「三伢子，你父親怎麼還不回來？不會出事吧！」

毛澤東心裡也是七上八下，似乎預感到了什麼不測，不過他人小心大，低聲安慰毛春成：「我父親年年到這裡賣米，輕車熟路，不會出事。」

毛春成說：「今年不同往年，就怕有人來搶米。」

聽到「搶米」二字，毛澤東反而坦然了，有些激動地說：「搶就搶吧！他們搶了去可以救活很多人，我們賣了，不過換幾塊錢。你說說，哪樣更有意義。」

毛春成詫異地盯著毛澤東，好一會兒才說：「可不能這麼說，可不能這麼說。」

毛澤東說出心裡話，著實被自己嚇了一跳。然而，他心裡熱情蕩漾，為自己大膽叛逆的言詞和想法激動著，似乎特別渴望搶米事件發生。

東方漸白，碼頭上聚攏的船隻越來越多。毛順生還沒有回來，毛春成熄滅燈火，與毛澤東商量道：「這麼長時間了還不回來，不如咱們下去看看吧！」

毛澤東想了想說：「你在這裡等著，我下去看看。」說完，他慢慢地觀察了一會兒，才縱身一躍，跳下船。到了岸上，他跺跺腳，衝著毛春成擺擺手，轉身走了。可是，他還沒走出碼頭，就聽人聲鼎沸，一群飢民蜂擁而至。他們高聲叫喊，揮舞著米袋子，原來是到碼頭搶米的！

雖然毛澤東多次設想過搶米的場面，卻還是被眼前的事情震驚了。他有些措手不及，不知道該進該退，瞬間就被人潮脅裹著匯入到搶米的飢民當中。飢民們像餓虎下山，迅速包圍了整個碼頭的船隻，他們不顧一切地衝上船隻，打爛船艙，瘋狂地搶裝裡面的穀米。頓時，碼頭上哭喊聲、叫罵聲、撕打聲匯成一片，有些飢民為了搶米，彼此大打出手；有些船主拼命阻攔搶米，被飢民們打得抱頭鼠竄。不過，大多數船主知道「吃大戶」的厲害，還是乖乖地躲到了一邊，任憑飢民搶裝自己的穀米。

毛春成向來老實厚道，眼看著東家的穀米被搶，自己又無力阻擋，坐在船頭上放聲大哭。此時，毛澤東已經回到船邊，他一把拉起毛春成說：「春成叔，快躲開！」毛春成哭哭啼啼地說：「米被搶了，米被搶了，怎麼辦？」

「沒什麼，」毛澤東說，「飢民搶米是為了活命，讓他們搶吧！」說完，他看看雜亂無章的搶米人群，低聲嘟囔著：「太亂了，要是有組織的話，就更好了。」

很快地，飢民將所有船隻上的穀米搶掠一空，揚長而去。再看碼頭上，一派悽慘景象，不少船隻遭到損壞，各種器物丟了一地，穀米灑落得到處都是。船主們陸陸續續走回船邊收拾著，一個個垂頭喪氣，彷彿霜打的茄子。

毛順生心急火燎地回來了。剛剛，他帶著買主趕回碼頭時，恰好遇到飢民搶米，急忙躲了起來。待到他們散去，這才敢露面。他看到穀米被搶，臉色鐵青，一屁股坐到地上，好半天也不言語。

第四節　大鬧祠堂

「吃大戶」風波

穀米被搶，沉重地打擊了毛順生。在毛澤東和毛春成的勸慰下，他們三人才怏怏地趕回韶山衝。這件事給年少的毛澤東帶來極大震撼，他久久不能忘記那動人心魄的場面，被飢民們奮不顧身的精神所感染，覺得這是了不起的事情。確實，這是他十幾歲以來親身經歷的最大事件，對他的觸動當然很深。

事後，毛澤民曾經追問毛澤東：「你怎麼不阻攔哪些人搶米呢？」毛澤東激動地說：「阻攔？為什麼要阻攔？你沒有見到那場景，太壯觀了。我想，宋江帶領梁山好漢與官府對抗，肯定也是這樣的場面。沒有反抗，怎麼有公平？這叫官逼民反！」聽他這番言論，我們可以想見一位少年豪俠的形象，可以想像到成長起來的他帶領民眾造反搞運動，也可以理解他推行的政治綱領問題。

這年春天，不但毛澤東一家生活在搶米事件的陰影下，就連整個韶山衝，也無人不受「吃大戶」運動影響。富裕人家日夜擔心被搶，窮苦百姓一心想著怎樣搶到更多糧物，真是人心惶惶，民變不日可起。在這場運動中，窮人佔據著數量上的優勢，因此很快形成風潮，極大地威脅著富戶。很快地，窮人當中出現了一位領袖人物，他叫毛承文，也是韶山衝毛氏後人。在他帶領下，窮苦百姓掀起一輪輪「吃大戶」、「鬧平糶」運動。他們湧入地主家裡，搶奪糧食，並且要求他們平價買賣，不能坑害窮人。

在「吃大戶」、「鬧平糶」運動過程中，窮人們氣焰日漲，與富人之間矛盾日深，他們不但提出了各種要求，還大膽揭發有權有勢人物的惡行，與他們進行著抗爭。其中，毛承文帶頭揭發的毛氏族長貪污案格外引人注意。

族長是封建社會的一種家族管理體制，一般由本族內輩分最高者擔任。韶山衝毛氏宗祠座落在韶山衝十八羅漢山麓，是韶山毛氏家族的總祠堂。分管著毛震公、毛鑑公、毛琛公、毛王常公、毛石祥公等五個支祠堂，既是毛氏家族首腦的辦公機關，又是毛氏族人的活動中心，當地人稱為毛家大祠堂。毛氏宗祠興建於1758年（清乾隆二十三年），1763

毛氏祠堂

年（乾隆二十八年）建成。大祠堂坐東南朝西北，古樸莊嚴，蔚為壯觀。

如今，毛承文揭發族長在修建祠堂過程中貪污了公款。這件事情一經傳開，立即轟動了韶山衝，人們議論紛紛，指責聲此起彼伏。本來，族長對窮人「吃大戶」運動就很反感，無奈他們人多勢眾，又都是不怕死的餓鬼，不好對付。現在他發現矛頭直指自己，惱羞成怒，立即勾結當地地主，網羅罪名，招募打手，開始了針對農民運動的打擊行為。

幾天後，族長發動一干人圍住毛承文家，以「破壞族規，理應受處罰」的罪名把他帶走了。

當毛承文被綁押著走向毛氏宗祠時，一路上引來許多人追隨。他們意識到，族長拿毛承文示問，是殺雞儆猴，威脅參與運動的窮苦人。於是，窮苦人害怕了：「怎麼辦？拿了毛承文會不會還來抓我們？」富裕人高興了：「哼，窮鬼，讓你們搶，知道厲害了吧！殺，該把你們全殺了才解恨！」

在追隨的人群中，一位高個子少年腳步匆匆，面帶焦急神色，快速地趕往毛氏宗祠。他正是毛澤東，今天一大早，他去田裡打豆草，路上聽說毛承文被抓一事，十分吃驚，扔下手裡的豆草就趕了過去。

當他來到毛氏祠堂時，看到裡裡外外站滿了人，大家擠來擠去，神色各異，對此事表現出強烈關注。毛澤東隨著人群向前擠去，很快來到祠堂最內層的「敦本堂」，站到了人群最前面。祠堂內，年老的族長捋著花白的鬍鬚，正與幾個支族長和地主商量著，他們不時露出得意的、不為人察覺的笑容。而五花大綁的毛承文跪在祖宗牌位前，被幾個年壯的漢子看守著，頭也抬不起來。

眼見此情此景，少年毛澤東怒火中燒，他真想上前一步解救毛承文，可是，他只是個沒有地位的少年，他能救出毛承文嗎？

毛三伢子救人

與毛澤東一樣忿忿不平的人很多，他們暗地裡握著拳頭，目光中流露出憤恨神色，但是懾於族長的勢力，一個個都是敢怒不敢言。祠堂內的空氣顯得十分緊張，除了低低的咳嗽聲，並無一人言語。

毛澤東站在最前面，身後緊緊地跟著毛澤明、周大方幾人。原來，他們也是聽說了毛承文被抓一事趕過來的。少年人愛湊熱鬧，他們擠到前面，發現毛澤東早來了，於是急忙跟上來。這時，族長從椅子上站起來，背著手在毛承文前面來回走了幾趟，長長地咳嗽幾聲後，突然伸手指著他說道：「毛承文有意破壞族規，罪過重大，今天，我要代替列祖列宗懲治他。」說完，他招呼一下左右站立的打手，惡狠狠地命令：「打！」

打手們呼啦一聲湧上來，有人拿著木棍，有人拿著鐵棒，圍住了跪在地上的毛承文。眼看著一場血腥痛打不可避免，許多人嚇得連連後退，有些膽小的甚至轉頭跑出了祠堂。毛澤明悄悄拉扯毛澤東的衣服，示意他趕快離開。可是，毛澤東好像沒有察覺到毛澤明的提示，他不但沒有後退，反而上前趕了一步，大聲喊道：「不能打！」

此話一出，猶如晴天霹靂，在祠堂內炸響了。所有人將目光一起轉向毛澤東，他們發出驚奇地詢問：「三伢子要幹什麼？」族長更是驚訝非常，他斜著眼睛瞄瞄毛澤東，一時不知道該說什麼才好。他根本沒有預料到有人會出面為毛承文打抱不平，因為富人痛恨他，不會為他說話；而窮人懼怕族規，不敢為他申辯。所以，在他心裡，這是一場只會贏不會輸的官司，毛承文只有挨打受罰的份。面對突如其來的阻撓，他措手不及。

圍觀的窮人在毛澤東說出「不能打」之後，紛紛停止了後退的腳步，一起跟了上來，站在毛澤東身後高叫低喊：「對，不能打！毛承文不就是揭發了族長貪污的事嗎？族長公報私仇，這樣做不對！」

在眾人的叫嚷聲中，族長的臉色由紅而白，由白而青，漸漸掛不住了，他伸手指著毛澤東怒聲責問：「你是誰？敢來阻撓家族大事！」

毛澤東盡量放低語調，緩緩說道：「我叫毛潤之，是毛家家族一員，有權利過問家族的事。毛家族規雖然要求嚴格，可也是講道理的。要想打人，總得講出個理由來，對不對？」

族長被眼前少年不卑不亢、鎮定自若的氣度震駭了，轉著眼珠想了一會兒，突然想起什麼似的說：「你是毛順生的兒子三伢子？來找我借過書？」

提起那次借書，毛澤東自然不會忘記，正是在那次偷讀古書，讓他瞭解了族規家訓，才有了今天反駁族長的依據和底氣。他回答道：「我是三伢子。我聽說族規有規定，凡是懲罰族人，都要有根據。不知道毛承文違背了哪條族規？哪條祖訓？非要打他呢？」

「這個——」族長一時語塞。他早就聽說過毛澤東，知道他學識過人，思想激進，在韶山衝年少一輩中有些威望，是個人物。而且，毛順生在家族中頗具身分、地位，不好惹。如此想來，這個毛澤東出面反對自己，倒真是個大難題了。不過，就這樣敗在一個少年手下，放了毛承文，豈不是坐實了貪污的罪名，讓人笑話？族長不甘心失敗，於是板起臉孔說：「家族大事，小孩子哪裡懂？三伢子，你快回去，不要惹是生非。」

毛澤東哪肯退讓，他據理力爭：「今天在場的人不只我一人，還有很多毛家子孫。要說我是小孩子，他們都是大人吧！他們有權利知道事情的真相吧？」

圍觀的窮人聽了，齊聲喊道：「對，我們要知道毛承文究竟做錯了什麼？為什麼要挨打？不說出道理，不許打人！」

喊叫聲中，周大方也跳了出來，嘻笑著對族長說：「要我說，你就該搬出族規，唸唸條款，看看毛承文到底犯了哪一條，是誣衊長輩了還是搶人錢財了？不管證實了哪一條，你都可以放心打人啦！」他不是毛氏族人，有意調侃族長，更加重了族長的憤怒。族長指著他罵道：「不知好歹。」原來，周大方家最近也受到了「吃大戶」衝擊，這次抓綁毛承文，周大方的父親也參與了。然而，周大方因為與毛澤東要好，受其影響，竟然產生了樸素的同情窮苦人的思想，站出來反對父親和族長們的行為。

眼看著群情激越，場面漸漸失去控制，族長有些心虛了，他支吾著說：「毛承文帶頭吃大戶，損壞了別人的財務，當然要受懲罰。」

毛澤東當即反駁：「『吃大戶』的又不是他一個，為什麼只抓他一人？再說，這樣的事官府都默許了，怎麼會牽扯到族規家訓？」

「對，對。」圍觀的窮人高聲支持毛澤東。

族長惱怒地盯著毛澤東，咬著牙根說：「他破壞族規，頂撞族長，就該受罰！」

「這也不對，」毛澤東說，「族長做錯了，他人可以指出來，這不算錯。即便真的言語衝突，也不至於挨打，說教就可以了。」

圍觀的人開始了叫嚷：「什麼頂撞長輩？不就是揭發了貪污修建祠堂公款的事嗎？」「毛承文不該受罰，受罰的是族長！」「懲罰族長，懲罰族長！」

叫嚷聲一聲高過一聲，族長招架不住了，慌忙回身尋找同盟。可是，那些地主早就領教過「吃大戶」的厲害，眼見形勢不利，哪還敢硬碰硬，一個個溜之大吉。族長見大勢已去，灰溜溜地指揮打手們說：「放人，放人！」

就這樣，毛承文得救了。窮苦百姓一擁而上，攙扶著他走出祠堂，一步一步趕回家去。毛澤東和毛澤明、周大方等少年走在人群的後面，毛澤明佩服地說：「三伢子，真有你的，敢跟族長抗爭。」

「這有什麼，」毛澤東說，「他做得不對，就該與他理論。」說完，他轉回身看著陳舊肅穆的「毛氏宗祠」幾個大字，心底驀然升起一股莫名的衝動，久久不能平靜。

第九章

奉命成親　不念私情志存高

為了求學，毛澤東不肯聽從父親安排去米店做學徒，為此，父子反目；為了走出韶山衝，毛澤東一個人默默地籌集學費。有一天，滿懷豪情的他在籌集學費的路上，遇到一位可憐的老人，毫不猶豫地拿出學費遞過去。

為了說服父親，毛澤東請來了親朋和老師，他們輪番上陣卻說服不了父親。就在毛澤東陷入無助時，一場輸掉的官司幫了他的忙。

第一節　奉命成親

婚事在即

毛澤東祠堂救人的事很快傳遍韶山衝，自然也傳到父親毛順生的耳中。一開始，毛順生非常生氣地訓斥他「多管閒事」、「得罪族長」，打算讓他給族長賠禮道歉。毛澤東當然不幹，引經據典地與父親理論，說自己做得沒錯。這天，父子倆正在爭論，毛宇居來了，勸說毛順生：「大叔，不管潤之做得對還是錯，要我說，他勇於出面救人，勇於和族長理論，這就很了不起。您瞧瞧，咱們韶山衝這麼多人，誰有他膽量大？又有誰能說服族長？潤之不過十幾歲的孩子，能做到這一切，太厲害了。」

毛順生聽了這番言論，內心思索著沒說什麼，放下手裡的活計請毛宇居進屋說話。毛澤東站在院子當中，看到他們一前一後的身影，眼前突然一亮，想起自己打算繼續求學的事。他想，父親最聽毛宇居的話了，由他出面為自己說情，會不會說動父親呢？

可是，沒有等毛澤東實現自己的計畫，他家裡又發生了一件事，再次阻滯了他求學的打算。而這件事，還與毛澤東息息相關。

毛順生一直認為，兒子毛澤東不務實業，既不能出力又不會經營，對他很感不滿，本打算讓他跟著自己做生意學些生存之道，他又不是那塊料，讓他格外心煩。如今，出了兒子頂撞族長的事，更是平添了他的擔憂，他想，三伢子不肯工作，又愛惹事，這些年沒少和我爭吵較量，現在竟然敢和族長抗爭，往後更不把我放在心上，這樣下去早晚得出事，不能放縱他了，應該想辦法收攏收攏他的野心。

當他把自己的想法告訴妻子文七妹時，七妹說：「三伢子大了，讀的書多，想法多，咱們不好管了。」

毛順生深有體會，想了想說：「他也十五、六歲了，要我說，不如給他討個媳婦，娶親成家。有了媳婦，他的心自然收攏了。」

文七妹頗感意外，盯著丈夫說：「三伢子同意嗎？他可一直想繼續讀書呢！」

「婚姻大事，父母說了算，由不得他。」毛順生武斷地說。隨後，他盯著妻子的臉龐端詳了好一會兒，心疼地說：「這些年，妳一人操持家務，也夠累的。現在三個伢子大了，事情更多了，給三伢子娶了媳婦，可以幫妳工作。」

也許很少得到丈夫的關心吧！文七妹聽了這番話，竟然淚眼婆娑，哽咽著好半天沒有說出什麼。為毛澤東娶親的事也就這麼定下來了。

不久，婚事說成了，女方姓羅，是毛澤東祖父一個妹妹的孫女，與毛澤東家是表親關係。羅氏十八歲，比毛澤東年長近四歲，這種女大男小的婚姻在當時較為富有的人家很常見。

婚期在即，毛澤東還蒙在鼓裡。文七妹擔心毛澤東不答應婚事，鬧婚禮，事先悄悄叫他過來，試探著告訴了他訂親一事。毛澤東一聽，當即跳了起來：「我不娶親，我要到外面讀書。」文七妹說：「娶親不耽誤讀書，你沒看見戲文裡唱的嗎？很多人都是娶了親以後才考中狀元的。你父親已經答應了婚事，訂下了婚期，你要反悔了，還不是打他的臉，他肯定饒不了你。」

聽到這裡，毛澤東心裡一動，最近一段時間，他日思夜想的事就是如何說動父親同意自己繼續讀書。如母親說的，如果自己毀了婚事，還不是斷送了自己的求學之路。想到這裡，他反對婚事的衝動削弱了不少，低聲問母親：「要是我答應娶親，父親會不會同意我外出求學？」

這一問倒問住了文七妹，她知道丈夫的脾氣，也清楚他為兒子娶親的目的，可是就是拿不準這件事。她為人坦誠，從不欺瞞兒子，於是實話實說：「這可不好說。不過，你不答應娶親，他肯定不讓你讀書了。」在她內心深處，也是渴望兒子早一天成家，早一天有個歸宿，做父母的好早一天省心。

毛澤東仔細掂量母親的幾句話，真是左右為難，不知道該如何決斷是好。這對一向做事果敢、謀略出眾的他來說，確實少見。在他徬徨之際，婚期來到了，他會不會迎娶羅氏呢？

娶親為求學

婚期逼近，再想退婚已不可能。不足十五歲的毛澤東遵照父命糊裡糊塗迎娶了羅氏，成為一名年少的新郎官。羅氏進門，立刻成為文七妹的得力助手，做飯、洗衣，樣樣都會。每日，毛澤東下田勞作，羅氏在家裡幫著婆婆持家，看起來像一般人家一樣。可是，毛澤東沒有貪戀私情，一直沒有和羅氏同房。在結婚前，他就曾對母親說：「羅氏進門是為了幫妳工作，我現在還小，還想讀書，不想讓她打擾我，妳給她單獨準備一處住處吧！」這種情況在當時比較常見，文七妹也就答應了兒子的要求。因此兩人名為夫婦，實則什麼也沒發生。這對年已十八歲的羅氏來說，不能不算做傷害。

又是半年時光過去了，毛澤東對於求學的渴望越來越重。這天，他正蹲在池塘邊讀書，父親和毛澤民從遠處走來，兩人邊走邊說笑，看起來喜孜孜的，好像遇到了什麼開心事。毛澤民遠遠地看到了毛澤東，大聲開玩笑：「大哥，你不在家陪嫂子，跑到這裡幹什麼？」

毛澤東頭也沒抬，回了一句：「她是幫母親工作的，要我陪什麼。」

毛順生臉上的喜色一下子褪盡了，他低聲吼道：「娶了親也不爭氣，真是沒用的東西！」

毛澤東的臉色也變了，他騰地站起來回敬父親：「又不是我想娶親，你們娶她進門不就是讓她工作嗎？」

「你——」毛順生惱恨地瞄了毛澤東一眼，什麼也沒說轉身就走。

毛澤東卻一不做二不休，藉機說出了自己的心裡話：「我按照你的意思娶了親，你該答應讓我外出求學了吧！」

這句話倒讓毛順生頗感莫名其妙，在他的意識裡，根本沒有把娶親和求學兩件事聯想在一起，面對兒子的質問，他不解地說：「求學？你娶了親不在家安安穩穩過日子，還求什麼學？」

毛澤東與母親、弟弟的合影

毛澤東堅定地說：「現在外面很多地方都在興辦洋學，我也想去。」

毛順生顯然生氣了，不過與以往不同，他竟然盡量控制著自己的情緒，以從沒有過的語氣說道：「做生意過日子，不是讀書讀來的，得靠辛苦勞動。現在你也娶親成人，不要整天想些沒用的事了，好好想想以後怎麼賺錢養家，才是正經事。」說到這裡，他嘆了口氣，瞥一眼毛澤東，臉上浮過一絲不滿和無奈。

毛澤東年少氣盛，哪裡體會到父親的心思，他當即反駁道：「娶親是你們的意思，是為了多個人工作，怎麼成了我的事？時事變化，外面發生著驚天動地的大事，世界在進步、在改變，哪個有志氣的人不嚮往，不追求、要我憋在家裡，不可能。」

毛順生無法忍受兒子的激進和無禮了，他提高了嗓門吼道：「不要說大話嚇唬人，我一生最看不慣你這樣的人。還好意思說『大事』，你能做什麼大事?!你要想出去求學，這也不難，只要你有錢，隨便去哪裡都行。」

父親如此瞧不起自己，毛澤東也怒火中燒，他漲紅著臉與父親爭吵：「你就知道經營自己的一畝八分地，就知道掙錢、掙錢，哪知道天下大事。像你這樣的人，早就不合時宜了。」

父兄爭吵，毛澤民急得抓耳搔腮，又想勸勸這個，又想勸勸那個，可見他們誰也不服誰，誰也不讓步，也就無能為力。最後，他拉住毛澤東說：「大哥，不要吵了，嫂子進門才幾天，你沉住氣，過幾天再說。」說完，他拉著毛澤東往上屋場而去。

毛澤東被他拉著，依然不肯認輸，回頭說了一句：「娶親，娶親就是為了求學。」然後，一把甩開毛澤民，大踏步走了。

毛順生站在當場，惱恨交加地看著兒子遠去的身影，狠狠地罵道：「這個不孝的東西，簡直造反了。」

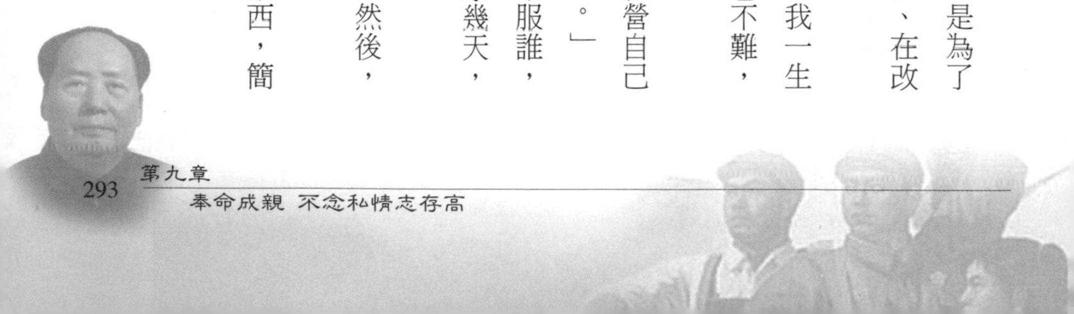

第二節

不做學徒

父親的新打算

毛澤東一直鬧著外出求學，這讓毛順生夫婦很苦惱。特別是文七妹，十分後悔當初勸說兒子娶親，認為是自己誤導了他，使他以為娶了親就可以求學。所以，她與丈夫商量說：「娶親也拼不住三伢子的心呀！他是被外面的世界吸引了。要我說，讓他出去闖蕩闖蕩也不是不可以，你忘了，咱們剛剛成親那時，你不是也出去當了一年多兵嗎？」

毛順生似乎已經忘卻了當年的經歷，他想了好一會兒才說：「是啊！是有那麼回事。唉！二十多年眨眼就過去了，老了，老了。」他是個很理性的人，難得如此感性地與妻子聊天。

文七妹接著說：「現在兒子大了，有自己的主張了，就放他出去長長見識吧！」

這個提議得到了毛順生默認。過了些日子，他去湘潭縣城辦事，順路到了裕盛張家米店。

多年來，毛順生一直與這家米店保持著生意關係，經常到這裡販賣穀米。米店老闆知道他是個肯做、有想法的人，對他十分熱情，兩人關係不錯。今天，毛順生一進店，老闆就笑容可掬地迎了出來，招呼著讓他進屋喝茶。

兩人閒聊了一會兒，米店老闆嘆氣說：「世道艱難啊！如今做什麼都不易。你說我這麼個小店，總共就四、五個夥計幫忙。前幾天，兩個夥計去長沙送米，路上遇到了土匪，不但米被搶了，人也被打死了。你說說，我賠了夫人又折兵，這一下子得損失多少。」

毛順生跟著嘆氣說：「難啊！難啊！世道太亂，咱們老百姓能怎麼辦？」說到這裡，他忽然想起什麼，問道：「你店裡缺夥計，過幾天忙了怎麼辦？你還招新夥計嗎？」

米店老闆思慮著說：「看這世道，不知道往後會怎麼樣呢？話說回來，只要人活著，生意就要做，買賣就要開張。真是忙了，還要招人啊！」

毛順生忙說：「這可巧了，我大兒子十六歲了，讀過幾年書，很想出來見見世面，您要是不嫌棄，讓他跟著您做個學徒，學學生意，怎麼樣？」

米店老闆先是一愣，繼而笑著說：「都說毛兄你為人精明，還真有你的。咱們也不是外人，既然你有這個心，我當然很樂意接受啦！」

毛順生高興地謝過米店老闆，一路小跑地趕回家中。他心裡美滋滋地，一塊石頭終於落了地的感覺。當他把這個消息告訴家人時，文七妹也很開心，忙命羅氏去叫毛澤東。毛澤東聽說父親給自己找了份工作，十分意外，趕過來追問：「要我去哪？做什麼？」

毛順生有些得意地說：「縣城，去米店做學徒。」

「學徒？」毛澤東不解地問，「學徒是什麼？」

「就是幫忙工作，學著做生意。」毛順生說，「那家米店是縣城最大的米店，老闆為人仗義，挺不錯。你有學識，去了說不定還能幫著記記帳，將來做個帳房先生，這樣就不用出力了，掙的錢還多。」

毛澤東聽著聽著，眉頭不禁皺起來，這一切與他的理想太不一致了，他不喜歡生意往來，更討厭帳目，如果真像父親說的，做個帳房先生，豈不太無趣了？想到這裡，他脫口說道：「我不去，我不想做帳房先生。」

毛順生拍拍桌案說：「有你想的份嗎？還不知道人家會不會用你呢？你現在去了，就是做小徒工，跟著師父工作。一呢，給家裡增添點收入，二呢，學學生意處世之道，將來也會有出息。知道嗎？這份工作也不好找，現在生意不好做，到處都不招人。今天還挺巧，張家米店的兩個夥計出事了。我一說，老闆就同意你去。」

文七妹插嘴問：「夥計出什麼事了？三伢子去不會受影響吧？」

毛順生說：「與三伢子有什麼關係？張老闆說了，三伢子想什麼時候去都行。」

文七妹高興地看著毛澤東說：「這可好了，三伢子，你不是一直想到外面去嗎？收拾收拾，過幾天讓你父親帶你去。到了那要勤快，多工作少說話，不要……」

「母親，」毛澤東打斷她的話，「我還沒想好去不去呢！您先不要著急。」

「為什麼不去？」文七妹詫異地問，「你不願在家工作，不出去還能怎麼樣？」

「嗯——」毛澤東支吾著，沒說什麼。顯然，他對此事還沒有拿定主意，他一方面不喜歡做學徒，一方面又不願待在家裡，真是左右為難。

毛順生是個急脾氣，認定的事不容質疑，看到兒子猶猶豫豫的樣子，氣呼呼地說：「哼，就你這個懶脾氣，走到哪都不吃香。給你討了這份工作，去了說不定還給我丟臉。你不去拉倒，過幾天我讓澤民去，他比你強。」

毛澤東最恨父親罵自己懶惰、沒用，聽了這話，一下子漲紅了臉，半是頂撞半是賭氣地說：「誰給你丟臉了？我天天工作，哪裡懶惰？我什麼工作不會做，怎麼沒用了？我去也行，你得保證以後不能再罵我懶惰、沒用的話。」

父子倆爭吵已是家中習以為常的事，文七妹搖搖頭，趕緊說道：「三伢子答應去了，這就好。唉，你們父子分開了，我們的耳朵也可以清靜了。」

毛順生很務實，兒子既已答應去做學徒，他也不再爭辯什麼，一轉頭鑽進帳房，劈哩啪啦地打起了算盤。也許他在計算，三伢子去米店做徒工，一年會給家裡省下多少糧食，會給家裡增添多少收入呢！

然而，讓毛順生沒有預料到的是，事情並不順利，毛澤東還沒有來得及去米店，就出現了新問題。

不忘求學夢

這天，毛澤東帶著兩個弟弟在池塘前玩，顯得很開心，他說：「我去湘潭做學徒，以後也要把你們帶出去。」他認為離開韶山衝是件了不起的事情。也是，自幼生於斯長於斯，在這片群山環繞的谷地中成長的人們，誰不想走出去，看看外面廣闊豐富的世界呢？

毛澤民也很高興，一把奪過毛澤覃手裡的泥巴，說：「我們要跟大哥去城市，不玩爛泥巴了。」

毛澤覃只有三、四歲，哪裡知道這些事，「哇」一聲哭起來，喊著：「我要玩泥巴，我要玩泥巴。」

毛澤東連忙撿起地下的泥巴，塞到他手裡，轉頭對毛澤民說：「我走了，你要疼愛弟弟，不能欺負他。家裡田多工作多，恐怕又要請雇工幫忙了。」看來，他並非父親認為的那樣，對家事不聞不問，而是充滿了關懷之情。

毛澤覃

兄弟三人又玩了一會兒，毛澤東準備下田工作。他站起身的工夫，遠遠看見一個穿著青布衣衫的年輕人朝這邊跑來。他一邊手打涼棚觀望，一邊喊弟弟：「澤民，你看誰來了？」

毛澤民眼尖，他叫道：「是瀾泉，瀾泉表哥來了。」

遠處匆忙趕來的正是文瀾泉，他走得急，滿頭大汗，氣喘吁吁。毛澤東三兄弟迎過去，大聲招呼著：「表哥，你怎麼來了？」

文瀾泉看見毛家兄弟，停住腳步，上氣不接下氣地說：「有急事，有急事，快去給我弄杯水，渴死我了。」

毛澤民慌忙回去取水。毛澤東招呼著文瀾泉坐在一塊石頭上，焦急地問：「什麼事？是外婆還是舅舅、舅母出事了？」

「都不是，」文瀾泉擺擺手，「是你，你的事。」

「啊？」毛澤東好不驚訝，「我有什麼事？噢，對了，我要去湘潭做學徒，這件事你們不是知道了嗎？怎麼，舅舅不同意？」

文瀾泉先是點點頭，接著又搖搖頭，卻沒說什麼。看他的樣子，毛澤東急得團團轉：「今天怎麼啦？說話吞吞吐吐，這可不像你，到底怎麼回事？」

這時，毛澤民取水回來了，他把水遞給文瀾泉，打趣道：「表哥變啞巴了。」

文瀾泉猛灌幾口水，騰出手捶了毛澤民一下說：「小不點知道什麼！去，帶澤覃一邊玩

第九章
奉命成親 不念私情志存高

去，我跟你大哥有話說。」一向愛玩愛鬧的他如此認真，倒是出乎毛澤東的意料，他讓毛澤民帶著小弟弟走開，著急地問：「快說，什麼事？」

文瀾泉這才開了口：「東山高小招生了，運昌打發我來通知你。你去嗎？那可是所新式學堂，教的全是洋學問，可先進了。」東山高小，是湖南最早興辦的新式學堂之一，在湘鄉東臺山的腳下，距離縣城二、三里遠，興建於戊戌維新前，注重西學教育，在周圍的湘鄉、湘潭、瀏陽三縣很有名氣。

毛澤東坐不住了，他激動地說：「我要去，要去。我怎麼能不去呢？這些日子我日思夜想的就是外出求學，東山高小開設了洋學堂，我當然要去。」

「可是，」文瀾泉小心地問，「湘潭米店怎麼辦？你不去了？」

「不去了，」毛澤東當機立斷，「我本來就不喜歡生意買賣，不過想藉機出去見見世面，現在有了求學的機會，我當然不去了。」

「姑丈會同意嗎？」文瀾泉繼續問，「他能答應你去東山高小嗎？」

這是毛澤東面臨的最大困難，他望著遠方想了想，最終堅定地說：「不管他同意不同意，我一定要去東山高小。」

文瀾泉拍拍毛澤東的肩膀，嘆口氣說：「我就是不理解姑丈，你這麼聰明、腦子好，他怎麼就不叫你外出求學呢？現在到外面讀書的人可多了，運昌還要報考湘鄉師範呢！聽說畢業了可以到長沙的洋學堂當老師，多光彩。我就慘了，從小不愛讀書，勉強讀完高小，恐怕就要回家種田了。」

毛澤東顧不得聽他嘮叨，大腦快速地轉動著，思考著說服父親的方法，想著如何走出韶山衝，走向心中的理想之地。看他不言語，文瀾泉說：「我不留了，我要趕緊回去。你自己想好了，去還是不去？一定要拿定主意。」

毛澤東說：「去，我決心已定。你讓運昌他們放心，我一定想辦法去東山高小讀書。」他的目光中閃爍著一股熊熊燃燒的火焰，流露出無可替代的信念，這個信念將支持他按照自己的理想往前，往前，永不反悔。

當晚，毛澤東鄭重地對父母講了東山高小的事。毛順生聽罷，啞然失笑，表現出強烈的嘲諷之態。這比訓斥、責罵還要讓人難受，不過，毛澤東忍下了，他靜靜地等待著。文七妹有些難過地說：「怎麼說變就變，不是說好了去米店嗎？」

毛澤東還是沒有開口，他似乎在與父親較量。

屋子裡靜得可怕，每個人的呼吸聲都聽得清清楚楚，逼人的氣氛下，文七妹不禁顫慄一下，她不理解自己的兒子了，難道真像丈夫說的，他要造反不成？她也不理解自己的丈夫了，以往他總是大呼小叫，統治著家裡的一切，今天怎麼對兒子的無禮要求如此冷淡？她不知道接下來會發生什麼，一急之下，淚水不由自主湧上眼眶，啪嗒嗒滴落到地上。然而，對峙的父子

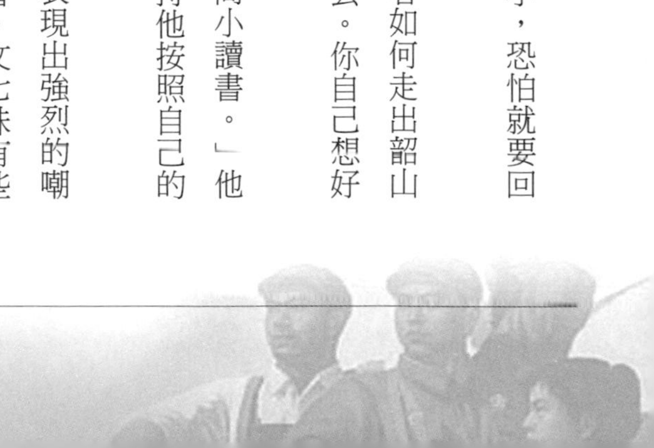

誰也沒有理會她的眼淚，依然僵持著。

接下來的日子，毛澤東和父親一直處於冷戰中，誰也不跟誰講話。全家人受其影響，一個個小心翼翼的，誰也不再提米店的事，生怕觸動這根敏感的神經。

在冷戰中，毛澤東沒有閒下來，他四處奔走，積極為求學的事想著辦法。那麼，他都想到了哪些辦法，他究竟有沒有說服父親呢？

第三節 堅持求學

自籌學費

東山高小的召喚徹底激起毛澤東對求學的熱望，他不顧一切地與父親抗爭著，爭取著。他對父親還是比較瞭解的，知道父親反對自己求學的主要原因就是怕花錢。年少的他天真地想：「只要我有了錢，就不用求父親了。」於是，他開始了籌措學費的行動。

借錢可不是件容易事，毛澤東不過十五、六歲，哪有人肯借給他錢。但是，在困難面前，毛澤東總是能夠想出辦法。他為自己規劃了一個借錢的計畫，這家五塊、那家十塊，慢慢地積攢著。當然，他借錢的主要來源是唐家托外婆家。一來，外婆家人支持他求學；二來，外婆家經濟也比較寬裕。一天下午，毛澤東和毛春成割稻穀，割了不到一半，他扔下手裡的鐮刀說：「不幹了，我要去唐家托。」說完，頭也不回大步流星地往雲盤山路而去。

很快，他來到了滴水洞附近，這裡離他的故居東茅塘不遠，是踏上雲盤山路的必經之路。

滴水洞

毛澤東從小多次由此去外婆家，對這裡非常熟悉和親切。秋日的滴水洞風光迷人，青山綠水，爽朗清新，左邊的龍頭山高昂著頭顱，右邊的虎歇坪氣勢奪人，其間一條羊腸小徑蜿蜒崎嶇而上，似乎沒有盡頭。行走其上的人，心底會兀自生出一股豪氣，與山壑、天地共鳴。可以想像，少年毛澤東在多次翻越山路的過程中，一定稟受了這種天降之氣魄，地生之豪情，鍛鍊了他堅實的體格，也塑造了他無與倫比的豪邁氣概。

可是，毛澤東只顧埋頭趕路，根本無暇欣賞周圍的山川景色，滿腦子裡想的全是借錢讀書的事。不一會兒，他穿過了翠竹蒼鬱的滑油潭，來到了八畝田附近。八畝田是群山中難得的一片沃土，滿山的山茶花一眼望不到邊，蔥蘢繁盛，十分引人注目。有人路過時，難免驚起一群群竹雞，牠們高叫著飛出樹林，很是熱鬧。以往，毛澤東總會追逐著幾隻竹雞玩耍一會兒才繼續趕路，今天卻不同，他好像沒有注意到那些飛叫的竹雞，依然趕路不停。

前面就是峰頂了，翻過去走一段下坡路就到了外婆家。毛澤東步伐越來越快，恨不能一下子踏上峰頂。就在這時，峰頂上突然走下來一位老漢，迎著毛澤東而來。這倒讓毛澤東吃了一驚，因為這條山路平日很少有人來往，特別是秋忙時節，來往者就更少了。他好奇地打量了一下老漢，見他瘦骨嶙峋，身上穿著粗布衣衫，上面打著好幾個補丁，一看就是當地非常常見的窮苦人。

老漢離毛澤東越來越近了，他一直低著頭，似乎沒有注意到眼前的少年。毛澤東本能地放慢了腳步，往路邊靠了靠，打算給來人讓路。老漢依然快速地走著，就要到毛澤東面前了，突然一個踉蹌，重重地摔倒在地。幾個紅薯從他的懷裡滾出來，順著山坡骨碌碌滾下了山。

毛澤東連忙上前，一邊扶起老漢一邊說：「大伯，您沒事吧？」

老漢痛苦地呻吟幾聲，焦急地望著紅薯滾落的地方，連連說：「沒事，沒事。可惜了，我的紅薯啊！救命的紅薯啊！」

毛澤東安慰他說：「您沒摔傷就好，紅薯已經找不到了。」

老漢顯然十分激動，他一下子坐在山路上，放聲大哭起來：「沒有紅薯我怎麼去見孩子們啊？我的老天爺啊！您是不想讓他們活了，您就眼睜睜看著他們餓死嗎？」

哭聲在山峰間迴盪，格外悽慘，格外令人心動，毛澤東聽不下去了，他勸阻老漢：「大伯，您別哭，您的孩子怎麼啦？」

老漢邊哭邊斷斷續續地訴說著：「伢子，你不知道，我是大坪人，女兒嫁到了韶山衝，丈夫家姓毛。去年，他們家沒飯吃，女婿帶著一幫窮苦兄弟『吃大戶』。結果，得罪了地主和族

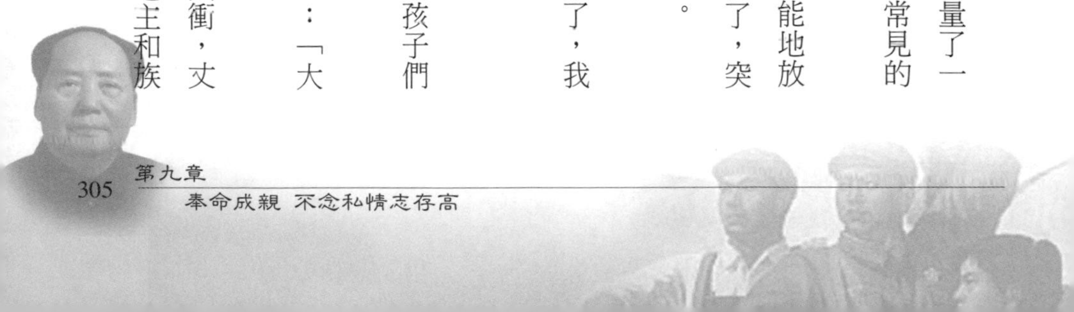

長，被綁到了祠堂受審。幸虧有位年輕人出面為他說話，他才沒被打死。這件事後，地主不肯租給他田種。到現在一年多了，他靠給人打工過日子，幾個孩子吃不飽、穿不暖。最小的伢子又病了，我家裡也窮，一家人沒飯吃，好不容易攢下幾個紅薯，本想著給他們送去，老天爺又不睜眼，讓我把紅薯也弄掉了。你說說，這不是老天成心不讓他們活嗎？」

毛澤東這下明白了，這位老漢是毛承文的岳父，懷揣紅薯來救濟毛承文一家。去年祠堂救人之後，他也聽說了毛承文一家的難處，母親文七妹還多次暗中幫助他家，給他們送去糧食。今天，面對老漢的哭訴，毛澤東也是滿腔憤恨：「可恨的地主，太自私了，眼看著人活不下去了也不救命，真是太不公平了。」

有人同情，老漢的情緒穩定了許多，他擦擦眼淚，這才仔細打量毛澤東，見他個子高高的，臉龐瘦瘦的，衣著打扮與當地少年無異，只是一雙大大的眼睛分外明亮，使他看起來別具神采，與眾不同。他嘆著氣，擺擺手說：「伢子，你走吧！不要管我了。」

毛澤東沒有走，而是伸手從懷裡掏出了五塊錢，遞給老漢說：「大伯，我這裡有五塊錢，你拿去吧！拿去買糧食送給你女兒家。」這是他昨天剛剛借到的五塊錢，還沒有來得及放到自己儲錢的櫃子裡。

老漢詫異地瞪著毛澤東，好一會兒木然無語。毛澤東再次對他說：「我只有五塊錢，你拿去吧！」說著，將錢塞到他的手裡，就要起身趕路。

老漢一下子拉住了毛澤東，語無倫次地說：「你別走，你是菩薩吧！哎呀！是老天爺開恩了？我要給你磕頭。」

毛澤東制止老漢：「大伯，我是韶山衝人，不是菩薩，也不是老天爺開恩。路見不平，理當仗義相救。這錢你就拿去吧！」說完，他掙脫老漢的雙手，快速地朝著峰頂跑去了。

老漢摩挲著五塊錢，望著毛澤東遠去的身影，使勁揉揉眼睛，喃喃而語：「明明是個伢子，怎麼突然變成了救人的菩薩？這下好了，這下好了，幾個孩子可以吃頓飽飯了。」他開心極了，精神大增，一下子從地上跳起來，像個年輕人一樣朝山下奔去。

再說毛澤東，已經來到了峰頂，站在山脊，他極目遠眺，群山疊嶂，翠浪翻滾，一幅壯麗的大好河山展現眼前，不禁心生波瀾：世道不公，貧富不均。窮苦人真是太可憐了，他們什麼時候才能不再忍飢挨餓，過上衣食無憂的日子？書本上常常提到殺富濟貧這句話，難道這是窮人不再貧苦的唯一辦法？想到這裡，他的眼前自然出現了梁山好漢的身影，以及他們與官府豪強對抗的故事，他還想到了太平天國的故事，以及歷史上不少農民起義中均田地的做法。兀然間，他彷彿看到自己率領億萬窮苦百姓，打地主，分土地，過上了人人平等的生活。正是這種對窮苦人的深厚感情，註定了毛澤東未來要走的路。

請人說情

毛澤東滿懷豪情，一路疾走，終於來到了古樹掩映的唐家托外婆家。他一進門，就看見七舅坐在院子裡讀書，忙上前問好。文玉瑞笑盈盈地問：「聽瀾泉說你決心去東山高小讀書，你父親同意了嗎？」

毛澤東低頭回答：「沒有。」然後，以極其堅定的口吻說，「我正自己籌錢呢！等我籌夠了錢，他不同意也不行。」

文玉瑞一怔，想了想問：「你籌到多少錢了？」

毛澤東漲紅著臉，低聲說：「不到一百塊，剛剛又送給別人五塊——」

「送給別人，」文玉瑞急忙問，「怎麼回事？」

毛澤東自知失口，就把剛才的經過告訴了七舅。本來，文玉瑞擔心他年紀輕，閱歷少，遇到歹徒上當受騙，聽了他的這番話，才知毛澤東竟有這般心懷，不由得點著頭說：「你為了上學，自己辛苦借錢，卻把借來的錢白白送給別人，你不後悔嗎？」

「後悔？」毛澤東搖搖頭，「我沒想過。七舅，你不是從小教育我們，仁愛者，天下愛之的道理嗎？窮苦人沒飯吃，我們應該幫助他們。」

文玉瑞向來瞭解毛澤東，對他今天的做法更是刮目相看，心裡一陣激動。他二話沒說，答應幫助毛澤東籌集學費。另外，他還幫助毛澤東打聽了東山高小招生的具體情況，以及學費數額等等。毛澤東這才瞭解到，東山高小秋季招生，今年的招生馬上就要結束了。這讓毛澤東很焦急，可是幾百塊錢的學費不是小數目，哪能一下子湊齊？文玉瑞安慰他說：「別急，等到秋收後，賣了稻穀，就好籌錢了。再說，你父親現在還不同意，你當真就這麼走了，也不行。我看，還要先去說服你父親。」

毛澤東早就有這個打算，他忙說：「我一直想著這件事，七舅，你知道我父親的脾氣，你要是能幫我勸勸他，真是太好了。」

幾天後，文玉瑞果然來到上屋場，為毛澤東求學一事勸說毛順生。毛順生聽了，頭搖得像撥浪鼓，連聲說：「不行不行，家裡工作多，他哪裡走得開。」一口否決了文玉瑞的求情。

文玉瑞無奈地笑笑，告辭而去。路上，他對送行的毛澤東說：「我是親戚，很多話不便說，你呀！還是請毛宇居為你求情，我看一定行。」毛宇居是聞名四鄉的才子，又與毛澤東關係不一般，文玉瑞對他也很熟悉。

毛澤東笑著說：「我也是這麼想的。我父親最敬重宇居大哥了，由他出面支持我，說不定會說服父親。」

送別文玉瑞，毛澤東沒有回家，徑直去找毛宇居。毛宇居已經知道毛澤東求學的打算，還主動借給他錢，今天聽說請自己去勸說毛順生，當即答應下來：「沒問題，潤之，你放心，我還為你找了一位說客，比我還要管用。」

毛澤東奇怪地眨眨眼，不知道他說的是誰，不過，他什麼也沒問，而是放心地點點頭，現行回家去了。

吃過晚餐，毛宇居敲響了毛澤東家的大門。他身後跟著一位四十歲左右的中年人，從穿著打扮看，也是一位教書先生。他們有說有笑，輕鬆自若，像是回到家中一般，推門來到了毛順生的帳房內。毛順生正埋頭算帳，聽到有人進來，不免有些吃驚，等他看清了兩位來者，又是滿面笑容，開口迎客道：「哎呀！兩位怎麼有空來了？真是稀客。」

毛宇居

毛宇居說：「大叔，我經常來，可不是稀客。要說麓鐘大叔，那才是稀客。」

他說的毛麓鐘，是韶山衝毛氏家族十分有名的人物，他的祖父毛蘭芳，與毛澤東的曾祖父毛祖人是堂兄弟，一生創作了大量詩詞，其中「韶山八景詩」遠近聞名，流傳至今。毛麓鐘自幼酷愛讀書，才學滿腹，擅長創作，佳作無數，是當地的才子。他居住在東茅塘，開闢面山樓塾堂，以傳道、授業為生。

毛順生接過毛宇居的話說：「麓鐘哥是稀客，我記得你沒來過上屋場吧！今天吹的什麼風，把你這個大才子吹來了？」

毛麓鐘笑了笑，開門見山說道：「要說什麼風，這個你應當很清楚。潤之聰慧好讀，才智過人，我們都很賞識他，怎麼？聽說你不讓他外出讀書，反而要他做學徒？」

聽到這話，毛順生臉色一沉，轉頭坐到桌邊，一言不發。

毛宇居接過話說：「潤之跟我讀了大半年書，又從我那裡借讀過很多書，我瞭解他，他有理想，有志向，不會埋沒在田間勞作，如果到洋學堂讀書，肯定有一番作為。」

毛順生依然沉默不語。

毛麓鐘和毛宇居對視一眼，輪番展開攻勢，試圖說服毛順生。然而，讓他們大傷腦筋的是，儘管他們說盡了各種道理，描繪出無盡前程，毛順生兀自不為所動，簡單地否決道：「三伢子去讀書了，家裡的工作怎麼辦？再說，讀書花那麼多錢，一時也湊不齊，你們的心意我領了，不過，他讀書的事我堅絕不同意。」

毛麓鐘一向自視甚高，滿心以為肯定能說服毛順生，沒想到碰了一鼻子灰，真是進也不是退也不是，他氣得滿臉通紅，怒氣沖沖地說：「你這個老頑固，耽誤了兒子的前程，到時你一定會後悔。」一說完，他誰也不理睬，拂袖而去。

毛宇居看看毛順生，跺跺腳追出去，也走了。

二次勸說又以失敗告終，毛澤東得知後，心情十分沮喪。東山高小的秋季招生完畢了，也就是說，他今年入學的希望破滅了。可想而知，年少的他多麼怨恨自己的父親。父子之間的冷戰持續著，毛澤東並沒有就此放棄，相反地，在阻力面前，他的鬥志越發高漲了、堅定了。這一點，父子兩人倒是驚人的相似。

第四節 機會來了

第三次請人勸父

毛澤東想了各種辦法，依然無法說動父親。在巨大的阻力前，他堅持自己的信念，透過不同管道籌集學費。冬春時節，田裡工作較少，他就跑到東茅塘毛麓鐘的面山樓私塾學習。毛麓鐘對毛澤東格外教導，傳授他《史記》、《日知錄》等著作，還讓他翻閱毛蘭芳等家族先賢們的著作篇章。在他指引下，毛澤東的傳統文化知識得到了進一步鞏固。

難得可貴的是，毛麓鐘雖是傳統塾師，卻有些進步思想，接觸了不少時論和新書。因此與毛澤東談得比較投機，他們縱論時政，針砭時弊，回顧歷史，暢想未來，當真成了忘年之交。毛麓鐘為少年毛澤東的機智、胸懷和氣度所感染，堅決地說：「潤之，你不能待在家裡，不能待在韶山衝，要走出去，要求進步。你父親阻攔你是錯誤的，他太落伍了。我要想辦法說服他，不能讓他成為你進步路上的攔路虎。」

毛澤東高興地點點頭，認真地說：「我已經籌集了不少學費，即便他不同意，今年秋天我湊夠了學費，也要走了。」

恰在這時，毛順生遇到了一件大麻煩：他販賣了一批生豬，這批生豬還沒有宰殺，就全部生病死了。為此，買主把他告到了官府。毛順生認為自己沒有錯，因此拒不認帳，與買主打起官司。他生性剛烈，容不得別人誣陷自己，親自到公堂為自己辯解。然而，事情並非他想像的那樣，在公堂上，對方請了富有經驗的辯護人，他們一會兒引經據典，駁斥得毛順生無言以對；一會兒結合事實分析理論，說詞巧妙，不容質疑，弄得毛順生乾瞪雙眼，一句話也插不上。結果，官司一敗塗地，毛順生被迫賠償對方所有損失。這可不是件小事，毛順生受到極大的震撼，讓他好一陣子無精打采。他常常長吁短嘆：「唉，家裡沒有能人，就是不行，處處受人欺負。」在他看來，敗訴是由於自己知識淺薄，不能引經據典與對方辯論。由此，他看到了讀書做學問的用處。

轉眼間，初夏來臨，毛澤東一邊忙著田裡的農活，一邊抽空去面山樓塾堂。這天，讀書之餘，毛麓鐘問起毛澤東官司的事，毛澤東據實回答。毛麓鐘聽了，靈機一動：「潤之，這可是個機會啊！我看你父親快要開竅了，我們何不趁機再次去勸說你父親？」

毛澤東何等聰明，他立刻明白了毛麓鐘的意思，點頭說：「好，要是能說服他，就太好了。」

幾天後，第三批勸說毛順生的人員來到了上屋場。這次前來勸說的隊伍更壯大了，除了毛麓鐘、毛宇居，還邀請了鄒春培，以及剛剛返鄉的李漱清。四人進門，開誠佈公地談了對毛澤東外出求學的看法，他們眾口一詞，稱讚毛澤東的讀書天分，說：「潤之如果進了洋學堂，日後一定會有大出息。」

面對勸學的族親、老師，毛順生有些動搖了：「他要真有出息，當然是好。就怕——」

毛宇居接過話去：「怕什麼？怕白花錢？大叔，以潤之的天分，加上他的勤奮努力，您什麼都不用擔心。您看看，現在有門路的人誰不把孩子送出去讀書？不少人還去了外國，這些人將來都是國家的人才。社會變動，沒有知識、沒有文化就跟不上時代的步伐，您想想，潤之走進洋學堂，走出來就與我們不同了，說不定做大官、幹大事，豈是種田、做生意可比？依我看，潤之將是我們毛家最有出息的人。」他還特意加了一句：「潤之出息了，最起碼可以幫您打官司吧！您也不用擔心敗訴的事。」

這句話果然起到了奇妙的效果，毛順生睜大了眼睛，盯著毛宇居看了好一會兒，又轉回頭看看大夥，嘿然一笑，說道：「東山高小在湘鄉，我們湘潭人能去嗎？」

「這有什麼，」李漱清慷慨而言，「剛才宇居不是說了嗎？現在不少人還去外國呢！湘鄉與我們一山之隔，有什麼大礙？」

毛麓鐘輕咳一聲，有意揭露毛順生的老底：「你擔心這嗎？潤之要是考不上東山高小，我們今天來幹什麼？」

毛順生臉色一紅，有些掛不住了，坐在凳子不知所措。

鄒春培打圓場道：「潤之跟我開蒙，我對他最瞭解。他才智超人，思維敏捷，確實是讀書的料，要是不讓他讀書，實在可惜。而且他富有抱負，與一般孩童不同，要是讓他埋沒在勞作、生意當中，也是一大憾事。」

經過幾人輪番勸說，毛順生終於堅持不住了，他手扶桌案，重重地應允道：「既然大夥這麼看重三伢子，來為他說情，我不看僧面看佛面，就答應讓他去讀書。」

此話一出，眾人鬆了一口氣，毛麓鐘打趣道：「你呀！自己守著個聚寶盆不知道，卻非要當作垃圾桶。哼，要不是我們幾人，你非得耽誤了潤之的大好前程。」

毛宇居也說：「潤之一心讀書，心志極高，非你我可比。他這次走出去了，一定會給我們帶來巨大的驚喜呀！」

毛順生笑笑，一邊寒暄著：「那當然好，那當然好。」一邊請大夥吃飯。毛麓鐘擺擺手：「算了，我們不是為了這頓飯來的，你還是趕緊為潤之準備吧！不要耽誤了今年的入學考試。」

一直躲在屋裡聽候消息的毛澤東，聽說父親同意了自己求學的事，喜形於色，跑出來挽留幾位恩師。鄒春培帶頭說：「潤之，你好好準備入學的事吧！我們不留了。」說完，幾人說笑著一起離開上屋場。

毛澤東送他們出門，直到看不見他們的身影，才收回目光。這時刻，天邊的晚霞還未褪盡，一枚新月悄然升起，朦朧之中，隱約透出一股無法言喻的新生力量，使人不得不對它刮目相看。

最後十二塊錢

毛順生在眾人勸說下，無奈地答應了兒子毛澤東去東山高小讀書的事。然而，要想讓他痛快地拿出幾百塊錢學費，依然勢比登天。為此，他不斷地唉聲嘆氣，整日裡愁眉苦臉，見到毛澤東就像是遇到了前世的冤孽一樣，一副勢不兩立的樣子。毛澤東心裡明鏡似的，暗暗想到：「等到秋天招生，我一定湊夠入學的第一筆學費。」

果然，秋日的一個午後，毛澤東興沖沖來到了父親的帳房，進門就說：「東山高小招生的日子到了，我後天就去報名。」

「後天？」毛順生冷漠地說，「看你高興的樣子，是不是中了彩券發大財啦？我還沒有給你湊夠錢呢！你怎麼去？」

毛澤東好像故意氣父親，從身後抱出一個錢櫃子，啪一聲打開，裡面裝著滿滿的銀元，一

個個沉甸甸、亮晶晶，在向毛順生示威。毛順生眼前一亮，驚訝地問：「這麼多錢？從哪來的？」

毛澤東平靜地說：「這是我借的。還有一部分在表兄文運昌那裡，他陪我一起去，足夠入學的費用了。」

毛順生吃驚地看著兒子，似乎不認識他一般，喃喃說道：「夠了夠了，你偷著借錢，竟然借夠了入學的費用？」也許他想說，讓你做生意你怎麼不這麼用心？但毛順生畢竟沒有開口，只是圍著錢櫃子轉了一圈，然後低下頭繼續算帳。

毛澤東不知道父親什麼打算，站在那裡看了一會兒，忍不住又說道：「我後天就去了。」

「不行，」毛順生抬起了頭，「現在田裡正忙，你走了怎麼辦？還要我花錢雇人？」他的意思也許是要毛澤東等到秋忙以後再走。但是，毛澤東為了求學，不僅費盡心思籌錢，還三番兩次請人勸他，早已忍無可忍，如今聽到父親還要阻攔自己，哪顧得上細想，怒火中燒，高聲叫道：「你想反悔？你不是在大夥面前答應讓我去讀書了嗎？你出爾反爾！」

毛順生卻很沉著，他撥弄一下算盤，嘆口氣說：「不是我不讓你去，你看看，馬上就要秋收了。你走了，我和春成忙不過來，還要花錢雇一名長工。家裡剛剛輸了官司，賠了不少錢，什麼時候才能緩過來都很難說。你去讀書，也不是一天兩天的事，往後花錢的日子還多著呢……」

毛澤東沒有想到父親算計得這麼細緻，為了省下雇用長工的錢，竟然不肯放自己前行。他心裡升起一股恨意，這恨意讓他無法傾聽父親自憐的抱怨了，他簡略地問了一句：「雇一名長工要多少錢？」

毛順生又撥弄了一下算盤，認真地說：「十二塊錢。」

毛澤東什麼也沒說，一轉身走出帳房，匆匆消失在夜色中。

第二天傍晚，毛澤東回到了上屋場，他手裡握著一個紙袋子，徑直來到父親的房間。他看到父親坐在桌子邊串辣椒，走過去把錢袋子遞到他粗糙的手裡，簡單地說：「這是十二塊錢，我明天就去東山。」說完，他再也沒有看父親一眼，轉身走回了自己的房中。

毛順生握著裝錢的袋子，許久許久，面無表情，口無言語，一動也不動。

第二天黎明時分，毛澤東起床收拾衣物，他準備了一根扁擔，一個包袱，和一個筐子。扁擔是他常用來勞動的，平日裡挑糞擔柴，出過不少力；筐子也是日常用具，裝飯盛糧，少不了它；唯有包袱，卻是毛澤東很少用的，這還是羅氏進門時添置的，看起來還很新。看來，毛澤東打算用扁擔挑著包袱和筐子去東山。那麼，這裡面會裝些什麼東西呢？毛澤東能否順利走出韶山衝，他還會遇到哪些問題？

第十章

立志出關　東山高小奪魁首

「孩兒立志出鄉關，學不成名誓不還。埋骨何須桑梓地，人生無處不青山。」毛澤東留詩抒懷，告別父母、親人，踏上出關之路。在東山高小，他以出色的寫作能力奪得「文章魁首」稱號，得到老師和同學們稱讚，結交了一大批良師益友。

同時，毛澤東開始接觸先進的科學知識，並透過「假洋鬼子」打開的世界之窗瞭解世界，放眼未來，取名「子任」以自勉。這個假洋鬼子是誰呢？「子任」還有哪些故事？

第一節 出關記

贈父詩

毛澤東親自收拾著外出的物品，他拆下床上的蚊帳，掀起床單，把它們捲起來，一股腦兒塞進了包袱裡。他想了想，又翻出自己的一件長袍放進去。除此之外，似乎沒有其他衣物可帶了。毛澤東巡視了一遍自己的房間，十分珍惜地拿起床頭上的《水滸傳》和《三國演義》，輕輕地把它們放到了筐子裡。

文七妹悄悄走了進來，她手裡拿著一條新床單，不動聲色地塞進包袱裡。然後跟在兒子身後，小心地問著：「還需要什麼？」毛澤東搖搖頭，什麼話也不說。文七妹顯然十分傷心，她看著忙活兒的兒子，也不再說話。

一切收拾妥當了，文七妹突然說了一句：「你要去跟父親道個別嗎？」

「不，」毛澤東乾脆地回答，「我不去。」

文七妹眼裡閃爍著淚水，她努力克制自己不讓淚水留下來。她為兒子遠行擔憂，為丈夫和兒子不合難過，她甚至隱隱地認為，兒子不去跟父親道別，有些狠心。可是她沒有想到，毛澤東雖是少年，卻已不再懵懂無知，更非對父親無情無義。相反地，就在昨天夜裡，他交給父親最後十二塊錢後，回到房中，心裡久久難以平靜。他想了很多很多，既想到了父親與自己的種種矛盾，也考慮到了未來的種種難處。在內心深處，父親多年來的責罵也好，不滿也罷，無疑給毛澤東一個強烈的信號，這就是父親認為他無能。這種感覺對一個追求進步、充滿理想的少年來說，傷害和影響都是明顯而深遠的。因此，毛澤東認為父親之所以不同意自己外出求學，一是心疼花錢，二是認為自己讀書無用。

複雜的感受左右著年少的毛澤東，讓他翻來覆去難以成眠。他坐了起來，拿起書本閱讀，可是破天荒竟讀不下去；他拿起毛筆寫字，心裡慌慌的，也不知道寫什麼才好。窗外月色濃濃，傾瀉進屋內地上，顯得格外明亮。毛澤東手握毛筆在月影裡徘徊，心情逐漸平靜下來。他又坐回桐油燈旁，輕輕展開一張發黃的紙，略一構思，揮筆寫道：

孩兒立志出鄉關，
學不成名誓不還。
埋骨何須桑梓地，
人生無處不青山。

寫完這首詩，毛澤東心裡豁然開朗了、輕鬆了，複雜的情緒頃刻間化作無有，成為促使他進步的力量。他讀了幾遍，臉上露出笑容，這首詩抒發了毛澤東的志向，對於父親，它表達了一個兒子勇於進取、志在四方的豪情，也表達出不負所望的勇氣。是呀！毛澤東在向父親說明，我出關不是一時衝動，不是為了好玩，而是心懷異志，壯懷天下，你不要輕視我，也不要牽掛我。從這首詩中，可以感覺到他不可阻擋的氣魄，也體會到了他複雜的情感世界。

不一會兒，毛澤東將詩作折疊起來，握在手中，悄悄出了房門。院子裡十分安靜，月光下，四周的景物看得清清楚楚，就連牆角的蓑衣、斗笠也像活了一樣，在微風吹拂下輕輕擺動。毛澤東幾步跨過院落，來到南面的帳房前，他推門而入，趁著月色翻開桌子上的一本帳本，將詩作夾進其中。然後，他退出去，很快回到了自己的房間。

韶山景色

這件事沒人發現，毛澤東也沒對家人提起。今天一大早，當他聽到母親問他要不要跟父親道別時，他乾脆而堅決地否決了。

天色大亮，毛澤東匆匆吃過幾口早餐，挑起扁擔出了家門，向著熟悉的雲盤山路而去。這一去，年僅十六歲的他就走出了韶山衝，走向了廣闊的新世界，這對一直生活在此，從沒有離開過親人的他來說，充滿了期待和想像。

走出家門，轉過池塘，毛澤東很快來到了南岸。一位早起下田的鄰居看到他衣著乾淨，肩挑擔子，一副出遠門的樣子，不解地問道：「三伢子，真要去東山高小？留在家裡幫你父親工作多好，何必出去花錢受罪？」

毛澤東沒有停下腳步，邊走邊回頭說了一句：「不合時宜。」徑直向前趕去。

鄰居站在那裡，看著毛澤東遠去的身影，搖搖頭，一副十分不理解的表情。他哪裡能夠想到，毛澤東這一去，求學問、長知識，辨革命、建國家，成就了驚天動地的偉大事業，不過這一切，也確實非他所能理解。

雙龍出洞

毛澤東到唐家托邀上文運昌後，兩人一同趕往湘鄉東山高小。他們一路穿山越嶺，在韶山

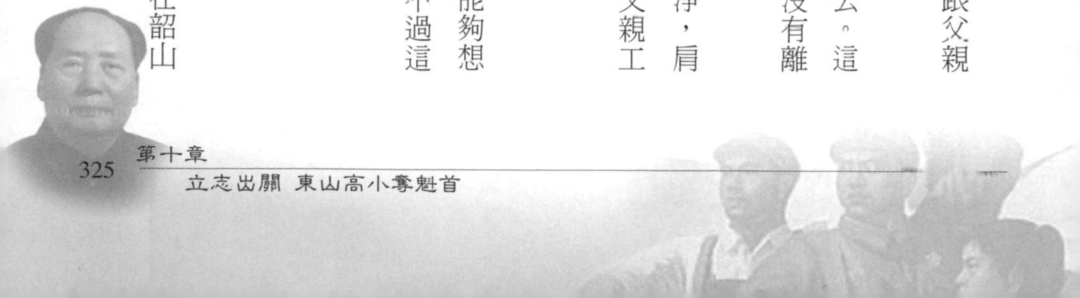

的山路間疾走。中午時分，他們來到了獅子山腳下。獅子山由相連的兩個山峰組成，俗稱雌雄二山。雌山俯朝東北，雄獅坐臥東南，叢林掩映，群山環抱，形象逼真，氣勢巍峨。此山方圓占地三十平方公里，有「睡韶山、吃湘鄉、屙寧鄉」之說。

相傳，獅子山上的寺廟香火旺盛，明朝達到鼎盛期，山上古木參天，山腰「雲溪寺」統管四十八處庵堂廟宇，終日拜香者來往如織，鼓樂盈耳，熱鬧時聲傳數里之外。清朝以來，香火逐漸衰敗，到了清末，大多數寺廟都已經倒塌了。1904年，十一歲的毛澤東曾經跟隨舅母到這裡的保安寺燒香。當時，他看到寺院四周盛開著色彩斑斕的鳳仙花。這是一種不擇土壤隨處生長的小花，花瓣可用來染指甲，俗稱指甲花。望著枝葉弱小，卻頑強生長、傲暑盛開的指甲花，毛澤東少小的心靈感觸頗多，他想起書本上讀過的許多詠花詩文，像陶淵明歸隱田園，獨愛菊花的詩篇；周敦頤生性清高，偏好蓮花的文章，都是那樣感人至深。此時的他不禁萌生寫詩的欲望，隨即吟成了一首五言詩〈詠指甲花〉：

鳳仙花

百花皆競春，指甲獨靜眠。

春季葉始生，炎夏花正鮮。

葉小枝又弱，種類多且妍。
萬草被日出，惟婢傲火天。
淵明獨愛菊，敦頤好青蓮，
我獨愛指甲，取其志更堅。

這首淺近、明快的小詩，不僅描寫了指甲花的生長特性和笑傲炎夏的堅強性格，還突出了毛澤東高尚的理想和情操，題旨鮮明，十分動人。文玉瑞看到後，連聲誇讚說：「好詩好詩，三伢子學問又長進了。」

今天，毛澤東站在獅子山下，望著巍峨群山，想到自己就要走出這片山區了，心情格外激動。他和文運昌有些累了，決定到附近的寺裡討水喝。這座小寺十分簡陋，只有幾件破舊的草房，香火不旺。他們進去後，一位老僧人接待了他們。老僧人聽說他們去東山讀書，很高興地說：「讀書做學問。這是好事啊！咱們這裡地傑人靈，出過很多名人，你們這一去，將來也會大有作為。」

毛澤東一聽，笑了，說道：「古代人進京趕考，喜歡討個吉利彩頭，老人家您這番話，倒也有趣。」

老僧人認真地說：「年輕人不要不信古人的話，你知道嗎？我這座小廟不大，位置卻極佳。」說著，他講起流傳當地的一個故事。很久很久以前，在距離韶山衝八公里的湘鄉龍潭降生了兩條小龍，牠們一天天長大，龍潭容納不了了。雙龍無奈之下，飛身出洞。這下可不得了，只見洪水滾滾，巨浪翻天，凡是牠們走過的地方，房屋倒塌，土地淹沒，老百姓深受其害，苦不堪言。玉皇大帝得知消息，急命兩位金剛攜帶「玉如意」下凡，擒拿雙龍。兩大金剛追趕雙龍，一直追得牠們筋疲力盡，無路可走。後來，雙龍躲到地下，在地下穿行。可是這樣太憋屈了，牠們走到滴水洞附近時，想喝口水休息一下，一抬頭，拱起一座山，這就是龍頭山。就在這一瞬間，緊緊追趕牠們的金剛趕到了，祂們扔出玉如意，卡住一條龍的脖子，把牠捉拿住了。另一條龍見勢不妙，連忙鑽進水中，順著水路逃走了。從此，滴水洞內多了個「龍涎」，終年流水不斷，據說就是龍頭山龍的口裡流出的涎。這些水匯集成河，就是韶河。而那條逃走的龍在附近留下一個洞，這個洞位於龍潭鄉，叫「龍洞」。兩大金剛只捉住了一條龍，無法回天庭覆命，只好站在那裡等待龍出來，時間久了，祂們變成了兩座山，即獅子山。祂們的玉如意就在身邊，形成了一塊豐饒的土地，人稱「如意亭」。老人說：「我的小廟就在如意鎮邊上，你們瞧，從這裡往東南不遠，就到了鎮上。」

毛澤東以前聽說過雙龍出洞的故事，今日再聽，竟有些恍惚，不由得問道：「不知道那條逃生的龍到哪裡去了？」

老僧人神祕地說：「從古至今，人們都在說，那條龍雲遊天下，準備著有朝一日推翻玉皇大帝，自己當皇帝呢！那條龍誕生在這裡，人們推測，我們這裡要出皇帝了。」

文運昌打斷他的話說：「什麼皇帝？都是迷信。」

老僧人生氣了：「大家都這麼說，信不信由你。我看你們是求學的學子，覺得你們將來有出息，沒想到你們不領情。」說完，他做了個打發走人的手勢。

毛澤東與文運昌對視一眼，不再停留，轉身走出廟門繼續趕路。他們誰也不曾預料到，多年以後，毛澤東還會多次回到獅子山下，開始他的革命生涯。

第二節 初到東臺山

詠詩再言志

少年毛澤東和文運昌翻山越水，終於來到湘鄉東臺山。當他們來到巍巍聳立在東臺山的新式學校門前時，心情為之一振。這裡背靠巍峨蒼翠的東臺山，面臨清澈明淨的漣水河，左右是平整肥沃的稻田，環境秀美幽靜，是讀書習文的理想之地。學堂規模大，採取新式教育制度，設置多門學科，除經學外，還有國文、算術、歷史、地理、音樂、圖畫、體操以及進行道德品行教育的修身課。各個班級實行「級主任制」，由國文教師擔任級主任，全權負責學生的學習、生活、操行和其他班務活動。這裡的一切與毛澤東生活過的地方、讀過的私塾不可同日而語。站在學堂門前，他的心情澎湃起伏，久久難以平靜。

在文運昌帶領下，毛澤東走進學堂招生處領取報名書。在這裡，前來報名的學生不少，大多是十四、五歲的少年，他們的穿著打扮比起毛澤東來要時髦鮮亮得多，說話和舉止顯出富家子弟氣派。當他們看到個頭高高，穿著灰土布大褂長褲，一張嘴一口濃濃的、鄉音極重的土話的毛澤東時，一個個竊笑不已。有幾個紈絝子弟甚至指著毛澤東說：「嘿，哪裡跑來的土包子，也想在東山讀書？」還有人不客氣地對學校管理者說：「你們學校是招生呢？還是招收長工？你看他那副裝束，我們怎麼跟他一塊兒讀書？」

這些刺耳的話語和嘲諷傳到毛澤東耳中，讓他極感震驚和憤怒。在韶山衝，他們家境富裕，為人正派，加上他天資聰穎，與人為善，一直很受尊重，沒想到出門來竟會遭遇如此不堪。毛澤東真想與那些紈絝子弟理論一番，可是想到自己一張口，又會受到他們奚落，還是強忍下了。

懷著憤懣的心情，毛澤東填寫了報名表，他在籍貫一欄填上了湘鄉，年少的他擔心學校不招收外鄉人。報名表交上去後，按照規定，該進行入學考試了。這可是毛澤東拿手的事情，他準備筆、墨、紙、硯迎接考試。可是，那些剛剛嘲弄他的少年開始發愁了，一個個愁眉苦臉，有人還抱怨：「交了錢不就得了，還考什麼試？」「就是呀！考試我就不上了。」

抱怨聲中，幾位教師捧著試卷走過來，安頓考場秩序，將試卷發放下去。毛澤東接過考卷一看，驚喜非常，原來考卷的題

東立小學

目是〈言志〉，這可正對他的心思。毛澤東手握毛筆，略一沉思，龍飛鳳舞地書寫起來。不一會兒，他第一個答完了考卷。此時，不少學生還在抓耳搔腮，隻字未寫呢！

一位老師注意到了毛澤東，他叫譚詠春，是即將招生的戊班級主任。他接過毛澤東答完的考卷簡單地看了一下，隨即被別具風格、氣勢非凡的字體吸引，點著頭說：「嗯，不錯，你先出去吧！一會兒參加其他考試。」

毛澤東並不知道其他考試是何意思，他覺得自己的文章寫得好，這就足夠了。然而，新式學堂的科目多，考試範圍廣，遠非他所想像，接下來的算術考試中，他因為一竅不通，只得放棄。

考試完畢，學生們自由活動，老師忙著閱卷錄取。在錄取毛澤東的問題上，校方出現了爭執，有的老師認為他年齡大，學習內容較偏，不能錄取；而譚詠春和賀嵐光兩位教師在閱讀了毛澤東的〈言志〉後，一致認為，這個學生極富才學，功底深厚，非一般人可比，應該錄取。雙方爭執不下，最找到了堂長李元甫。

李元甫認真地閱讀了〈言志〉，驚訝地說道：「好文章，好文章，真是考生作的嗎？」

譚詠春忙說：「這個學生第一個答完考卷，在如此短的時間內寫出如此文章，僅憑這一點也該錄取他。」

李元甫做事謹慎，想了想說：「等我看過學生再說。」

就在這時，有人慌張地跑進來說：「不好了，幾個新生打架了。」

老師們吃驚極了，隨著來人跑向出事地點。校園內有一條便河環繞，河上架了一座白石橋，橋左有一口叫「蓮泉」的水井，水井旁邊，兩個少年正抱在一起，打得不可開交。一群學生圍在井邊呼喊加油。譚詠春跑過去，認出打架的少年中有毛澤東，上前喊道：「毛潤之，你不好好休息，與人打鬥什麼？」

聽到有人喊自己的名字，毛澤東頗感奇怪，連忙鬆手。對方冷不防閃了一下，後退幾步，差點摔倒，引得周圍學生一陣哄笑。這時，有人喊道：「堂長來了，堂長來了。」學生們閃開一旁，李元甫大踏步走過來，他看了一眼打架的學生，怒氣沖沖地說：「還未入學，就敢撒野，真是不像話！說，你們叫什麼？」

毛澤東先行回答，對方少年接著說：「我叫蕭瑜，字子升。」他也是剛剛報名的一位學生。李元甫聽了兩位學生的回答，著實一驚。毛澤東的考卷他剛剛看過，對他印象很深，而這個蕭瑜，他也有所耳聞，知道他的才學極高，這次與弟弟蕭子璋一同報考東山高小。這兩人怎麼會打起來呢？

蕭子升

原來，毛澤東考完試後在校園內蹓躂散步，來到「蓮泉」附近時，看到一隻青蛙蹦蹦跳跳，頗覺好玩，就蹲下來玩耍。哪想到那些紈絝子弟一直跟在他身後，伺機捉弄他，看他與青蛙玩耍，便大叫大笑：「土包子是青蛙的朋友，太好笑了！」蕭瑜恰好路過，見此情景，也隨著起鬨。毛澤東忍無可忍，知道無法與他們理論，就揮動拳頭與他們幹架。紈絝子弟們害怕高大的毛澤東，拔腿後撤，一溜煙不見了人影。蕭瑜跑得慢，被毛澤東一把抓住，兩人便打鬥到一處。

瞭解了事情的經過，李元甫低頭不語，他圍著「蓮泉」轉了一圈，突然盯著毛澤東兩人說：「你們因青蛙而打架，現在你們就以青蛙為題，每人作一首詩，如果作得好，這件事既往不咎，如果作得不好，你們就別想在東山讀書了。」

毛澤東一聽，面露喜色，作詩可是他的強項啊！只見他瞄一眼「蓮泉」，脫口吟誦道：

「獨坐池塘為虎踞，綠楊樹下養精神。

春來我不先開口，哪個蟲兒敢作聲。」

聽完唸誦，諸人皆驚，譚詠春當即說道：「好啊！好，以蛙設喻，抒發心志，妙不可言！」

李元甫也點點頭，心裡想道：這個學生看起來十分土氣，心志卻不一般，從他的文章和詩作來看，有股藐視天下的氣概和膽略，這倒是難得。但他究竟會不會留下毛澤東呢？

恩師相助學康梁

毛澤東詠蛙言志，深深吸引了堂長李元甫。他向學校董事會推薦了毛澤東，請求學校不要顧忌年齡限制，錄取該生，認為他是「學校錄取的一名建國材」。在他的努力下，學校最終錄取了毛澤東，並根據譚詠春的請求，把他安排到戊班——用今天的話說就是五班。譚詠春是該班的級主任。就這樣，毛澤東正式成了湘鄉東山高等小學堂第五班的一名學生。

東山高小是寄宿學校，受條件限制，需要兩個學生搭夥睡一張床。這本來是很平常的事，可是對於毛澤東，就成了一件麻煩事。前面說過，紈袴子弟瞧不起他這個「土包子」，多次為難他，當然在這個問題上也不善待他。果然，他們不但不肯與毛澤東搭夥，還發動同學不要理睬毛澤東。

孤身一人初來異地，受到如此排擠和嘲弄，毛澤東心裡很不是滋味，他抱著行李默默地坐在牆角，眼淚差點流下來。細心的譚詠春發現了這件事，他走過去安撫毛澤東：「毛潤之，你不用擔心，我會安排同學與你搭夥的。」

傍晚時分，一個抱著行李的少年在譚詠春帶領下走進了宿舍，他看到毛澤東熱情地說：「你就是毛潤之吧！今後我跟你同夥睡。」

毛澤東高興極了，連忙接過少年的行李說：「太好了，來，咱們一起收拾床鋪。」

他們一邊收拾床鋪，一邊閒聊，毛澤東這才得知，少年是譚詠春的兒子，名叫譚世瑛。毛澤東詫異地問：「你家就在附近，怎麼也來住宿舍？」譚世瑛笑著說：「我父親很賞識你，說你為人樸實無華，才華出類拔萃，是難得的好學生。還讓我來跟你學習呢！」

毛澤東何等聰明，明白這是譚詠春為了不讓自己受委屈，特意安排兒子從家裡搬到了宿舍。想到這裡，他感激地說：「恩師情義，沒齒難忘。」

從此，毛澤東和譚世瑛朝夕相處，白天在一個教室學文習字，切磋學術；晚上，蓋在一床被子下睡覺休息，不分彼此；假日、課餘，他們漫遊徜徉在學堂周圍的漣水河畔、東臺山上，成為密不可間的好友。看到他們親如兄弟的樣子，不少教員跟譚詠春開玩笑：「你不只收下一個好學生，也添了一個好兒子啊！」

譚詠春笑而不語，他心裡確實喜歡毛澤東，對他傾注了很多心血。入學不久，毛澤東突發高燒，病情危急。校方讓譚詠春通知毛澤東家人把他帶領回去治病。可是，譚詠春擔心延誤病情，就讓人準備了一架竹床，和兒子譚世瑛連夜把毛澤東抬到了縣城教會醫院。經過救治，毛澤東脫離了危險。為了讓他盡快恢復健康，譚詠春還把毛澤東接回家中，安排老伴為他改善伙食，精心照料。

譚詠春不但從生活上關心毛澤東，還從思想上影響他，最突出的一點莫過於學習「康梁」文章。毛澤東入學後，很快就對康有為、梁啟超的書和文章產生了濃厚興趣。他原本厭惡「八股」文章，喜歡激進書刊，東山高小是新式學校，無疑為他提供了較為豐富的激進書刊來源。其中最主要、影響最廣泛的就是「康梁」。毛澤東被「康梁」吸引、感染，日讀夜思，十分癡迷，常常和譚世瑛無所顧忌地討論。

他們的行為引起學校保守教員不滿，他們認為康梁的書「是為洋鬼子說話的」，效仿「康梁體」寫文章更是大逆不道，對此十分排斥。然而，毛澤東和譚世瑛年少氣盛，思想激進，哪肯受他們束縛。有一次，學校組織學生們進行作文比賽，毛澤東用「康梁體」寫了一篇《救國圖存論》，恰好一位保守教員批閱這篇文章，不客氣地給他得了「丁」。當時以「甲、乙、丙、丁」評閱學生成績，「丁」是最差的。

譚詠春知道這件事後，找出毛澤東的文章重新批閱，看罷不僅拍案叫絕，說道：「文章文筆潑辣，立意高遠，見解精闢，思想高深，十分難得。這樣的文章有什麼不好？很好，很好！」說完，他在文章上打了個「甲上」的評語，並積極向校長提出在課堂上開講康有為和梁啟超的文章，在學生中提倡閱讀康梁文章，學習康梁體寫法。

康梁合影

受到恩師肯定和鼓勵，毛澤東學習康梁的積極性更高了，他和譚世瑛商量，決定以康梁體寫一批時事文章，與同學們交流。在他們的努力下，蕭瑜、蕭子璋、黃國璋等同學先後喜歡上康梁體，成為學校的活躍分子。此後，東山高小的文風活潑起來，許多師生加入到學習康梁的活動中，寫就了不少優秀篇章。

李元甫十分贊成譚詠春、毛澤東等人的做法，並且親自批閱毛澤東的文章。每次，他都被毛澤東的文筆和見解感染，批上「傳觀」二字，命人貼在「揭示欄」內，供學生們學習、研讀。從此，毛澤東的文章全校聞名。

第三節 文武齊修

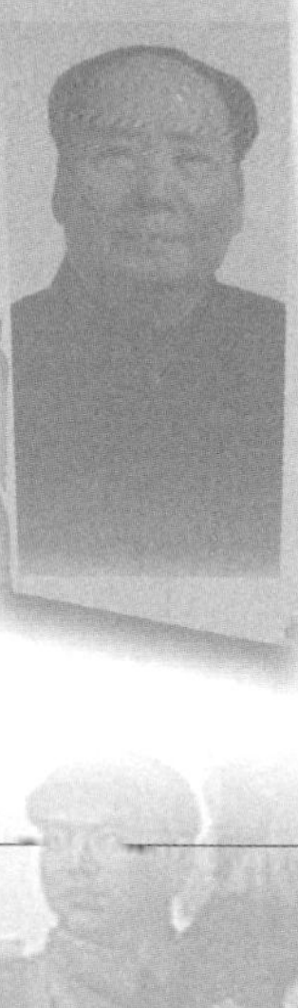

文章魁首

毛澤東才華橫溢，文思敏捷，寫得一手好文章，為他在東山高小贏得了聲譽。他沒有因此沾沾自喜，故步自封，相反地，在這片知識的海洋中，他發現自己懂得太少了，太淺薄了，需要學習的東西太多了。為此，他鑽進圖書室，廢寢忘食地在書海中漫遊，汲取豐富的知識養料。

有一天，學校圖書管理員見到譚詠春，喊住他問：「毛潤之是你們班的嗎？」

「是，」譚詠春說，「怎麼啦？」

管理員苦笑道：「他天天泡在圖書室裡，不吃不喝，這樣下去怎麼行？你是級主任，應該多關心他，不能讓他這麼拚命。」

譚詠春笑了：「毛潤之是我們班最愛讀書的學生，他說，不讀書吃飯不香，為了吃飯香，

應該多讀書。所以，你別看他在圖書室裡不吃不喝，對他來說，那比吃飽喝足了還開心呢！」

管理員搖搖頭：「沒聽說過這樣的事。你呀！小心董事會知道了處罰你。」

譚詠春毫不在乎地回答：「處罰？毛潤之是我們學校為國家培養的棟樑之材，將來會為學校帶來無盡的榮譽。學校感激我還來不及呢！還想處罰我！」他對毛澤東瞭解深刻，對他寄予了無限厚望。

過了些日子，毛澤東在閱讀大量史書的基礎上，寫了幾篇文章，交給了譚詠春。其中一篇《宋襄公論》引起譚詠春極大興趣。

這篇文章是根據《史記》中記載的宋襄公的故事寫成的。宋襄公是春秋時期宋國國君，他在位時，恰逢諸侯盟主齊桓公去世，齊國一片內亂。宋襄公認為這是取代齊桓公盟主地位的大好時機，因此聯絡各國準備奪位。他的舉動遭到哥哥目夷反對，可是宋襄公一意孤行，根本不把勸阻放在心上。為了確定盟主一事，宋襄公邀請楚、齊國君會盟。目夷再次勸阻：「楚國強大，根本不把弱小的宋國放在眼裡，國君前去會盟，凶多吉少。」宋襄公不聽。結果，在會上他被楚王捉了起來，無奈之下，俯首稱臣，得以活命。歸國後，宋襄公為了報仇，決定用武力征服與楚國交好的鄭國。鄭國危難，向楚國求救。楚王派大軍直搗宋國，兩軍在泓水相遇。楚軍強大，不把宋軍放在眼裡，白天就涉水渡河。跟隨宋襄公出征的目夷見了，進諫道：「趁楚軍尚未過河，迎頭痛擊，一定能取勝。」宋襄公卻說：「我行仁義，治天下，如果趁敵人還沒有過河就出擊，算什麼仁義？」因此錯失了進攻良機。楚軍過河後，忙著派兵佈陣，非常混亂。目夷又說：「不能再等了，該出擊了。」宋襄公責備目夷道：「你太不仁義了！楚軍還沒有準備好，怎麼可以打？」就這樣，等到楚軍擺好陣，頓如猛虎下山，向宋軍猛撲過來。宋軍無力招架，潰不成軍。宋襄公身中一箭，逃回京城，不久就死去了。

這個人物和故事十分典型，受到歷代史學家和政治家關注，在一般人眼裡，宋襄公是「愚蠢無能」的代名詞。然而，毛澤東卻別出心裁地論證他是一個偽善狡猾、野心勃勃的梟雄。他的這個結論是怎麼得來的呢？

毛澤東從閱讀的史書中引用有關的大量史實，做為文章的反駁論證。他從宋襄公繼位說起，認為他為了獲取君位，首先在齊桓公面前舉薦自己的哥哥目夷。可是目夷是庶出，這在以「嫡長子繼承」制度的社會來說，是沒有繼承權利的。這一點，顯示出宋襄公的偽善狡猾一面，僅憑此，他不僅獲得了讓賢的好名聲，還順理成章地當上了宋國國君。從中獲利的宋襄公深知「禮」的核心和作用，為了實現自己的野心，他在與周邊國家交往中也極力扮演「仁義」角色，用盡各種方法拉攏、侵略他們，妄圖稱霸。結果，他的計謀被楚國識破，並將他生擒。這一下，宋襄公氣極敗壞地撕下「仁君」的面紗，興兵征討弱國。然而，宋國國小勢弱，在楚軍威脅下，他自知大勢已去，為了掩人耳目，只好再次彈起「仁義」老調，敷衍目夷，最終全軍覆沒，受傷而亡。

從這樣的分析來看，毛澤東概括認為，宋襄公是「偽君子」的典型，他機關算盡，反誤了自己的性命。他偽善、權慾和貪婪，這樣的人即使有了權位，也不會受到人們的尊崇和歷史的承認。在文章最後，毛澤東發出這樣的感慨：宋襄公的行為是不足為訓的，君王切不效法。身為人君，一定要品德高尚、表裡如一、出以公心，只有這樣，才能做到以德治國，仁愛百姓，大智大勇地擊退敵人。如此一來，人君不以己之利損害天下，上不愧天，下不愧民，必將為百姓愛戴。

讀完這篇洋洋灑灑的長論，譚詠春驚訝不已，毛澤東不過一名高小的學生，竟能對歷史做出精彩的評述，對政治有獨到而深刻的見解，真是太神奇，太不可思議了。除了嘉獎和傳觀，譚詠春一時無法給毛澤東更高榮譽了。然而，天道人心，毛澤東的這篇文章在東山高小傳播開來後，同學們很快給他一個極高的稱號——「文章魁首」，認為他是本學校文章寫得最好的人。

「文章魁首」的稱號傳開後，李元甫、譚詠春等老師聽了，無不點頭說：「這個稱號太準確了，毛潤之是東山高小辦校以來文章寫得最好的學生。」

愛洗冷水澡

除了讀書、寫作外，毛澤東在東山高小期間還做了一些引人注意的事。其中他堅持運動，提高身體素質的事就很好玩。

入學後，隨著天氣漸漸變涼，很多同學開始偷懶，早上不去跑操。譚世瑛也有些不想去了，天天早上賴在床上不起來。毛澤東在家裡勞動了幾年，在父親的監督下養成了早起的習慣，看到同學們偷懶，很不認同，他每天天不亮就喊醒譚世瑛：「起來了，起來了，早上運動身體好。」

譚世瑛揉揉惺忪的睡眼，嘟囔道：「大家都睡著呢！起來幹嘛？」

毛澤東揪揪他的耳朵，笑著說：「當然是跑步、做操，咱們應該持之以恆。」

譚世瑛說：「天冷了，早起多受罪，還是免了吧！」

毛澤東認真地說：「天冷了才應該堅持呀！這樣才能磨練人的意志。如果遇到困難就退縮，那有什麼意義！」

譚世瑛不耐煩地說：「跑步還要什麼意義？真是的，要去你自己去吧！」說完，蒙頭繼續睡覺了。

毛澤東搖搖頭，穿上單薄的衣衫，一個人出了校園，沿著院牆外的河道和田間小路，快步

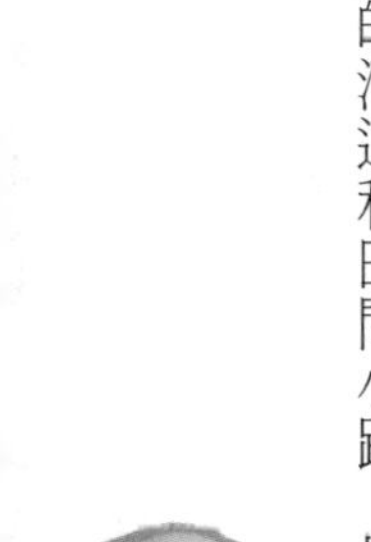

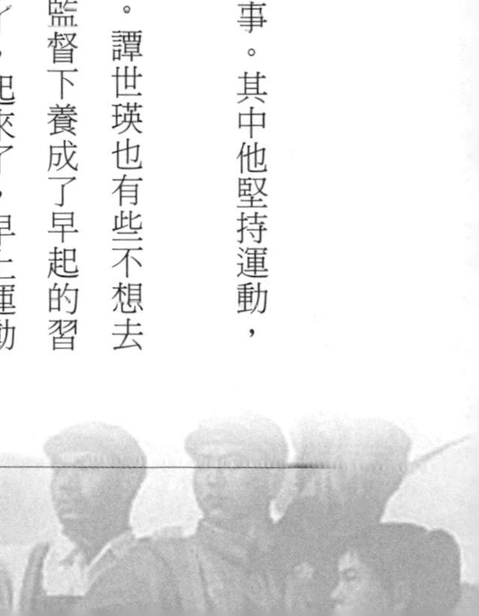

跑上東臺山，站在山頂遠眺、做操，活動身體，暢想心事。活動完畢後，校園裡依然靜悄悄的，大多數人還沒有起床，他也不回學校，而是掏出隨身攜帶的書本，在魁星寺內讀書。晨讀不但開闊了他的視野，也讓他交上一位好朋友。

這位朋友名叫黃國璋，也是東山高小的高材生，入學已有兩年。一天清晨，毛澤東運動後走進魁星寺，發現黃國璋已經坐在裡面讀書，有些驚訝。因為學習康梁體的事，他們兩人早已認識，不過並不熟識。毛澤東身為後來者，由於年齡等原因，與同學交往不多，在學校內朋友甚少。黃國璋倒很大方，上前招呼道：「毛潤之，聽說你天天早起運動，真有毅力啊！」

毛澤東笑笑：「習文練武，古已有之的道理。只有身體強健，才能為國家效力，為未來謀劃，我可不願做一個風吹即倒的弱書生。這樣的人，必將無法成為時代大潮的領導者。」

黃國璋早就聽說毛澤東懷有奇妙的理想和志向，與眾不同，今日聽他一番言論，果有此感，不僅脫口說道：「你可真是敢想敢做啊！」

毛澤東不解地說：「這話倒有意思，只敢想不敢做，能有什麼作為？」

黃國璋很佩服地說：「對，說得有道理。」說完，他邀請毛澤東與他一起讀書。此後，兩人經常在魁星寺讀書，不過，他們一人偏愛國文，一人偏愛英語，倒也互補互助。第二年春天，兩人身為東山高小的高材生，一起考入了湘鄉駐省中學。多年後，毛澤東成為了一代偉人，創建新中國；而黃國璋，走「科技救國」之路，成為中國地理「三傑」之一，被譽為地學先師與泰斗，並參與創建了九三學社。兩人殊途同歸，對國家的民主與富強都做了貢獻，那些早起晨讀的歲月為他們日後的成就奠定多少基礎，有誰說得清楚呢！

回到1910年的初冬，毛澤東在堅持運動過程中，又以奇特的舉動引起同學注目。他晨讀後回到學校，每次都從「蓮泉」打冷水洗臉。不僅如此，他還經常直接從井中打水洗冷水澡，進行冷浴。這件事很快在同學中傳揚開，一些瞧不起他的同學譏諷道：「真是土包子，不知道城裡有澡堂，還用井水洗澡，哈哈。」

譚世瑛很生氣，一面與同學理論，一面對毛澤東說：「你不怕冷嗎？以後我帶你去洗澡，不要用井水洗澡了。」

毛澤東根本沒把嘲諷放在心上，微微一笑道：「他們不懂，我洗冷水澡是為了強身健體，不是他們想的那樣。你沒看到一些進步書刊上介紹的嗎？洗冷水澡比跑步、做操對身體都好，是很流行、很有用的鍛鍊方法。」

毛澤東洗冷水澡的地方

原來如此。與毛澤東朝夕相處的譚世瑛不得不佩服地說：「潤之，我天天和你在一起，怎麼不知道你從哪裡瞭解到這麼多事情呢？以後你有什麼新鮮事，可別忘了告訴我。」

毛澤東哈哈大笑：「你天天睡懶覺，圖舒服，還想知道那麼多，不好辦啊！」

毛澤東強身健體的事受到同學關注，也為他引來麻煩。這不，學校裡幾個力氣大、愛打架的同學不服氣了，他們向毛澤東叫陣：「毛潤之有什麼本事，敢自吹自擂說自己身體強健，他要有膽量，跟我們比一比。」

譚世瑛害怕了，勸解毛澤東：「樹大招風，他們盯上你了，你還是收斂一些，避避風頭吧！」

黃國璋也聽說了這事，對毛澤東說：「潤之，雖說你文章好，口才棒，可是那幫學生都是打架不要命的人，不好惹，你最好不要理睬他們。」

毛澤東義正嚴詞地否定兩人的說法：「我沒做錯什麼，為什麼怕他們？我強身健體，就是為了與惡勢力抗爭，既然他們想比試，那就來吧！」

幾天後，在毛澤東早起運動時，那幾個學生果然找上門來。毛澤東看了他們一眼，毫不膽怯地說：「聽說你們想和我比試，好啊！誰力氣最大，誰先來吧！」

那幾個學生被他沉穩的架勢震懾住了，停了片刻，一個個頭最壯的走上前來。毛澤東笑微微地說：「來吧！摔跤還是扳手腕。」

那個學生想了想，伸出手去抓毛澤東。毛澤東閃身躲開，與他交戰在一起。經過一番較量，兩人戰成平手。旁觀的學生看了，不免有些驚訝，議論道：「這個毛潤之有兩下子。」「是啊！連最壯的都能打個平手，何況我們？」

最後，挑釁者承諾了毛澤東，不再找他鬧事，而經過這次較量，那幾個同學反而與毛澤東成了好朋友，時常追隨在他左右。後來，毛澤東革命後，回鄉推行運動，他們積極回應，成為當地革命的主力人員。

二十世紀五〇年代，東山高小的同班同學去北京看望毛澤東，他們憶往昔，談起這段經歷時，毛澤東還風趣地說：「那時我人雖然瘦，但個子高，打耍架時一般人還不敢輕易攏我的邊。我和班上力氣最大的同學交戰，他也只打了個平手。」可見，少年時期的鍛鍊給毛澤東日後在艱苦環境中堅持革命打下了堅實的基礎。

第四節 子任的故事

批註《世界英豪傳》

毛澤東習文修武，結交朋友，顯示出少年豪俠氣概。這些事情當然躲不過恩師譚詠春的眼睛。這天，譚詠春把毛澤東叫回家中，打算向他講述一番交朋友的道理。

吃飯時，譚詠春從《詩經》的「嚶其鳴矣，求其友聲」入手，到《論語》的「益者三友，損者三友」為重點，談起交朋友的益處和注意事項，他認為，與人相交，首先要有交往的標準，不能只圖一時快樂，應該善於看清對方的為人，選擇那些值得交往的人，不能濫交。他特別強調說：「君子之交淡如水，這才是交往的最高境界。」

毛澤東一邊聽著，一邊不停地思索著，並沒有說什麼。譚世瑛沉不住氣了，說：「父親，你不就是擔心潤之與壞人交往嗎？你要是不放心，乾脆為他介紹幾個朋友得了。」

這句話倒合譚詠春的心意，他高興地說：「我正有此意。你們還記得蕭瑜吧！他和他弟弟蕭子璋，都是你們一起入學的同學，我給他們班上過幾次課，發現這兄弟倆才學出眾，非常聰明，是值得交往的朋友。」

「蕭瑜？」毛澤東記起來了，剛入學時，他倆還打過一架。

譚世瑛說：「他也是個活躍分子，喜歡康梁體。」

譚詠春說：「對，他思想激進，智慧超群，是我們學校難得的人才。」

可謂不打不相識，毛澤東和蕭瑜兄弟成為了好友。此後，他們經常在一起交談學習心得，互相傳觀作文，交換閱讀書籍，友情逐日遞增。蕭氏兄弟是湘鄉橫鋪鄉桃塢塘人，他家是書香門第，祖父曾經中過舉人，父親也是當地有名的才子。兄弟倆自幼喜歡讀書，才學非比一般。弟弟蕭子璋就是後來赫赫有名的詩人蕭三，他們與毛澤東一起到長沙一師就讀，共同創辦新民學會，結下了深厚的情意。

有一天，毛澤東看見蕭三手裡拿著一本新書，便迎上去問道：「又有什麼新書？」

「《世界英雄豪傑傳》。」蕭三自豪地答道。

「借我讀一讀！」只要有新書，毛澤東定然不會錯過。

蕭三1957年照

蕭三有意試探毛澤東的才學，說道：「要借書不難，我出一聯，你能很快對出就借給你。」毛澤東說：「可以，對不上就不借你的書。」

蕭三想了想，先說出下聯：「目旁是貴，瞶眼不會識貴人。」

毛澤東見是一「拆字對」，稍加思索，就續出了上聯：「門內有才，閉門豈能納才子。」

蕭三聽了，高興地說：「對得好，有氣魄，真不愧是譽滿學堂的才子。」馬上將書遞給了毛澤東。

毛澤東接過新書，高興地來不及說聲「謝謝」，一頭埋進書中，再也不顧其他。這是一本關於歐美近代史上一些傑出人物的傳記，敘述了拿破崙、彼得大帝、惠靈頓、格萊斯頓、盧梭、華盛頓、葉卡捷琳娜等世界名人的事蹟。這樣的書對毛澤東來說，實在太有吸引力了，他認真地閱讀著，被其中的人物和他們的故事深深感染著、激動著，像是著了魔一樣，不停地在上面圈圈點點、寫下感想、記錄心得。

幾天後，毛澤東拿著《世界英雄豪傑傳》找到了蕭三，很抱歉地說：「對不起，我把你的書弄髒了。」

蕭三愣了一下，忙接過書打開看，不由得苦笑不得。原來整本書上佈滿了紅、藍兩色的圈圈點點，在記述各位名人生平事蹟的篇章裡，除了畫著紅道道、藍圈圈外，在書的空白處，還密密麻麻地寫著許多評語。

不等蕭三說話，毛澤東慷慨激昂地講起自己閱讀此書的感想來，說出了一番治國強兵的政治言論。他說：「中國也要有這樣的人物。我們應該講求富國強兵之道，才不致重蹈安南、朝鮮、印度的覆轍。你知道中國有句古話：『前車之覆，後車之鑑』，所以，我們每個國民都應該努力。顧炎武說得好：『天下興亡，匹夫有責』，中國積弱不振，要使它富強、獨立起來，要花很長的時間，但是時間長不要緊。你看，華盛頓經過八年戰爭之後，才取得勝利，建立了美國，我們也要準備長期奮鬥！」這番出自一位十七歲少年口中的話語，讓我們領略到一位政治家的胸懷和氣魄。

蕭三深受感染，不禁長嘆道：「潤之，你可真是有理想、有抱負啊！」

此後不久，毛澤東給自己取了個筆名叫「子任」，意思是以救國救民為自己的崇高責任。後來，毛澤東用「子任」這個名字發表過多篇文章。而蕭氏兄弟，也先後走上政治道路，只不過蕭瑜因政見不同，和毛澤東分道揚鑣，做了民國政府的農業部次長。蕭三與哥哥不同，他跟隨毛澤東參加工農革命抗爭，成為著名的紅色作家、詩人和中共內部研究毛澤東生平的第一位專家。

隨著時間推移，毛澤東身邊的良師益友越來越多，這時，一位特殊的老師的出現，為他的生活和成長帶來了嶄新的元素。

打開眼界看世界

毛澤東回憶在東山高小讀書的歲月時，曾經說過：「在這所新學校裡，我能夠學到自然科學和西方學問的新科目。另一件值得一提的事是，教師中有一個從日本回來的留學生，他戴著一條假辮子，他的假辮子很容易分辨出來，大家都嘲笑他，稱他為『假洋鬼子』。」這位「假洋鬼子」是誰？與毛澤東之間發生過什麼故事呢？

冬天的一個午後，毛澤東和同學們陸陸續續走向教室，突然人群一陣騷動，有人指著遠處說：「快看，洋鬼子，洋鬼子！」

堂長室外，一位穿著洋服、剃著短頭髮的年輕人向這邊走來，也是黃皮膚、黑頭髮，和中國人長得一模一樣，只不過他走起路來昂首挺胸，精神抖擻，與學校內其他人又不相同。學生們擁向這個年輕人，對著他指指點點，議論紛紛，弄得他十分狼狽。

年輕人沒有理會學生，徑直走向辦公室。學生們吵嚷得更厲害了：「哪來的洋鬼子啊？到學校來幹什麼？」「可能是傳教士，對面教堂裡的洋人就和他穿的一樣。」

然而，同學們的猜測錯了，這位年輕人並非傳教士，他姓肖，湖南人，曾經留學日本，是李元甫請到學校來教授英語和音樂的新教員。儘管學生們瞭解了他的來歷，可是對他奇怪的打扮依然十分好奇，不管他做什麼，總是有人圍觀。這讓他很感尷尬，為了求同，他戴了一條假辮子掛在腦後。可是，人們一眼認出了他的假辮子，更覺好玩，乾脆稱呼他「假洋鬼子」。

一開始，毛澤東對「假洋鬼子」也非常排斥，認為他戴著像狗尾巴似的假辮子，真是太虛偽、膽小了，有些瞧不起他。但是，在聽了「假洋鬼子」的第一節音樂課後，他的印象改變了。這是毛澤東有生以來上的第一節音樂課，「假洋鬼子」教了一首日本歌《黃海之戰》。歌中唱道：「麻雀歌唱，夜鶯起舞，春天綠野多可愛。榴花兒紅，柳葉兒綠，好一幅新圖畫。」

歌曲描述了日俄戰爭結束，「朴資茅斯條約」簽訂後的那個春節的盛大歡慶場景。動人的歌詞、熱烈的旋律，一下子引起學生們的興趣，他們隨著「假洋鬼子」的節奏唱著、唱著，平日生活的單調苦悶、讀書的勞累一掃而光，他們感覺到從未有過的輕鬆和愉悅。毛澤東在深深體會歌曲的優美之處時，聯想翩翩，他似乎看到了日本的土地和海洋，看到了它的強盛和驕傲。他忍不住站起來，向老師發出了一連串的詢問：「東洋是個什麼樣的國家？」「中國人為什麼要去哪裡？」「他們怎麼戰勝了俄國？」

「假洋鬼子」用深沉的目光注視著這個提出問題的學生，激動地回答他的提問，他向學生述敘日本的歷史、發展和現狀，他告訴他們，日本經過明治維新，走上了富強之路，成為東亞最強大的國家。中國許多熱血青年漂洋過海，遠赴日本，為的就是學習先進的知識，進步的思想，振興祖國。

「假洋鬼子」的這些話語，深深吸引了學生們，他們目不轉睛地傾聽著，好像走進了一塊神奇的領地，走向了未來之旅。毛澤東在多年後說起這堂課，還意味深長地說：「這就是我從假洋鬼子那裡瞭解到的一切。他講了許多，同學們聽得入神，誰也沒注意到一堂課已經過去了！」

看著學生們稚嫩好奇的眼神，「假洋鬼子」也十分動情，他接著說：「為了尋找興邦振國的道路，在日本，我們這些留學生還編了一首歌。」

「什麼歌？什麼歌？」學生們熱切地期待著。

「假洋鬼子」清清嗓子，深情地唱道：「進兮，進兮，進進進！誰謂我華人大夢猶未醒?!……」

歌聲深沉悠揚，動人心魄，打動了同學們，他們吃驚地發現，「假洋鬼子」不是崇洋媚外的人，而是一位富有民族自強精神的愛國知識分子。從此，他們改變了對假洋鬼子的態度，親切地稱呼他「肖先生」。

從肖先生那裡，毛澤東更真切地瞭解到外國的情況，讓他很感興趣。他開始主動接觸肖先生，向他詢問發生在世界各地的大事。肖先生對這位愛提問、善思索的學生也很喜愛，知無不言，言無不盡。經過一段時間交往學習，毛澤東知道了當時國內外發生的各種大事，以及世界發展的情況，使他深切地認識到了中國的落後，以及此起彼伏的民主革命運動的大趨勢。他知道中國不僅有康有為、梁啟超、嚴復、譚嗣同等維新變法人物，還有孫中山、黃興、陳天華、鄒容、宋教仁、章太炎、蔡元培等革命黨戰士，正在為中國的明天奮鬥。

毛澤東常常想，要是沒有來自海外的肖先生，單憑讀書看報，怎麼可能如此真切詳細地瞭解這麼多事情呢？怎麼可能知道革命黨人士在日本的情況呢？轉而一想，他又覺得肖先生既然如此瞭解革命黨，會不會也是一名革命者？這個想法使他激動難安，他好幾次想向肖先生提出這個問題，可是又忍住了。

在與肖先生的交往中，毛澤東的視野從東山高小走向了更廣闊的天地，他透過肖先生打開的這扇「窗戶」看到了充滿神奇、充滿無限未知的新世界，他不再滿足東山高小，也不滿足所獲得的知識，他憧憬有一天去長沙、去北平，甚至去海外，學習富民強國的真經，為苦難落後的祖國盡一份力量。

這時，學校該放寒假了，毛澤東在半年的學習生活裡以優異的成績、突出的才能受到許多老師推崇。放假前，李元甫和譚詠春對他說：「潤之，你現在的國文和歷史、地理已經學到了中學程度，不宜再讀小學堂，不然會貽誤你，何不到長沙去讀中學呢？」

這番話正中毛澤東下懷，他高興地說：「我當然想去，就是不清楚那邊的學費情況，擔心家裡無錢供養。」

李元甫笑著說：「像你這樣的高材生，學校裡會推薦為公費生，免費吃住。」

「是嗎？」毛澤東喜出望外，滿口答應下來。他還把這件事告訴了肖先生，肖先生很高

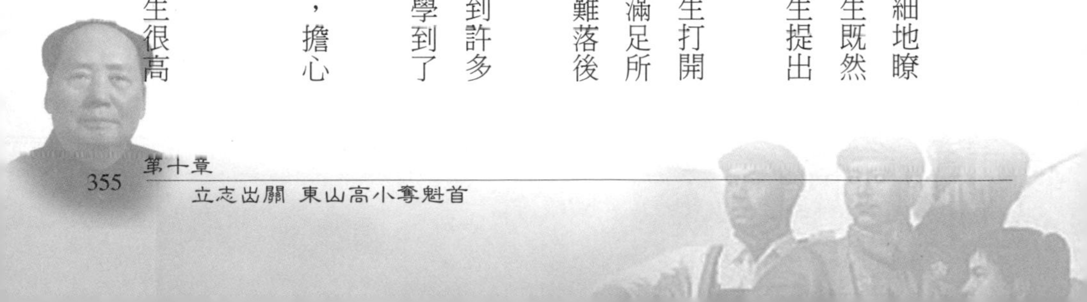

興，鼓勵他說：「巴爾札克說過，離開了人才薈萃的中心，呼吸不到思想活躍的空氣，不接觸日新月異的潮流，我們的知識會陳腐，趣味會像死水一般變質。到外面去看看吧！這對你來說，是尤為重要的。」

帶著諸位老師的殷殷厚囑和期盼，毛澤東告別了東山高小，但他能不能順利去長沙讀中學呢？

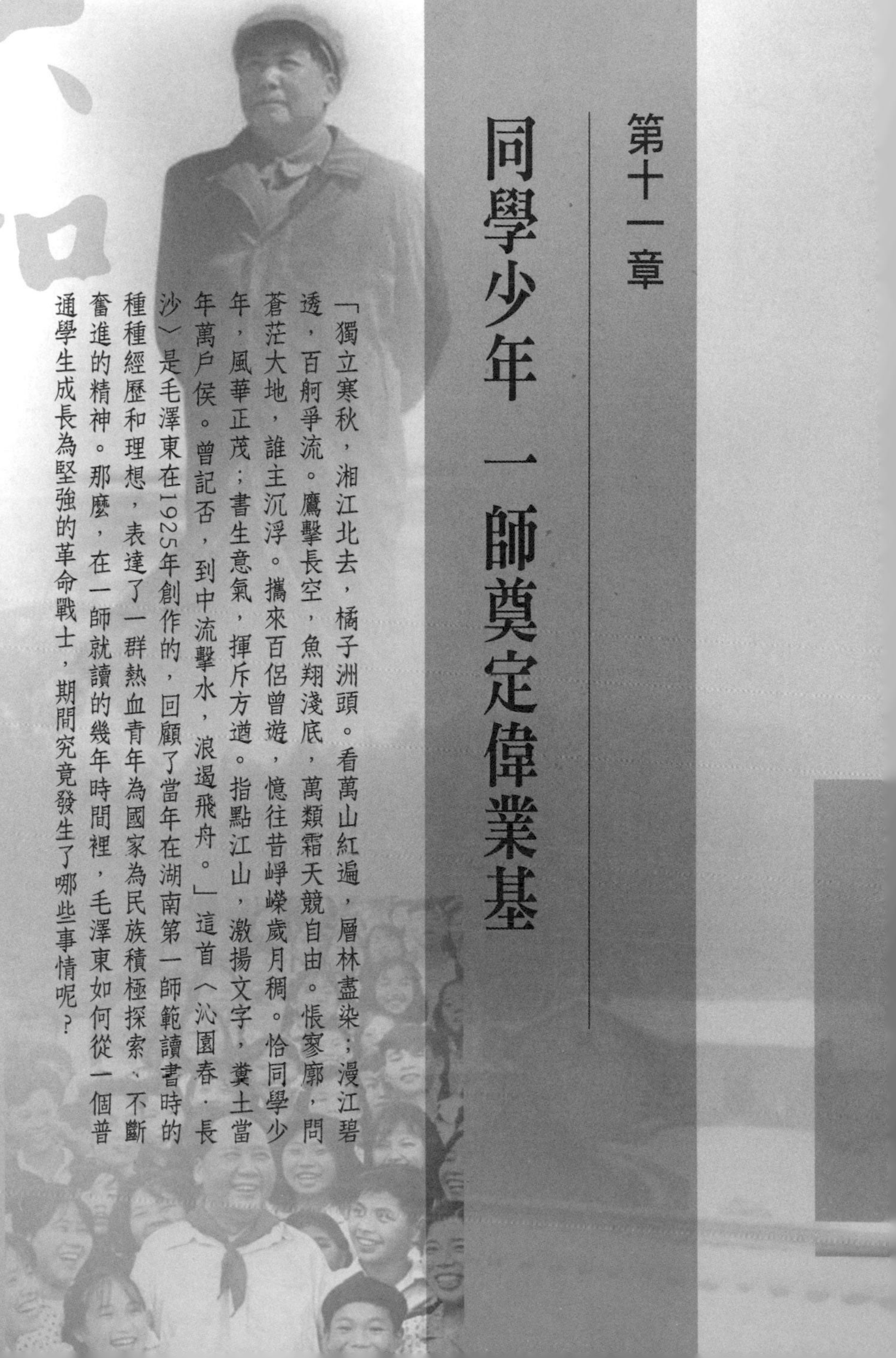

第十一章

同學少年 一師奠定偉業基

「獨立寒秋，湘江北去，橘子洲頭。看萬山紅遍，層林盡染；漫江碧透，百舸爭流。鷹擊長空，魚翔淺底，萬類霜天競自由。悵寥廓，問蒼茫大地，誰主沉浮。攜來百侶曾遊，憶往昔崢嶸歲月稠。恰同學少年，風華正茂；書生意氣，揮斥方遒。指點江山，激揚文字，糞土當年萬戶侯。曾記否，到中流擊水，浪遏飛舟。」這首〈沁園春．長沙〉是毛澤東在1925年創作的，回顧了當年在湖南第一師範讀書時的種種經歷和理想，表達了一群熱血青年為國家為民族積極探索、不斷奮進的精神。那麼，在一師就讀的幾年時間裡，毛澤東如何從一個普通學生成長為堅強的革命戰士，期間究竟發生了哪些事情呢？

第一節

初到長沙

打倒清政府

1911年春天，十七歲的毛澤東再次挑起行李，告別親人，在老師賀嵐光帶領下，與幾名東山高小的同學踏上了前往長沙的道路。他們擠進一艘湘江小貨輪的三等艙，乘著波濤，伴著滾滾湘江水向長沙行進。

早春時節，乍暖還寒。毛澤東站在船舷上，極目遠眺，江面上水天一色、鳥舞舸飛的蒼茫景象讓他眼界大開，心情激盪，渾然不覺寒氣襲人。對於長沙，他已經從書本和他人的口中有所瞭解，知道它是湖南省的省會，有著兩千多年悠久歷史，相傳古時大禹治水曾在此拖過船，另外，長沙還有嶽麓書院、船山學社、愛晚亭、橘子洲頭等名勝，馳名中外，引人入勝。正是這些原因，讓毛澤東對古老的長沙神往已久。而更讓毛澤東激動的是當代長沙發生的一切。太平天國時，這裡曾經是主戰場；戊戌變法時，譚嗣同等人在此地創建過「洋學堂」，主辦了

《湘新學報》、《湘報》等進步報刊；1904年，黃興等革命黨人在此建立華興會，成為同盟會重要組成部分；1906年，萍鄉、瀏陽、醴陵地區發動了在革命黨領導下的武裝暴動，極大地震驚了全國。這些人和事總在年少的毛澤東眼前晃動，揮之不去，讓他隱隱覺得，自己此去長沙，是受到了他們的召喚，肯定會做出與此相似的事業來。

當然，毛澤東不過是一位剛剛走出農村的少年，他對長沙的認識是粗淺的、感性的，他沒有想到，當時的長沙已經成為資產階級革命黨人從事反清抗爭的一個極活躍的地方，也是激進知識分子彙聚的一個中心，尖銳的民族抗爭和階級抗爭正在如火如荼地展開著。而他此去長沙，很快就會捲入到這場風起雲湧的革命大業中。

經過一路顛簸，毛澤東一行終於到達了長沙。他來到長沙街頭，看到鱗次櫛比的樓房、寬闊筆直的街道、熱鬧繁華的市集，心裡想到，難怪三湘人無不嚮往長沙，這裡確非鄉下可比，不知道學堂會是什麼樣子？

懷著好奇和嚮往，毛澤東來到了湘鄉駐省中學。這是湘鄉會館籌資興辦的一所學校，主要是為了滿足湘鄉旅省人員的子弟在長沙讀書方便而設，其教職員工大都是從湘鄉籍人氏中聘請，校董事會就設在長沙湘鄉會館內。經過考試，毛澤東順利考取了這

長沙老照片

所中學，成為一名中學生，開始了嶄新的學習生涯。

在新學校裡，毛澤東很快找到了自己最感興趣的課題——政治。時值辛亥革命前夕，國家處於非常時期，各種起義和抗爭此起彼伏，影響廣泛，成為時人關注的焦點。毛澤東對時政非常敏感，只不過從前受環境限制，不能盡情瞭解。如今，身處長沙這座革命大都會，自然有了更直接接觸革命、瞭解時政的機會。

入學不久後的一天，毛澤東就從老師賀嵐光那裡看到了一份同盟會報紙——《民力報》，立即被吸引，成為該報的熱心讀者。他每期必讀，每讀必發表感想，與賀嵐光等人討論。

1911年4月27日，黃興率領一百多名愛國志士發動黃花岡起義，壯烈犧牲。消息傳來，舉國震驚，國人反清情緒不斷高漲。當毛澤東從《民力報》上看到這件事時，為烈士們為國為民捐軀的精神和行為深深打動，他連夜撰寫名為〈打倒清王朝〉的文章，公開張貼在學校門口，大膽表達個人的政治觀點。

文章貼出後，引起的迴響可想而知。老師和同學們紛紛議論：「這是誰？如此直言大膽？」

當大家得知毛澤東是一位剛剛入學的新生時，驚訝異常：「一個小新生，敢說打倒清王朝?!」

毛澤東卻很鎮靜，他依然積極地關心革命，並且再次做出異舉。這一次，他的行為更加激進和反叛——他剪掉了腦後的辮子。男人續髮是清王朝強加給漢人的恥辱，多年來，反清的抗爭離不開髮辮問題。隨著革命形勢急遽向前發展，更多的人投入到這場運動中，他們聚會演說，與清廷抗爭。有一天，同學們自發進行了一場演講，有位同學講到激烈處，一把脫下身上的長袍，丟在一邊大聲疾呼：「快去習兵，準備打仗。」

受此感染，群情激越。毛澤東提議說：「為了與反動賣國的清朝政府徹底決裂，我們應該立即行動起來，把腦後的辮子剪掉。」

提議得到回應，十幾個同學組織起來，為大夥剪辮子。有些保守者遲疑不決時，他們就採取「出其不意」的方法，強行為他們剪辮。這件事遭到頑固派反對，他們認為：「人之髮膚，受之父母，豈可隨便剪掉辮子？」對此，毛澤東趕寫文章進行反駁：「辮子是滿清統治者強加在我們身上的奇恥大辱，要打倒清廷，就必須剪掉辮子。」表示了與滿清勢不兩立的決心，堅決與頑固反動派抗爭的勇氣。

投筆從戎

就在毛澤東和同學們以實際行動支持革命事業時，轟轟烈烈的辛亥革命爆發了，1911年10月10日，武昌起義爆發，湖南成為第一個起來響應的省分。長沙城戒嚴，革命新軍在焦達峰、陳作新等領導下發動起義，與清政府官兵展開抗爭，並號召大家團結起來擁護革命。動盪的局勢，革命的熱潮，深深震撼著年輕的毛澤東，他決定效仿東漢時期班超投筆從戎的故事，加入到反清的新軍隊伍中。他情緒激昂地說：「古往今來，多少文人學士為了國家和民族的利益，勇敢地拿起刀槍，馳騁沙場，就是血濺荒丘，馬革裹屍也在所不惜。他們這種大無畏的精神，為國家建立千秋功業，使自己青史垂名，是我們學習的榜樣。現在，革命隊伍需要我們，我們到軍營裡去，躍馬橫槍，創一番大業吧！」

10月22日，革命新軍趕走了清政府的巡撫，將巡撫署改為「中華民國軍政府湖南都督府」，湖南宣告獨立。身為一名熱血青年，毛澤東正式休學參軍，被編入湖南新軍二十五混成協五十標第一營左隊，積極準備與北方清軍戰鬥。

在新軍中，毛澤東的生活發生了翻天覆地的變化，他的周圍沒有了先生、學子，沒有了朗讀書聲，每天除了操練、出勤，就是與各色士兵打交道。這些士兵除了投筆從戎的青年學生外，大多是無家可歸的貧苦農民、或破產的小手工業者、工人等等，與他們在一起，毛澤東更廣泛和直接地瞭解到社會各階層的狀況，這對他來說，是一筆寶貴的財富。他常常與他們一起話家常、談生活，幫助他們寫信、讀文章。為此，大家都親切地稱呼他「秀才兵」。

「秀才兵」稱號的由來還有一個原因，這就是毛澤東喜歡讀書、看報。當時，每個士兵有七塊錢餉銀，除了兩、三塊錢生活費外，毛澤東把其他錢都用來購買書報。後來，由於行軍打仗攜帶不便，他乾脆不帶書籍，而是專門訂閱報紙。透過閱讀報紙，他的知識面和信息量大增，他高興地對戰友說：「報紙是一部活歷史，是一本百科全書，從這上面可以得到許多有用的東西！」

從讀報中，毛澤東確實獲益匪淺，有一天，他從《湘漢新聞》上看到了「社會主義」這個名詞，並陸續讀到一些談論「社會主義」的文章。雖然那時的「社會主義」宣傳和介紹是比較混亂的，內容實際上是社會改良主義，可是還是引起了毛澤東的興趣，他熱情地與人探討，積極地進行思考，而這恐怕也正是他後來走上社會主義道路的開始。

毛澤東一心想透過參軍實現個人理想，為國家和民族貢獻自己的力量，可是，隔年1912年春天，國內局勢發生了變化。清朝舊臣袁世凱竊取辛亥革命的勝利果實，成為大總統，戰事趨於緩和。南北議和，極大地震驚著革命人士，也強烈地影響著全國百姓，各種說法紛紛出爐。面對這種局面，毛澤東想法很多，半年的軍旅生涯中，他一直十分懷念讀書歲月，也一直積極地關心時政，如今是繼續當兵還是退伍重新入學？或者退伍做其他工作？一時間，他陷入迷茫之中，不知道何去何從。

第二節 走進第一師範

定王臺下自修者

經過一段時間思考，毛澤東退出了新軍，他決定重新入學，以獲取更多知識和文化來實現抱負。現在，他已不是一年前初到長沙的農村少年，在選擇新學校問題上，他有了更多的主見和想法。他知道報紙可以為他提供各種學校招生的廣告，這一點，十分方便他的選擇。

說來有趣，第一則吸引毛澤東的招生廣告，竟然來自警察學校。也許，年輕的他認為警察懲治惡人，維護治安，可以非常直接、有效地為社會服務吧！他花了一塊錢報上名，等待應試。

就在等待過程中，另一個學校引起毛澤東注意，是一所製造肥皂的學校。招生廣告上說學校供給膳食，發給津貼，條件優厚。他們強調製皂是造福社會的事業，利國利民。最後這句話吸引了毛澤東，他又花了一塊錢到這所學校報名。

幾乎就在同時，毛澤東從報紙上又看到了一則法政學堂的招生廣告，聲稱三年內教完全部法律課程，學生畢業後可以當法官。受西學影響，毛澤東認為法律是民主和自由的保護神，是當時中國亟需的新事物，這樣，這則廣告對他的影響就可想而知了。他義無反顧地給家裡寫了信，向父親描述了學習法律的美好前途，說將來可以當官，請他提供學費。然後，他匆匆忙忙趕到這所學堂，再次花了一塊錢報名，一心等待應試和父母的來信。

然而，儘管報了這麼多的名，毛澤東最後卻並沒有去這其中的任何一間學校。原來，他的一位朋友為他出主意說：「國家貧弱，經濟落後，現在最需要的是振興國家經濟的經濟人才，你應該報考商業學校。」這些話打動了毛澤東，正好他從報紙上瞭解到一所公立高等商科學校正在招生，就又花一塊錢去報名，並立即給父親寫信。

這次的選擇得到了父親毛順生的大力支持，他很快回信並匯來學費，要毛澤東好好學習經商之道。也許他暗自得意，經過一年多磨練，兒子終於要與自己走上同一條道路了。

毛澤東入學了。讓他沒有想到的是，這所學校的所有課程都用英文，但卻沒有教授英文的專門老師。他不懂英文，因此也就無法繼續自己的學業。於是，入學一個月後，他無奈地選擇了休學，繼續在報紙上搜尋招生廣告。

有了四次報名的經驗，這次，毛澤東選擇時開始注意學校的規模、名聲、教師的情況等等。最後，湖南全省第一高等中學吸引了他。這是一所很大很有名的學校，校長符定一在教育界也頗有名氣。毛澤東考入該校，並且嶄露才華，成為符定一的得意門生，天天寫政論文章。

在一次作文大賽中，毛澤東的政論文得到普遍好評，幾位老師同時給他「才氣過人，前途不可限量」的評語。可是，在榮獲桂冠的同時，毛澤東卻提出了令老師們頗感不解的要求：他要休學。儘管符定一和各位老師做了挽留，毛澤東還是堅決地走了。原來，這所學校的國文、歷史等課程對他來說過於淺顯，而有些科目，他又不感興趣。這樣算起來，每日蹲在教室呀呀讀書，無疑於浪費了他大量寶貴時間。所以，他毅然提出休學要求，回到湘鄉會館暫居。

毛澤東招待老師符定一

再次休學的毛澤東又會做些什麼呢？這次，他沒有急於做出選擇，而是一頭埋進了瀏陽門外的定王臺省立圖書館，過上了自修的日子。定王臺在長沙東南角，西漢時期，定王奉命遠離長安，到長沙居住，他十分思念母親和親人，就在此建築了一個臺子，每日夕陽西沉之時，登臺遠望長安。後人為了紀念他，就把這座臺子叫做定王臺。時過境遷，定王臺早已湮沒，有人在舊址上建造了一棟兩層洋樓。南京臨時政府成立後，把這棟樓房利用起來，創建了湖南省第一個省立圖書館。此地地處偏僻，環境幽靜，確實是讀書的好處所。

毛澤東來到圖書館，立刻被其中豐富的藏書深深吸引，他驚喜有加，每日早來晚歸，風雨無阻，汲取著知識的營養。從中國的經、史、子、集，到歐美各國的歷史、地理、文學、哲學，以及古希臘羅馬的神話、童話故事，無不成為他涉獵的對象。當然，他付出最多精力的書籍還是那反映十九世紀西方資產階級民主主義思想的著作，以及以進化論為核心的近代自然科學方面的書，像赫胥黎的《天演論》、達爾文的《物種起源》、亞當·史斯密的《國富論》、約翰·穆勒的《名學》、斯賓塞爾的《群學肄言》、孟德斯鳩的《法意》、盧梭的《社會契約論》等等。

定王臺下湖南圖書館

西方資本主義時期的代表著作大大開擴了毛澤東的眼界，對他思想的進一步解放起了重要的啟蒙作用。有一天，毛澤東早早來到圖書館，發現牆壁上多了張地圖，細一觀察，竟是「世界坤輿大地圖」，吃驚不小。這是他第一次看到世界地圖，地域的寬廣讓他十分震驚。以後，他每天走到地圖前，都要停下來仔細觀看，認真思索。四十年後，毛澤東依然清楚地記得這張地圖的事，他說：「說來也是笑話，我讀過小學、中學，也當過兵，卻不曾看見過世界地圖，因此就不知道世界有多大。——但從這個地圖上看來，中國只佔世界的一小部分，湖南省更小了，湘潭縣在地圖上沒有看見，韶山當然就更沒有影子了。世界原來有這麼大！世界既大，人就一定特別多。這樣多的人怎樣過生活，難道不值得我們注意嗎？——我真懷疑，人生在世間，難道都註定要過痛苦的生活嗎？絕不！為什麼會有這種現象呢？這是制度不好，政治不好，是因為世界上存在著人剝削人、人壓迫人的制度，所以使世界大多數的人都陷入痛苦的深淵。這種不合理的現象，是不應該永遠存在的，是應該徹底推翻、徹底改造的！從這時候起，我就決心要為全中國痛苦的人、全世界痛苦的人貢獻自己全部的力量。」

十元錢引發學潮

在勤奮的自修歲月中，半年時光匆匆而逝。這段時光對毛澤東的成長非常重要，他自己曾經這樣說：「這是我學習歷史上最有價值的半年，增長了知識，提高了覺悟。」不過，這種日子還是被迫結束了，因為父親毛順生來信催促他：「不要無所事事，找點正經事做。」恰在這時，湖南省立第四師範學校的招生廣告出現眼前：學校收費不高，膳食費低廉。教育乃立國之本，學生畢業之後為教育服務。毛澤東認真思考，覺得自己最適合教書，於是報考了這所學校。

湖南的師範教育始於清光緒二十九年（西元1903年），當時清廷在長沙的黃泥緞設立了湖南「師範館」。隨後，又擴大了師範教育的規模，改設為三路師範：西路師範在常德；南路師範在衡陽；中路師範在長沙。辛亥革命後，將長沙、常德、衡陽師範分別改稱為湖南第一、第二、第三師範。同時，在長沙增設了第四師範。

1913年春天，毛澤東考取第四師範，再次入校就讀。第二年，該校併入第一師範，毛澤東和四師的三百多名同學，還有一批優秀的任課先生，都一起遷入了省立第一師範學校。在這裡，毛澤東開始了長達四年半的師範學習生活，這期間，他將結識一大批良師益友，為追求真理而奮鬥不息；他將關注時政變化，積極投身社會活動之中；他還會遊學四方，增強體質，為民族興旺而努力。總之，第一師範為毛澤東提供了極佳的成長條件，讓他的思想和意志都獲得了極大的成長。

一天，第一師範學校忽然傳達了湖南省議會新近頒發的一項規定：從下學期開始，學生每人每月須繳納十元學雜費。規定一公佈，即遭到那些家境貧寒或因種種原因得不到家庭接濟的學生強烈反對，他們認為這是校長張幹向省政府提出的動議，他為了「媚上」不惜犧牲廣大學生的利益，實在可惡之極。學生們不滿張幹的行

張干像

為，紛紛罷課示威。一場「驅張運動」就此拉開序幕。學生們散發傳單，揭露張幹的種種劣跡，說他「不忠、不孝、不仁、不悌」等等。

毛澤東看到同學們的傳單後，搖搖頭說：「我們反對張幹做一師校長，不是反對他當家長、族長，這上面講的都是他的個人德行問題，沒有切中要害。要想趕走這個校長，應該舉出他不適合當校長的言行，批評他不稱職的地方。」

同學們覺得有道理，就讓毛澤東執筆書寫宣言。毛澤東年輕氣盛，略一沉思，筆走龍蛇，不一會兒擬就一份新的《驅張宣言》，措辭嚴厲地指出了張幹媚上壓下、辦學無方的弊政。同學們看了這份宣言，熱情高漲，連夜趕印了上千份，散發張貼到學校各處。

這件事轟動一時，驚動了省政府。湖南省教育廳委派督學來一師召開全校師生大會，要求學生立即復課，不得繼續「胡鬧」。這無疑於火上加油，學生們不但不聽勸告，反而紛紛給這位督學遞紙條，上面寫著：「張幹一日不出一師校門，我們一日不上課！」

督學無奈，只好答覆說：「你們還是上課吧！下學期張幹不來了！」

罷課成功，同學們格外興奮，他們奔相走告，慶祝勝利。然而，他們高興的太早了，張幹身為一校之長，哪肯聽憑他們的擺佈？他得知《驅張宣言》是毛澤東寫的，更加惱怒。原來，張幹對毛澤東早有印象，聽多位老師說這個學生常有驚人之舉，比如夜深人靜時，跑到路燈下讀書；喜歡夾著書本到長沙南門最繁華的地段，坐在人潮擁擠的地方看書。這些怪異的舉動惹人注目，不少人稱他「怪人」。有一次，美術課寫生時，老師在教桌上擺了一個花瓶，一把茶壺，幾隻茶杯，叫學生們比著畫。毛澤東提起毛筆信筆一揮，在紙上畫了一條橫線，上面加上一個半圈，然後在旁邊寫了唐朝大詩人李白的一句詩：「半壁見海日」，就把畫卷交上去了。老師大為生氣，給他得了個零分。不少同學為他惋惜，他卻說：「學校開設近二十門學科，就像一個『雜貨舖』，誰會對每門功課都感興趣？不感興趣的課也要學，誰能聽得進去？我看這樣做簡直太浪費時間了。還不如休學自修。」

聯想毛澤東的所作所為，張幹斷定他是一個自恃才高、目無師長、不守校規的傢伙，應該盡早除之。於是，他趁校長之職在握，下令開除包括毛澤東在內的十七名發動「學潮」的學生。

消息傳出，一師皆驚，不少老師出面為他們鳴不平。毛澤東一面積極聯繫名師，一面與同學們繼續罷課，向張幹施壓。在各種壓力之下，張幹被迫收回成命，沒有開除這批學生。不過，過了些時日，他依然給了他們記大過的處分。

這件事終於平息下來。張幹由於失了顏面，主動離開一師，到別的地方謀職去了。

第三節 別樣學子生涯

「毛奇」擊退潰軍

張幹走了，新校長孔昭綬上任。他到任不久，決定成立學生志願軍，強化軍事教育。這件事引起極大爭議，有人認為學校是學文習字、講經論道的地方，不能突出「軍事」；而有人則認為加強軍事教育，有利於提高民族戰鬥意識，強盛祖國，值得推崇。毛澤東就是後者的堅決支持者。他多次與同學辯論，堅持認為：「軍育更為重要，有力量，才能戰勝敵人，戰勝敵人才能顯示德性。」在這種思想支持下，他成為最早報名參軍的學生，隨後，很多同學也踴躍報名。

志願軍成立了，由於毛澤東有過半年的軍旅履歷，加上他在同學中威信較高，因此被孔昭綬任命為一連連部上士文書，負責連部一應內務。從此直到畢業，毛澤東經歷了近兩年的學生志願軍生活。在這段日子裡，他率領學生軍襲擊潰兵的故事讓人津津樂道。

1917年11月間，前往湖南鎮壓護法運動的北洋軍閥傅良佐部被桂軍打敗，撤出長沙，敗走湖北。桂軍駐守在衡山、湘鄉一帶，無法及時趕往長沙，長沙成了一座暫時無兵駐紮的空城。就在這時，馳援傅良佐的北洋軍某混成旅一部得知大勢已去，由株洲、湘潭向長沙撤退，兵臨第一師範不遠的猴子石一帶。

消息傳到一師，師生大驚。學校召開大會，宣佈南郊有作戰危險，讓師生做好準備，到城東阿彌嶺暫避。就在師生們緊張地做著逃離準備時，毛澤東卻格外鎮靜，他想到近年來軍閥混戰，百姓遭殃，老師和同學們飽受戰亂之苦。今天要是大家一走了之，那麼學校必將遭受重創，弄不好會毀於一旦。這樣，學校當初成立志願軍以圖自衛的目的不就成了一句空話？從目前的情況看，潰兵徘徊城外，一定是不瞭解城內空虛的情況，如果組織學生軍，聯合地方員警，趁他們慌亂之際採取突襲，一定能將他們趕走。這個大膽的想法讓他十分激動，他找到校長孔昭綬說出了自己

一師學生合影

的打算。

孔昭綬很擔心，遲疑著說：「對方雖是潰兵，可是有四千多人，都是全副武裝、歷經沙場的士兵，我們不過兩百多學生軍，既無裝備，又缺少武器，能成功嗎？」

毛澤東說：「對方潰敗，已如驚弓之鳥，他們徘徊不進，表明不知城內虛實。我們趁機突襲，肯定能夠成功。」

孔昭綬還是不放心，提醒毛澤東：「此事關係全校師生安危，也關係長沙安危，需要慎重考慮。」

毛澤東明白孔昭綬的擔憂，鄭重地說：「知道了，校長。」隨後，他帶領部分學生軍親自到猴子石附近探聽潰兵情況。經過詳細偵察，他獲得了第一手資料，肯定了自己當初的判斷。於是他緊急提出組織學生志願軍設伏截擊潰兵，收繳他們槍械的作戰計畫。當他把這詳細的計畫一一向孔昭綬表明後，孔昭綬終於同意了。

於是，毛澤東受命全權指揮學生軍，進行自衛之戰。他首先動員全校師生用桌椅板凳、生活雜物等堵住學校所有的門口，形成一道道屏障；接著，他親自到南區警察局聯繫，請求他們支援；然後，他安排學生軍分成三路，分別攜帶木槍、爆仗、煤油桶潛伏到猴子石附近山頭上，對潰軍形成包圍之勢。

毛澤東安排作戰的時候，潰軍正膽顫心驚地向北移動著，企圖進城。眼看著潰軍進入學生軍的包圍圈，毛澤東下令學生軍一面高喊：「傅良佐逃走了，桂軍已經進城，繳槍不殺！」一面鳴放裝在煤油桶內的爆仗。頓時，「炮」聲如雷，喊聲震天，彷彿千軍萬馬橫掃過來。手持真槍的員警埋伏在一師後面的妙高峰上，聽到喊殺聲，也鳴槍助威。潰軍不知虛實，嚇得抱頭鼠竄，鬼哭狼嚎，頃刻間土崩瓦解，一個個繳槍投降。

就這樣，一支兩百多人的學生軍輕鬆繳了四千餘潰兵的械，保護了學校，也保護了長沙城。第二天，由商會出面為潰兵發款，遣送他們回到北方。在這場戰鬥中，毛澤東以果敢勇謀受到所有師生稱讚，不少人嘖嘖稱奇：「毛潤之一副文人模樣，沒想到通身都是膽，真是太神奇了。」

校長孔昭綬對他更是讚不絕口，稱譽他為「毛奇」，提升他為學生軍一連連長。「毛奇」這個稱號有些由來，在大家眼裡，毛澤東常有奇異之舉，喜歡交奇友，立奇志，是個奇人，所以以此稱呼他。而這次校長嘉許，則含意 更深。原來，德國有一位軍事家、軍事理論家、陸軍元帥也叫毛奇，在普法戰爭中功績卓著。在作戰指揮上，毛奇主張先敵動員、突然襲擊、分進合擊，利用外線作戰手段在速決戰中取勝，被認為是十九世紀歐洲大軍事家之一，對德國軍事學說影響很大。校長正是以此名號鼓勵毛澤東，顯然是稱讚他過人的軍事才幹。

二十八劃生交友

說起毛澤東的奇異之舉，他張貼啟示交友的故事當然不能不提。回到1915年，十元錢學潮風波不久，《新青年》創刊了。這是由陳獨秀創立的以提倡新文化、宣傳新思想為主的刊物，它發行後，立即突破軍閥的文化封鎖，傳遍全國各地。

楊開慧

在老師楊昌濟的介紹下，毛澤東成為最早閱讀《新青年》的讀者之一。楊昌濟，長沙板倉人，他出身書香門弟，先後到達日本、英國、瑞士學習考察，學貫中西，思想開放，是《新青年》的堅決支持者。在一師任教期間，他引導學生們積極進取，接觸進步刊物和團體，成為一代精神宗師。毛澤東受其影響頗重，經常到他的寓所拜訪求教，是他得意門生之一。楊昌濟的獨生愛女楊開慧就是在這段時間認識了毛澤東，兩人最後結為夫妻，譜寫了一段美好的愛情故事。

楊昌濟不但引導毛澤東閱讀《新青年》，還鼓勵他向《新青年》投稿。毛澤東不負師望，寫就了《體育之研究》一文，並得以發表。在這篇文章中，毛澤東沒有署真實姓名，而是以姓名筆劃數為筆名，自稱「二十八劃生」。原來，「毛澤東」三個字的繁體寫法正是由二十八劃組成的。

除了閱讀進步刊物外，毛澤東還積極接觸進步團體，船山學社就是他接觸較早的一個團體。學社由長沙一批傑出的文人學士組成，從研究王夫之入手，探討祖國強盛之路。在參加了學社的幾次活動後，毛澤東產生了一個較為強烈的願望，這就是集結同志、組織社團。他瞭解改造中國不是一時半刻的事，也不是一、兩個人的事，應該聯合更多的人，組成強而有力的團體，一起為了共同的目標而奮鬥。進入一師後，他已經結交了很多要好的朋友，其中包括蔡和森、張昆弟、陳昌、羅學瓚、蕭子升、蕭子璋等人。他們常常結伴外出遊學，透過「行萬里路」來瞭解社會，關注時政；他們也常常聚集到楊昌濟先生身邊，一起討論個人和國家的命運前途。可是，現在的毛澤東突然覺得，這些朋友太少了，他們的活動範圍太窄了，只有走出一師，到長沙、到全國各地，尋找更多朋友，大家組建起更大的團體，形成更加雄厚的力量，才能實現祖國強盛的偉大抱負。

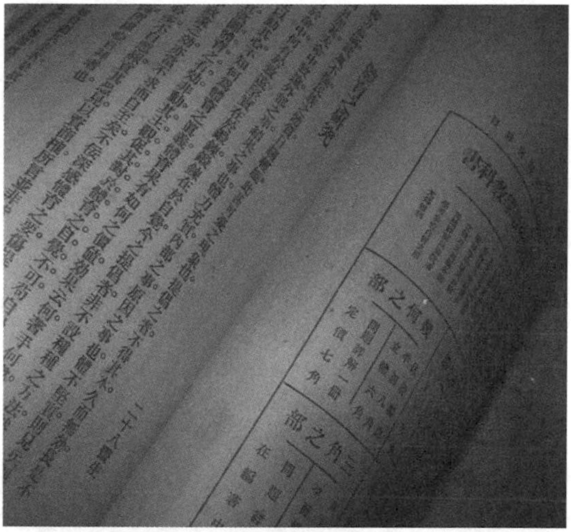
刊有《體育之研究》的《新青年》

那麼，怎樣才能找到更多志同道合的朋友呢？

羅章龍像

善於奇思妙想的毛澤東很快有了主意——徵友。1915年秋天，長沙各大學校的揭示欄內無一例外出現了一則徵友啟事，大意為：願意和有愛國熱情的青年結為朋友，願意和那些不怕艱苦，不怕困難，能夠為國為民獻身的志士通信聯絡。啟事最後借用《詩經》「願效嚶鳴之求，步將伯之呼」之句，表示迫切求友的心情，署名為「二十八劃生」。

這是毛澤東自己刻寫油印的啟事，他為了結交各路朋友，在長沙城門內外張貼，還在報紙刊登廣告。一時間，「二十八劃生」徵友成為人們茶餘飯後的話題，不少保守人士覺得這則啟事非常怪異，不懷好意，因此反對張貼。其中湖南省立第一女子師範的校長看到啟事後，也武斷地認為這是找女生談戀愛的，就按照啟事上的通信地址找到了一師附小的陳章甫，他是毛澤東的好友，是啟事上登載的聯繫人。陳章甫向女師校長做了解釋，可是校長不聽，又去找一師校長。經過一番折騰，她終於瞭解到，張貼啟事的毛澤東是一個才學出眾、富有理想的學生，許多老師對他評價極高，他徵友的目的是為了尋求志同道合的朋友，為了真理，救國救民，改造社會。女師校長這才放下心來，慨然說道：「這樣的啟事我支持，你盡可以在女師張貼。」

透過啟事，毛澤東交到了不少朋友，其中羅章龍就是透過這種方式與毛澤東相識的。有一天，羅章龍到省立第一中學訪友，在該校會客室門外牆偶然發現了署名「二十八劃生」的「徵友啟事」。他十分好奇，停下來閱讀，覺得這則啟事文情真摯，書法挺秀，內容積極，就記下了聯繫方式。回去後，他寫了一封信，署名縱宇一郎，按照通信地址寄了出去。兩、三天後，他收到了回信，與他約定了見面時間和地點。

星期日，定王臺圖書館，兩位素不相識的年輕人見面了。當羅章龍見到「儀表端莊，氣宇軒昂」的毛澤東時，頓有一見如故之感，他們從上午九點一直交談到圖書館午休為止，甚為投機。從此，這對有志青年成為好友，羅章龍在毛澤東影響下，成為新民學會的基本會員。

第四節 走向革命

新民學會

從1915年徵友到1918年春天，三年時間內，毛澤東逐漸結合了一大批志同道合的朋友，其中主要有蔡和森、蕭子升、何叔衡、陳昌、張昆弟、羅學瓚、蕭子璋、羅章龍等十幾個人。他們大多是一師和各中學的學生，也有部分中、小學的青年教師。這群熱血青年懷有遠大理想，以救國救民為己任，勇於追求新思想。毛澤東多年後曾經談起他們當時的情況：「我逐漸地在自己周圍結合了一批學生，他們人數不多，但都是思想上很認真的人，不屑於議論瑣事。他們所做和所說的每一件事，都有一個目的。他們沒有時間談情說愛，認為時局是如此危急，求知的需要是如此迫切，沒有時間去談論女人或私人問題。我的朋友們和我只樂於談論大事——人的性質，人類社會的性質，中國的性質，世界，宇宙！」

他們選擇了兩處地方聚會，一處就是嶽麓山下蔡和森的家裡，另一處則是蕭子升任教的楚怡小學教師宿舍。在這兩個地方，他們通宵達旦地討論「如何使個人及全人類的生活向上」問題，並得到一個初步共識，認為國內的新思想、新文化已經發展起來了，個人的品行和學問要想得到發展，就不能固守靜止和孤獨的生活，應該追求動態的、團體的生活。在這個共識基礎上，有一天，毛澤東提出了一個超前的建議：成立一個嚴密的學會。

提議得到大家贊同，蔡和森當即提出學會名稱：「就叫新民學會。」他解釋說，《禮記·大學》中有「在新民」篇，《書經·湯浩》中有「作新民」的意思，譚嗣同、梁啟超宣導過「新民之道」，所以「新民」二字包含著進步和革命的意義，能夠代表大家的意願和時代精神。聽了他的解釋，毛澤東第一個舉手贊成：「新民學會，太好了。」其他人也一致同意。

確定此事後，毛澤東和朋友們為創建學會積極做準備，由毛澤東和鄒鼎丞起草了學會章程，提出「革新學術，砥礪品行，改良人心風俗」的宗旨，並對會員做了五項規定：不虛偽；不懶惰；不浪費；不賭博；不狎妓。為了便於學會發展，會章規定了會員義務：會員對於本會每年負一次以上通函之義務，報告己身及所在地狀況與研究心理，以資互益。另外，章程對學會的組織機構、會務活動、會址、會費及新會員入會手續等一一做了明確的規定。

新民學會成立大會舉行了，出席會議的有包括毛澤東在內的十四人，還有八人因故未到會。就是說，新民學會的最初會員為二十二人。這二十二人都是湘中人傑，他們將在未來的人生路上譜寫壯麗的詩篇。

會議過程中，毛澤東提出發展會員問題，他說：「人要多，力量才會大，所以應該多發展會員。但是，會員的標準應該有嚴格的要求，不能隨便什麼人都能加入。我們要吸收品格好、志向高、學問好、積極向上的青年人。」

「對！」大家齊聲贊同。

最後，會議選舉總幹事，不少人推選毛澤東，但他謙辭了。於是，大家選舉蕭子升任總幹事，毛澤東和陳書農任幹事。從此，新民學會正式成立。

不久，蕭子升到法國留學，新民學會的事務也就由毛澤東負責主導了。這個富有希望和生命力的團體，在毛澤東的領導下展現出勃勃生機。當時，大多數會員是應屆畢業生，何去何從，成為他們最關心的問題。考慮到學會發展和會員出路，毛澤東大膽地提出建議：「我們同志，應該散於世界各處去考察，天涯海角都要去人，不應該堆積在一處。

新民會員合影，後排左四為毛澤東

最好是一個人或幾個人擔任去開闢一方面。」

在這種思想支持下，毛澤東、蔡和森等人奔波籌備，與赴法勤工儉學組織取得聯繫，並成功地送走了第一批新民學會會員和一百多名湖南青年，踏上赴法之旅。

毛澤東沒有走，他留在長沙繼續負責新民學會工作，在其後的一、兩年內，他先後提出「改造中國與世界」的指導方針，重新確立學會宗旨；快速發展會員達到七、八十人，分佈在長沙、北京、上海、南京，以及法國、日本、南洋等地。這些會員有的是學生，有的已經工作，他們都是積極向上、理想遠大的人，擁護「改造中國與世界」的學會宗旨，並努力付諸實踐。經過鍛鍊，他們很多人成長為革命事業的忠實戰士，成為中國革命史上的有名人物，像蔡和森、何叔衡、陳昌、張昆弟、羅學瓚、向警予等革命先烈，就是其中的傑出代表。

成立新民學會這一壯舉，是毛澤東學生時代最重大的事件，也是他開始革命實踐活動的第一步，可以說，新民學會是他成長路上不可缺少的階梯，是他邁向成功的基石。

開辦夜校

在積極創建領導新民學會的同時，毛澤東還非常熱心學校內的各種事務。1917年，他當選為一師校友會總務和教育部部長，負責校友會各項要務。這為他提供了接觸社會、推廣教育的

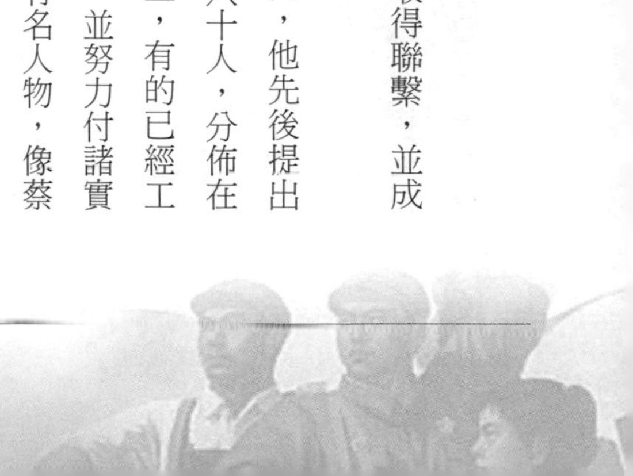

便利條件。早在1915年，新文化運動衝擊著湖南大地，不少民主人士提出了教育平民化的呼聲。一師做為教育界楷模，理應走在時代前列，於1916年開辦了第一所工人夜校，專收失學職工。

可是，夜校開辦並不成功，並且很快夭亡。毛澤東出任教育部部長後，總結了失敗的原因，他認為以前夜校由教員業餘授課，缺乏統一管理，所以失敗了。他分析認為，可以由三、四年級學生代課辦夜校，並向校方主動請纓。校方認真聽取了他的意見後，召開專門會議商討此事。會上，毛澤東陳列了開辦夜校的幾條理由，其一，我國現狀，社會之中堅實為大多數失學之國民，此輩阻礙政令之推行、自治之組織，風俗之改良、教育之普及，其力甚大。此時固應以學校教育為急，造就新國民及有開拓能力之人才。而欲達此目的，不可不去為此目的之阻礙。其二，歐美號稱教育普及，求其可教者教之，草木鳥獸，同茲生類，猶宜護惜，更何況是人呢？「小人」本來並不是小人，也不是惡人，偶因天稟之不齊，境遇不同導致失學。給他們以教育的機會，正是「仁人」君子無可推諉的責任。其三，三、四年級學生已基本上完有關教育理論的課程，應將所學理論用於教育實踐，夜校正可以成為其實習的場所。其四，最重要的是，改變現時學校與社會之間不正常的關係，消除學校與社會之間存在的鴻溝和相互不信任的狀況，使學校與社會結合，使「學校與社會團結一致，社會之人視學生如耳目，依其指導而得繁榮發展之益；學生視社會之人如手足，憑其輔佐而得實施所志之益。久之，社會之人皆學校畢業之人，學校之局部為一時之小學校，社會之全體為永久之大學校。此則千百年後改良進步之成績也。」

這番陳述獲得一片掌聲，不少老師議論道：「毛潤之說得好啊！我們國家積弱貧困，屢屢遭受外來侵略，與國民素質太差關係密切啊！老百姓不識字，沒知識，愚昧、落後，哪有能力保護國家？只有提高國民素質，才能加強國力，這正是我們師範師生該做的事情。」

開辦夜校的事就這樣定下來。毛澤東立刻和同學們著手組織事宜。10月29日，毛澤東親自起草了一份「工人夜校招生廣告」，為了方便廣大老百姓閱讀，他特地採用了白話文，內容如下：「列位大家來聽我說幾句白話：列位最不便益的是什麼？大家曉得嗎？就是俗語說的，講了寫不得，寫了認不得，有數算不得。都是個人，照這樣看起來，豈不是和木石一樣！所以大家要求點知識，寫得幾個字，認得幾個字，算得幾筆數，方才是便益的。雖然如此，列位做工的人，又要勞動，又無人教授，如何能到這樣，真是不易得的事。現今有個最好的法子，就是我們第一師範辦了一個夜學。今年上半年學生很多，列位中想有聽過來的。這個夜學專為列位工人設的，從禮拜一起至禮拜六止，每夜上課兩點鐘。教的是寫信、算帳，都是列位時刻要用的。講義歸我們發給，並不要錢。夜間上課又對列位工作並無妨礙。若是要來求學的，就趕快於一禮拜內到師範的號房來報名。列位大家想想，我們為什麼要如此做？無非是念列位工人的苦楚，想列位個個寫得算得。列位何不早來報個名，大家來聽聽講？有說時勢不好，恐怕犯了

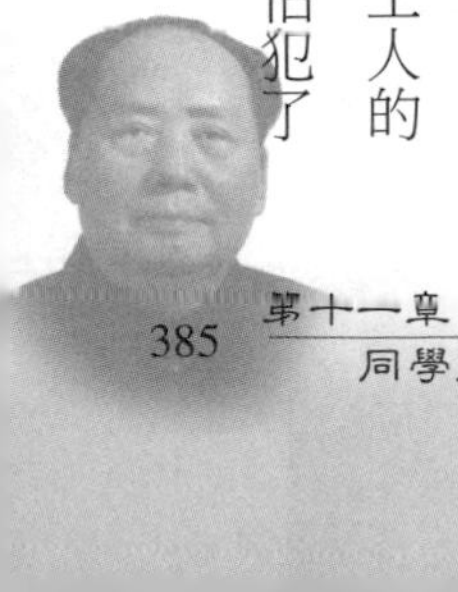

戒嚴的命令，此事我們可以擔保，上學以後，每人發聽課牌一塊，遇有軍警查問，說是師範夜學學生就無妨了。若有為難之處，我們替你做保，此層只管放心的。快快來報名，莫再耽擱！」

這則淺顯易懂的廣告得到老師認可，交由員警發放。可是，老百姓對此反應冷淡。毛澤東很奇怪，立刻展開調查，發現學校舉辦工人夜校在長沙還是個新鮮事，理解的人不多，而由員警代發廣告讓老百姓產生了畏懼心理。原因既已明瞭，毛澤東便採取了相對對策，他和同學們帶著廣告挨家挨戶去動員。在他們的努力下，不少工友前來報名，幾天後，增加到三百多人。

11月9日，工人夜校正式開課。毛澤東負責夜校具體事務，起草了《上課說明書》，制訂了具有針對性的教學規則，極大地激發了工友們的學習熱情。舉辦工人夜學，使毛澤東與城市工人開始了一次較為廣泛的接觸，並與之建立了深厚的感情。當時，很多工人都很熟悉了夜校中的

1919年，毛澤東與父親、弟弟等的合影

「毛先生」，將他視為好老師、好朋友。這一實踐活動，是毛澤東與工人聯繫和接觸的最初經驗，為他以後從事工人運動奠定了一定的基礎。而夜校的教學生活，也預示著毛澤東學生時代的終結，他開始正式踏上了革命者的歷程……

1918年夏天，毛澤東從一師畢業。從此，他告別了學校生活，正式走入社會大舞臺，繼續著自己的探索和追尋，為國家、民族的未來進行頑強不屈的奮鬥，並最終帶領億萬中國人民經過多年苦戰，創建了中華人民共和國，創造了一段歷史的奇蹟。

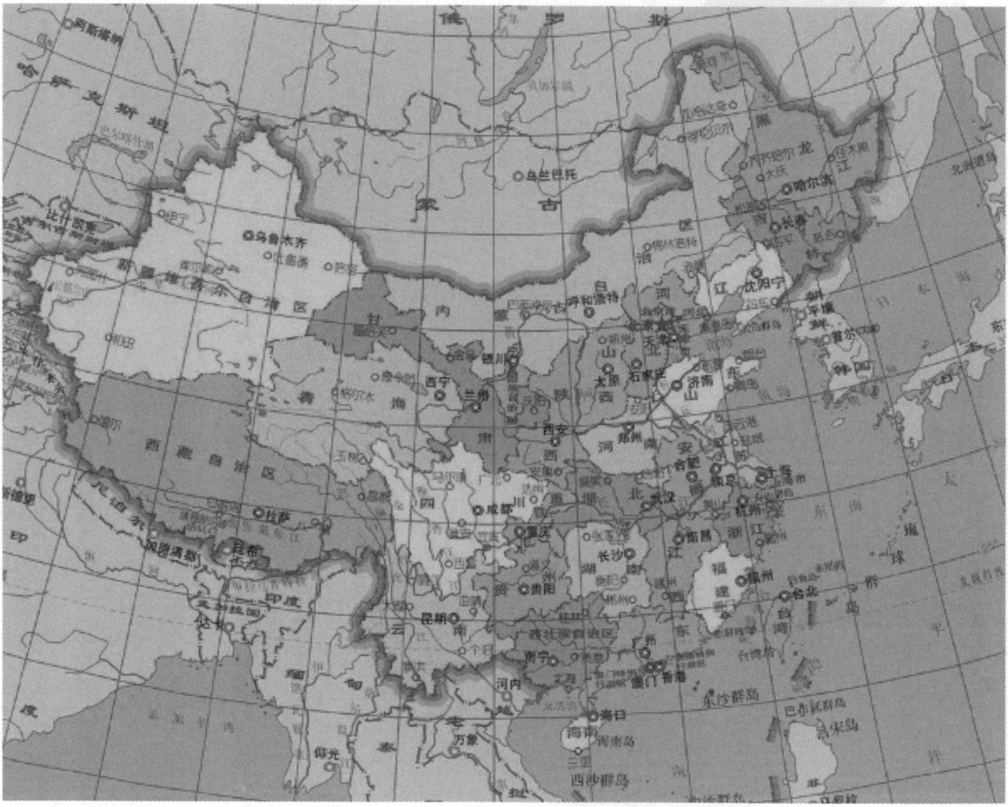
俄罗斯
哈萨克斯坦
蒙古
乌兰巴托
乌鲁木齐
新疆维吾尔自治区
西藏自治区
拉萨
青海
西宁
兰州
甘肃
银川
内蒙古
呼和浩特
黑龙江
哈尔滨
长春
沈阳
北京
天津
河北
石家庄
太原
山西
济南
山东
郑州
河南
西安
陕西
成都
四川
重庆
武汉
湖北
合肥
安徽
南京
上海
杭州
浙江
南昌
江西
长沙
湖南
福州
福建
台北
台湾
贵阳
昆明
云南
南宁
广西壮族自治区
香港
澳门
海口
海南岛
西沙群岛
东沙群岛
河内
万象
仰光
尼泊尔
印度
平壤
首尔
韩国

中華人民共和國疆域圖

毛澤東 大事年表

西元1893年 出生

12月26日，誕生在湖南省湘潭縣韶山衝一個農民家庭。

西元1910年 17歲

入湖南湘鄉縣立東山高等小學堂讀書。受到康有為、梁啟超改良主義思想的影響。

西元1911年 18歲

入湘鄉駐省中學讀書。

10月，響應辛亥革命，投筆從戎，在湖南新軍當列兵，半年後退出。

西元1918年 25歲

4月14日，與蕭子升、何叔衡、蔡和森等發起成立新民學會。

西元1919年 26歲

5月，響應五四運動，發起成立湖南學生聯合會。

西元1920年 27歲

11月，致信羅章龍，提出新民學會。與何叔衡等組織長沙共產主義小組。

12月在長沙籌建社會主義青年團。

冬，與楊開慧結婚。

西元1921年　28歲

1月1日至3日，與何叔衡、彭璜、周世釗、熊瑾玎等召開新民學會會員新年大會。

7月23日至8月初，出席在上海召開的中國共產黨第一次全國代表大會。

10月10日，建立中共湖南支部，任書記。

西元1922年　29歲

5月，中共湘區執行委員會成立，任書記。

9月至12月，組織領導一系列罷工運動。

西元1923年　30歲

9月，回到長沙籌建湖南國民黨組織。

西元1927年　34歲

8月7日，出席中共中央在漢口召開的緊急會議，提出槍桿子裡面出政權的思想。

9月9日，領導的湘贛邊界秋收起義爆發。

10月，開始創建井岡山革命根據地。

西元1928年　35歲

提出「工農武裝割據」的思想。

西元1929年　36歲

1月，與朱德、陳毅率紅四軍主力向贛南、閩西進軍。第二年，贛南、閩西兩塊革命根據地初步形成。

西元1930年　37歲

寫〈星星之火，可以燎原〉一文，闡述關於農村包圍城市、武裝奪取政權的中國革命道路的理論。

西元1932年　39歲

4月15日，發表〈對日戰爭宣言〉。

西元1934年　41歲

10月，踏上長征的路途。

西元1935年　42歲

1月，在遵義會議上確立了中央領導地位。

10月19日，率領中國工農紅軍陝甘支隊到達陝西保安吳起鎮，勝利完成長征。

西元1936年　43歲

8月25日，起草〈中國共產黨致中國國民黨書〉，呼籲一致抗日。

12月7日，任中共中央革命軍事委員會主席。

西元1937年　44歲

1月，與中共中央和中央軍委進駐延安。

7月7日，盧溝橋事變爆發，全國抗日戰爭開始。

西元1938年　45歲

春，做出八路軍從華北山地進入到平原地區開展游擊戰爭的決策。

5月，發表〈論持久戰〉，闡述了中國抗日戰爭持久戰的總方針。

西元1940年　47歲

發表〈新民主主義論〉，系統論述新民主主義革命的理論和綱領。

西元1943年　50歲

3月，在中共中央政治局會議上被推定為中央政治局主席和中央書記處主席。

西元1945年　52歲

6月19日，在中共七屆一中全會上當選為中央委員會主席。

8月28日，赴重慶與蔣介石進行和平談判。

9月2日，日本政府正式簽署投降書。中國抗日戰爭勝利結束。

10月10日，與國民政府簽署〈國民政府與中共代表會談紀要〉（〈雙十協定〉）。

西元1946年　53歲

6月26日，國民黨軍大舉進攻中原解放區，全面內戰爆發。

7月20日，起草〈以自衛戰爭粉碎蔣介石的進攻〉的黨內指示。

10月，起草〈中國人民解放軍宣言〉，提出「打倒蔣介石，解放全中國」的口號。

12月，提出了十大軍事原則和新民主主義的三大經濟綱領。

西元1948年　55歲

9月至次年1月，組織指揮遼沈、淮海、平津三大戰略決戰，將國民黨軍主力聚殲在長江以北。

西元1949年　56歲

3月25日，率中共中央機關和人民解放軍總部進駐北平。

9月，當選中央人民政府主席。

10月1日，中華人民共和國成立，主持開國大典。

西元1950年　57歲

10月上旬，主持中共中央政治局會議，做出「抗美援朝，保家衛國」的決策。

西元1951年　58歲

12月，發動反貪污、反浪費、反官僚主義的「三反」運動。

西元1956年　63歲

4月28日，在中共中央政治局擴大會議上提出「百花齊放，百家爭鳴」的方針。

8月，提出兩個工作重點，一個是社會主義改造，一個是經濟建設，兩個重點中主要的還是在經濟建設。

西元1965年　72歲

11月初，批准發表〈評新編歷史劇〈海瑞罷官〉〉一文，揭開「文化大革命」的序幕。

西元1966年　73歲

8月1日至12日，主持召開中共八屆十一中全會，通過「關於無產階級文化大革命的決定」。至此，「文化大革命」全面發動。

西元1969年　76歲

4月1日至24日，主持召開中國共產黨第九次全國代表大會，批准「文化大革命」的錯誤理論和實踐，並把林彪定為「接班人」寫入黨章。

西元1972年　79歲

2月21日，會見來華訪問的美國總統尼克森。28日，中美雙方在上海發表聯合公報，決定實現中美兩國關係正常化。

9月27日，會見日本內閣總理大臣田中角榮。29日，中日兩國政府發表聯合聲明，宣佈實現中日邦交正常化，正式建立外交關係。

西元1974年　81歲

1月18日，批准轉發〈林彪與孔孟之道〉資料。「批林批孔」運動由此開始。

2月22日，會見尚比亞總統卡翁達，談話中提出「三個世界」劃分的思想。

西元1976年　83歲

9月9日，在北京逝世。

【看浪花淘英雄　向帝王學智慧】

耗時近十年　精裝歷史典藏寶庫

兩岸學者聯手特別推薦

台東大學人文學院院長　林文寶
中國人民大學徐悲鴻藝術學院教授　黎晶
佛光大學文學系教授　陳信元
大陸名作家　黃國榮
翰林國高中國文教科書主編　宋裕

少年秦始皇

一個邯鄲城裡的巨賈為何在一個落難王孫的身上下賭注？

自喻德比三皇、功蓋五帝的秦始皇到底是王室之胄，還是商人之子？

「嬴政」剛出生的時候為什麼叫「趙政」？

母親為什麼要密謀策劃推翻他？

他又為什麼對本該敬愛有加的「仲父」充滿怨恨？

人性與欲望的較量、情感與倫理的衝突，智慧與權謀的爭鬥。

君王的霸氣、權臣的跋扈、女人的柔情，在刀光劍影的爭霸歷程中，少年天子橫空出世，書寫了一段波瀾壯闊、蕩氣迴腸的歷史傳奇。

少年漢武帝

西元前156年，劉徹出生了，他是漢景帝劉啟的第十個兒子，生逢盛世，貴為天胄，他盡可以享受先輩們積累下來的豐厚資產，過著安穩無憂的日子，可是劉徹沒有。這個注定不凡的生命一開始就有著更博大的使命，他勵精圖治，求新圖變，將漢家王朝推向了另一個嶄新的、幾無可比的高度，他確立了封建君主專制的根基，成為中國最成功的帝王之一。

漢武帝劉徹到底如何走向成功的呢？所有的傳奇故事都可以在幼年時候找到端倪，從他神奇的出生開始，從他好學求進的少年時代開始，這個少年一步一步從普通的皇子走上了高高在上的皇位，掃平了一切的阻礙，按照自己的心願改造整個世界，奠定了一個帝國空前的偉業。本書將追隨著他少年的腳步，一步一步探尋他成長的足跡，回顧他成功的精神奧秘和思想源泉，將最真實的他展現在人們面前。

少年漢文帝

本書以傳記的形式，著重講述了漢文帝劉恒生於帝王家、長於憂患中，少有大志、含蓄隱忍、蓄勢待發、終登帝位的成長過程，記述了一個少年在紛紜複雜的政治環境中顯現的堅毅、中庸和美的心路歷程。

關於漢文帝的繼位，眾說紛紜。有人認為他的繼位帶有很大的偶然性，是撿來的皇帝位，是呂后專權的結果，若非呂后除去了漢高祖劉邦的六個兒子，無論如何也輪不到劉恒當皇帝。

但事實真是這樣嗎？偶然之中永遠孕育著必然，讀了本書，你也許就會明白，劉恒的繼位，絕不僅僅只是偶然。如若不信，就請打開本書，追隨漢文帝青少年時期走過的腳步，探索他一步一步走向皇位的內在軌跡吧！

關於作者
南宮不凡

自小學五年級暑假無意中看到《三國志》，開始對歷史產生莫名狂熱，國一時已經讀完柏楊版《白話資治通鑑》與《二十四史》。

白天是認真負責的科技公司小主管，晚上化身成為歷史名人研究專家，對於古今中外的名人有相當專精而獨到的看法。

對於中國帝王學尤其偏愛，耗時近十年，在繁浩的歷史典籍、史料、民間流傳軼事中去蕪存菁，經過反覆的消化、整編，運用古典小說形式，完成秦始皇、漢文帝、漢武帝、唐太宗、宋太祖、成吉思汗、明太祖、康熙、雍正、乾隆、孫中山、毛澤東等十二位深具特色的領袖人物少年時代的風雲變幻。

書中每一位主宰歷史的偉大人物，都蘊藏著一部感人至深的故事。書中將這些領袖人物的親情、友情、愛情，以及自身對命運的努力和追求都融入到了扣人心弦的故事情節當中。

閱讀這套書，猶如看到書中主角的音容笑貌、言談舉止，感受他們的理想、信念、胸懷、情操，對我們學習如何做人、做學問、做事業都有很大的益處。尤其對於準備高飛人生的青少年朋友來說，這些故事除了好看之外，更是擴大胸懷、啟迪人生的最佳朋友。

少年趙匡胤

宋太祖趙匡胤出生時就充滿了傳奇的色彩，紅光盈室，異香繞梁，被取名為「香孩兒」；抓週之日選中了寶劍，似乎在預示著這個小小男嬰不同凡響的未來。

為了實現理想，他流浪江湖，在華山弈棋當中，參透了冥冥中暗含的天機。

古寺之中，他行俠仗義，偽裝神木顯靈，沒想到卻引來了真龍現身。

扶危濟貧，兒女情長，少年英雄不遠千里送京娘。

雪夜訪趙普，一代明君慧眼識英才。

陳橋兵變，杯酒釋兵權，他的政治謀略何其了得！

從宮廷計謀到沙場征戰，從熱血豪情到兒女幽怨，從江湖險惡到佛蹤道影，精彩緊湊的情節，本書將一一為您呈現。

少年成吉思汗

他手握凝血而生，是上天注定掌握蘇魯錠長矛的戰神；

他是蒼狼白鹿的後代，是草原上永不落的圖騰。

他成就一個民族的輝煌，創造了一個種族戰無不勝的神話。

然而，

這個被稱為「一代天驕」的蓋世豪傑，卻歷經了無數的艱險與磨難：

童年喪父，部眾離散；

隨母流浪，嬌妻被擄；

仇敵追殺，義兄反目。

……

讓我們穿越時空的隧道，伴隨著馬刀和狼煙，來結識這位百折不撓，終成霸業的少年英雄——鐵木真。

少年朱元璋

朱元璋與好友親見元軍暴行，痛恨非常，忍不住火燒元軍營地，遭到追殺，他們該如何逃脫此劫？

朱元璋好心救人，誰知對方卻是山賊頭目，他因此被舉報到官府，面臨危機，他應該怎麼做呢？

天災人禍，父母長兄接連病故，朱元璋身單力薄，走投無路，投入寺院為僧，誰知道一場瘟疫，寺廟缺糧斷炊，他被迫出外遊方，艱難世道，他能找到生存的希望嗎？

天下大亂，紅巾軍起義轟轟烈烈，朱元璋脫下僧衣，投入了造反的行列，但紅巾軍內部明爭暗鬥，各不相讓，身處風口浪尖，朱元璋倍受猜疑，他能安然度過危機嗎？

少年康熙

七歲的玄燁登上帝位，四臣受命輔政，但輔政四大臣各懷心機，互相攻擊，滿漢矛盾加深，天算案爆發，湯若望受牽連入獄，朝政危機四伏，年幼的小皇帝該如何是好？

首臣索尼病故，鰲拜逼死蘇克薩哈，收服遏必隆，一手掌握朝政大權，他日漸驕奢，金殿示威，要脅幼主，玄燁年少勢孤，忍讓退避，他會成為第二個漢獻帝嗎？如何做才能全身而退，擒下鰲拜？

三藩勢力日增，成尾大不掉之勢，玄燁到底該不該削藩？削藩之事提上日程，三位藩王或進京探路，或退守老巢，各懷鬼胎，朝臣為求自保，多半反對削藩，平靜中山雨欲來，玄燁又能不能獲得支持，順利削藩？

少年雍正

雍正個性鮮明，行事果斷，只是本性急躁、喜怒不定。為此，父親康熙多次批評教育他。為了改正缺點，他參佛修性，刻苦磨礪，書寫「戒急用忍」的匾額掛在房中，日夜觀摩，以求改進。19歲時，雍正跟隨父親征討噶爾丹，掌管正紅旗大營，他參議軍事，得到了鍛鍊。就在他透過讀書、實踐不斷進步之時，清宮內矛盾叢生，康熙和太子之間、太子和眾多皇子之間，為了爭奪儲位，展開了你死我活的鬥爭。

本書將為您一一呈現壅正少年時代的精彩故事，讓您看到一位誠孝遵禮、性情剛直、疾惡如仇、聰明好學的皇子形象，從中感知成長的快樂和艱辛。

少年乾隆

康熙帝有三十多個兒子，九十多個孫子，許多孫兒他甚至連見都沒有見過，為何弘曆卻獨得他厚愛，帶入宮中親自教導，這其中有什麼緣由嗎？

父親雍親王登基即位，將弘曆送到了風口浪尖。兄長弘時嫉妒他得寵，為爭儲位，暗起殺心，弘曆孤身在外，他要如何逃過這一劫呢？

年羹堯功高自傲，不知檢點，終受彈劾，弘曆為之求情，卻惹得父親大怒，他的地位是否不保？他又能救下年羹堯嗎？

弘曆私訪民間，卻無意間得知了考場弊案。他微服趕考，究竟能不能一探究竟，將事情調查個水落石出？

雍正崇佛論道，寵通道人，弘曆卻直言進諫，計懲奸道人，再次觸怒父王，這次，他又會遭到怎樣的懲罰？

奉旨辦差，弘曆初下江南，他洞察民情，大度包容詆毀和尚，智懲貪官，這些又是怎樣的故事呢？

國家圖書館出版品預行編目資料

少年毛澤東／南宮不凡著
——第一版—— 台北市：宇河文化出版；
紅螞蟻圖書發行，2010.02
面　　公分——(Monarch；12)
ISBN 978-957-659-751-1 (精裝)

1.毛澤東 2.傳記 3.歷史故事

782.886　　98026225

Monarch 12

少年毛澤東

作　　者／南宮不凡
美術構成／Chris' Office
校　　對／鍾佳穎、楊安妮、朱慧蒨
發 行 人／賴秀珍
榮譽總監／張錦基
總 編 輯／何南輝
出　　版／宇河文化出版有限公司
發　　行／紅螞蟻圖書有限公司
地　　址／台北市內湖區舊宗路二段121巷28號4F
網　　站／www.e-redant.com
郵撥帳號／1604621-1　紅螞蟻圖書有限公司
電　　話／(02)2795-3656（代表號）
傳　　眞／(02)2795-4100
登 記 證／局版北市業字第1446號
港澳總經銷／和平圖書有限公司
地　　址／香港柴灣嘉業街12號百樂門大廈17F
電　　話／(852)2804-6687
法律顧問／許晏賓律師
印 刷 廠／鴻運彩色印刷有限公司
出版日期／2010年 2 月　第一版第一刷

定價 299 元　港幣 100 元

ISBN 978-957-659-751-0　　Printed in Taiwan